„BITTE NICHT WECKEN!"

Michael Batz

„BITTE NICHT WECKEN!"

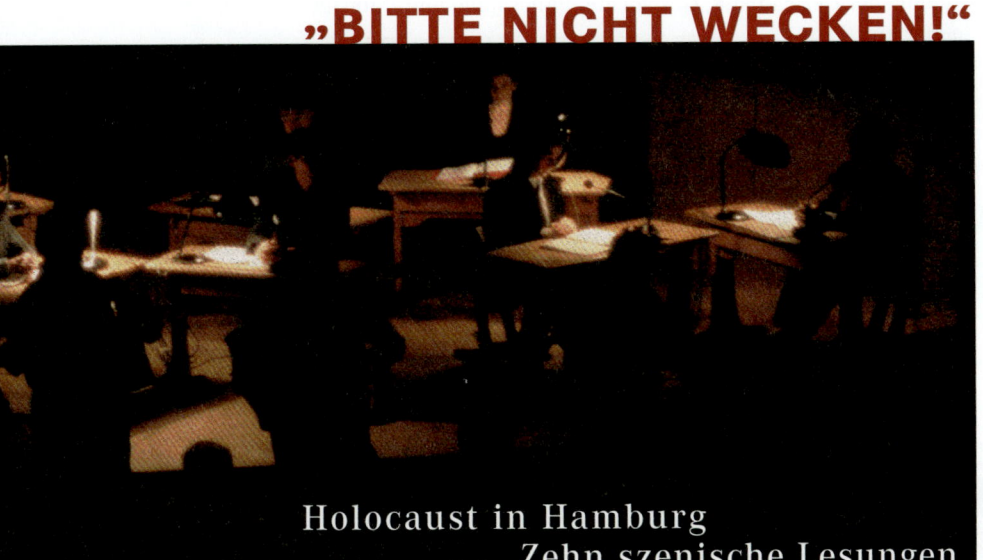

Holocaust in Hamburg
Zehn szenische Lesungen

Herausgegeben von der Hamburgischen Bürgerschaft

Vorwort von Ralph Giordano

Zweite, erweiterte Auflage

DÖLLING UND GALITZ VERLAG

MICHAEL BATZ (geb. 1951) ist Autor, Theatermacher und Szenograf.

Studium der Germanistik, Geschichte, Philosophie und Kunstgeschichte in Marburg/Lahn.
Zahlreiche Theaterproduktionen (*Der Hamburger Jedermann*), Buchveröffentlichungen, Hörspiele.
Lichtkunstprojekte und Illuminationen.
Seit 1994 künstlerischer Leiter des Theaters in der Speicherstadt, Hamburg.

INHALT

VORWORT ZUR ERSTEN AUSGABE 7
Dr. Dorothee Stapelfeldt, Präsidentin der Hamburgischen Bürgerschaft

VORWORT ZUR ZWEITEN AUSGABE 8
Berndt Röder, Präsident der Hamburgischen Bürgerschaft

HAMBURG – MEINE VATERSTADT 8
Vorwort von Ralph Giordano

FESTSAAL MIT BLICK AUF BAHNHOF, WALD UND UNS (1998) 14

BETR.: EHEM. JÜD. EIGENTUM (2000) 58

PEMPE, ALBINE UND DAS EWIGE LEBEN DER ROMA UND SINTI (2001) 104

SPIEGELGRUND UND DER WEG DORTHIN (2002) 136

HAFENRUNDFAHRT ZUR ERINNERUNG (2003) 157

MORGEN UND ABEND DER CHINESEN (2004) 201

DER HANNOVERSCHE BAHNHOF (2005) 239

HAMBURG HONGKEW (2006) 261

ES SOLLTE EIGENTLICH EIN MUSIK-ABEND SEIN (2007) 295

BITTE NICHT WECKEN (2008) 325

Lutz Wendler **„DIE AKTEN ZUM SPRECHEN BRINGEN"** 364
Ein Interview mit Michael Batz

Jürgen Sielemann **AN DEN QUELLEN DER VERGANGENHEIT** 370

Detlef Garbe **DIE HAMBURGER RATHAUSAUSTELLUNGEN
ZUR ERINNERUNG AN DIE OPFER DES NATIONALSOZIALISMUS** 373

NACHWEISANGABEN ZU DEN STÜCKEN 380

VORWORT ZUR ERSTEN AUSGABE

Wach und in Erinnerung bleiben soll, was nie in Vergessenheit geraten darf.

Zwischen 1998 und 2003 fanden im Hamburger Rathaus jeweils Ende Januar Veranstaltungen der Hamburgischen Bürgerschaft zum Gedenken an den Holocaust statt.

Fester Bestandteil dieser Gedenktage waren Ausstellungen im Foyer des Rathauses, die von Hamburger Historikern gestaltet wurden. Mein Dank gilt Wolfgang Kopitzsch und der Landespolizeischule, der Vereinigung Kinder vom Bullenhuser Damm e.V. sowie der KZ-Gedenkstätte Neuengamme für die gute Zusammenarbeit.

Zu einer besonderen Institution des Gedenkens wurden neben diesen Ausstellungen die in diesem Buch dokumentierten szenischen Lesungen, mit denen bestimmte, bis dahin wenig beachtete Kapitel der nationalsozialistischen Geschichte in Hamburg beleuchtet werden.

Der Theatermacher Michael Batz hat mit bewunderungswerter Akribie und selbstlosem Einsatz Material zusammengetragen und in Archiven recherchiert. Mit seinen Texten erweist er sich als Meister der Kunst, Unbekanntes ans Licht zu bringen, Unerzähltes erfahrbar zu machen. Jede seiner so entstandenen Dokumentationen eine präzise ausgeleuchtete, teilweise tief ergreifende und nachdenklich stimmende Facette in einem vermeintlich nie vollendbaren Mosaik der Erinnerung.

Im Namen der Hamburgischen Bürgerschaft danke ich Michael Batz und allen Mitwirkenden der szenischen Lesungen und musikalischen Darbietungen.

Mein Dank gilt auch dem Verlag Dölling und Galitz, der die Initiative zu diesem Buchprojekt dankbar aufgegriffen und mit Engagement in die Tat umgesetzt hat.

Möge sich aus der wach gehaltenen Erinnerung ein Weg zum Umgang mit unserer Geschichte ergeben, aus dem Verantwortung erwächst.

Dr. Dorothee Stapelfeldt,
Präsidentin der Hamburgischen Bürgerschaft

VORWORT ZUR ZWEITEN AUSGABE

Erinnerungen können etwas Wunderschönes sein, manchmal aber sind sie auch schmerzhaft. Die Erinnerungen an den Holocaust gehören dazu. Sie tun weh und gehen oft weit darüber hinaus, was für Menschen vorstellbar ist. Aber sie dürfen nicht in Vergessenheit geraten. Sie müssen für nachfolgende Generationen als Mahnung erhalten werden.

Der Kreis der Menschen, die die Schrecken des Nationalsozialismus miterlebt haben und als Zeitzeugen davon berichten können, wird immer kleiner. Deshalb hat es sich die Hamburgische Bürgerschaft zur Aufgabe gemacht, die Erinnerung an dieses dunkle Kapitel deutscher Geschichte wach zu halten. Seit zehn Jahren lädt sie im Rahmen des Gedenktages für die Opfer des Nationalsozialismus Ende Januar zu einer Ausstellung und einer szenischen Lesung ins Rathaus ein.

Die Dokumentarstücke für die szenischen Lesungen schreibt Michael Batz im Auftrag der Hamburgischen Bürgerschaft. Jahr für Jahr taucht er tief ein in die Historie unserer Stadt, wälzt Akten und Dokumente und stößt auf Schicksalsgeschichten, die ohne seine Recherche vermutlich nie ans Tageslicht gekommen wären.

„Bitte nicht wecken" ist ein Zitat aus einem Abschiedsbrief und zugleich der Titel seines neuesten Stücks, das sich mit den Selbstmorden vieler Juden als Folge ständiger Demütigungen und Schikanen und als letzter Ausweg an den Vorabenden der Deportationen auseinandersetzt. Michael Batz führt uns das Ausmaß der Suizide und ihre dramatischen Umstände vor Augen und veranschaulicht für uns das grausame Geschehen.

Dieses Buch enthält alle Dokumentarstücke der vergangenen zehn Jahre und ist damit wichtiger Bestandteil der Kultur des Gedenkens, die die Hamburgische Bürgerschaft pflegt.

Ich danke Michael Batz und den Mitarbeitern der KZ-Gedenkstätte Neuengamme sowie all denjenigen, die sich unermüdlich dafür engagieren, dass die Erinnerung an die jüdischen Hamburger, die dem Nationalsozialismus zum Opfer gefallen sind, lebendig gehalten wird.

Ein Beitrag dazu ist auch dieses Buch, das ohne das Engagement des Verlags Dölling und Galitz und die großzügige Unterstützung der Zeit-Stiftung nicht zustande gekommen wäre. Dafür danke ich beiden Partnern ausdrücklich.

Berndt Röder
Präsident der Hamburgischen Bürgerschaft

Ralph Giordano
HAMBURG - MEINE VATERSTADT... *Erinnerungen eines Überlebenden*

I. Die frühen Stätten der Kindheit - Paradies, Geborgenheit, Heimat: Das elterliche Nest, die Wohnung in Barmbeks Hufnerstraße 113, die hohen Häuserfronten, die eingezäunten Vorgärten, die ragenden Linden; „Onkel Ditschi" nebenan, Konfitüre en gros en detail, Elysium für Süßmäuler; die Sandkiste, mit dem „PINKELWINKEL - Nur für kleine Kinder" (woran sich niemand hielt); Heinzelmann, Nachbarssohn und bester Freund, für den ich bedenkenlos durchs Feuer gegangen wäre; auf dem Wege zum Stadtpark die himmelsnahe Hochbahnbrücke über Rübenkamp und Hellbrookstraße; die steile Schlucht der Hamburger Straße mit dem gewaltigen Karstadt-Klotz; das heimelige Licht der vertrauten Geschäfte dort, und die Kinos, unvergessen - Odeon, Balke, Weltlichtspiele. Näher am Nest die Scala (Flohkiste aus Stummfilmzeiten, muffig, doch mit der Kindervorstellung am Sonntag für nur 30 Pfennige!), und die vornehme, schon ganz auf den Tonfilm zugeschnittene Schauburg-Nord in der Fuhlsbüttelerstraße, kurz hinter der Bahnbrücke in die Walddörfer.
Rasche Erweiterung des kindlichen Blicks – der Schrebergarten der Großeltern mütterlicherseits, am Rande des schilfbewachsenen Bramfelder Sees, drüben am andern Ufer die eisernen Staketts des Ohlsdorfer Friedhofs; die Straßenbahnlinie 6 vom Barmbeker Bahnhof „in die Stadt"; die Fahrt mit dem Alsterdampfer von der Richardstraße zum Jungfernstieg, im brodelnden Maschinenraum der geduckte Körper des schuftenden Heizers; die windige, weite, changierende Fläche der Außenalster, segelbetupft und in der Taille gerafft durch die dreischnallige Lombardsbrücke; der geduckte, glasgeschuppte Hauptbahnhof, mit den fauchenden Ungeheuern seiner schwärzlichen Lokomotiven; der jedesmal wieder atemverschlagende Anblick von der Station Landungsbrücken aus auf das marine Universum des Hafens - das Gebell seiner Schlepper auf der gischtigen Norderelbe, das metallene Profil der Werften und der Hellige, und der Anblick der majestätisch schaukelnden Passagierdampfer an der Überseebrücke; schließlich der Michel, Wahrzeichen der Stadt, sein grünes Haupt, wie ein Riese aus Vorzeiten, genarbt, schillernd, kupferverwittert.
Alles übertreffend aber das Panorama der Unterelbe, vom Hochufer vor Blankenese her - die kilometerweite Wasserfläche, bis drüben hin zum Alten Land, zur Zeit der Baumblüte schneeige Grenze nach Süden. Der Große Strom – bei Regen und Sturm unter einem niedrigen, dunklen, wie magnetisch herabgesogenen Himmel, unter der Sonne eine von gewaltigen Schiffen durchpflügte, gleißend-nasse Straße, und wir, Vater, Mutter, Brüder und ich, jedes Jahr wieder über die Steiltreppe am Rande des Hirschparks hinab „an die Elbe"...
Hamburg – Stätte unbeschwerter Kindheit, Nest, Paradies, Geborgenheit, Heimat.

II. April 1933.
Kurz nach meinem zehnten Geburtstag Einschulung auf das Johanneum an der Winterhuder Maria Louisenstraße – und sofortige Einteilung der Sextaner in arische und nichtarische Schüler. Hier ein kleiner, da ein großer Haufen.
Ich stellte mich zu dem großen, aber nur um nachmittags zu Hause belehrt zu werden, daß dies der falsche war. So erfuhr ich, daß ich eine jüdische Mutter hatte. Was vorher ohne Bedeutung war, rückblickend aber die Initialzündung für den Prozeß der Isolierung.
Sie sollte rasch fortschreiten.
„Ralle, mit dir spielen wir nicht mehr, du bist Jude!"
Das kam aus dem Munde von Heinzelmann, meinem Busenfreund seit frühen Tagen, für den ich durchs Feuer gegangen wäre, und die anderen um ihn herum nickten – an einem Sommertag des Jahres 1934. Ich schaute in Gesichter, mit denen ich groß geworden war, buchstäblich von der Wiege auf an, die mich nun aber plötzlich, von gestern auf heute, mit fremden Augen anstarrten.
Eine schleichende, untergründige Wandlung, die anderthalb Jahre nach der „Machtergreifung" ans Licht dieses Barmbeker Morgens drang – Hitler hatte auch von den kindlichen Seelen Besitz genommen.
Denen mache ich keine Vorwürfe, aber ich spreche von einem Schlüsselerlebnis der Entfremdung, bei dessen Schilderung mir noch heute, siebzig Jahre später, die kalten Schauder den Rücken herunterrieseln:
„Ralle, mit dir spielen wir nicht mehr, du bist Jude!"
Davon gibt es, man mag noch so alt werden, keine Erholung. Obwohl es später weit schrecklichere physische Erlebnisse gegeben hat – psychisch war dies das schrecklichste.
Niemand hat Auschwitz voraussehen können, es wäre also unhistorisch, es zu antizipieren. Aus der geprüften Sicht des heute Achtzigjährigen aber sage ich: Daß damals ein neues, gewalttätiges Zeitalter angebrochen war, und wir über Kimme und Korn in seinem Visier standen, das war von vornherein spürbar und mir trotz meiner Jugend instinktiv bewußt.
Die Bestätigungen prasselten nur so.
Erster Auftritt der Gestapo schon im Frühling 1933, früh morgens um sechs, wegen „konspirativer Zusammenkünfte bei den Giordanos" – denunziert, und das auch noch fälschlich, von Nachbarn, mit denen wir uns bis dahin glänzend verstanden hatten.
Die Rückkehr des jungen, im „Kolafu" (Konzentrationslager Fuhlsbüttel) zum Krüppel geschlagenen Sozialdemokraten, Mitbewohner aus dem vierten Stock nach hinten heraus – einst voller Lebensfreude und Energie, jetzt verstummt, gebrochen, alt.
Berufsverbot für die Mutter, Klavierpädagogin, nach Proklamation der

Nürnberger Rassegesetze vom September 1935. Keine weiteren Fahrten mit der Linie 6 oder dem Alsterdampfer von der Anlegestelle Richardstraße „in die Stadt" nach wüster Beschimpfung der Mutter auf dem Jungfernstieg und der Mönckebergstraße durch bekennende Judenhasser. Die Vertreibung vom Elbestrand, nach Drohung eines Hausbesitzers an der Steiltreppe: „Jerusalem" habe zehn Minuten Zeit vom Strand der deutschen Elbe zu verschwinden, sonst... Und als die Großeltern den Bramfelder Schrebergarten aufsuchten, wie seit Jahrzehnten, fanden sie das Schloß gewechselt und auf dem Dach der Laube die Hakenkreuzfahne – eingepflockt vom Nachbarn und frischgebackenem „Arisierer". Zu der ständig bestätigten und genährten Erfahrung von Freundschafts- und Liebesverlust in einer dem kriminellen NS-Regime immer offener zustimmenden Gesellschaft, fügte sich spätestens seit der Reichspogromnacht vom 9. auf den 10. November 1938 noch zusätzlich die Furcht vor dem jederzeit möglichen Gewalttod als zentrales Lebensgefühl an. Der ungleiche Kampf auf dem Johanneum zwischen mir und dem Speckrolle genannten Nazilehrer, mündend in einen Suizidversuch des fünfzehnjährigen Sekundaners. Meine erste Verhaftung durch die Gestapo im September 1939, kurz nach Ausbruch des von Hitlerdeutschland angezettelten Zweiten Weltkrieges – denunziert von zwei gleichaltrigen Spielgefährten seit der Kindheit. Über Jahre hin hatten sie meine im Vertrauen zu ihnen geäußerten antinazistischen Ansichten sorgfältig gesammelt und über die Eltern an Parteistellen weitergeleitet.
Dann das Verhör... (später ergänzt durch zwei weitere, im November 1941 und August 1944). Es hat 60 Jahre gedauert, bis ich wieder einen Blick auf das Gebäude zu richten wagte, in dem die Torturen stattfanden – das Stadthaus am Ende des Neuen Walls.
Die immer verdichtetere Kompression der Verfolgung, das immer engere Würgeisen der Rassengesetzgebung um unseren Hals; ab Herbst 1941 das Wissen von jüdischer Massenvernichtung hinter der vorrückenden Ostfront auf dem Territorium der überfallenen Sowjetunion; nach beendeter Deportation der Hamburger Volljuden bis Juni 1943 dann die bürokratischen Präliminarien für die Ausweitung des Holocaust auf die sogenannten „Mischehen". Neben dieser ständigen „ersten Gefahr" eine „zweite" – nämlich bei den immer häufigeren Luftangriffen durch eine Bombe unserer potentiellen Befreier umzukommen – das Paradoxeste, was wir uns vorstellen konnten, aber keineswegs unmöglich. Dann die Ausbombung in der Nacht vom 29. auf den 30 Juli 1943 im Verlaufe der „Operation Gomorrha", mit der die anglo-amerikanische Bomberflotte mit dem Stichtag des 24. Juli ein neues Zeitalter des Luftkrieges gegen Hitlerdeutschland eingeleitet, aber auch der Ablaufplan des Holocaust nach hinten geschoben hatte. Gegen das Gestapoverbot Flucht aus dem zertrümmerten Hamburg; Unterkunft in einem kleinen Dorf der Altmark, Mitteldeutschland, mit der

– getrogenen – Hoffnung, dort untertauchen und das Ende des Dritten Reiches erleben zu können. Denunziation aus dem Dorfe an die Gestapo Gardelegen im Mai 1944, Rücktransport nach Hamburg, Zwangsarbeit – Beginn des letzten, allerschrecklichsten Jahres. Vor der Deportation der Mutter dann Abtauchen in die Illegalität eines Alsterdorfer Kellerlochs, bei einer ehemaligen Nachbarin aus der Hufnerstraße, die wußte, daß bei Entdeckung ihr Leben so verwirkt sein würde wie das unsere, und die uns dennoch versteckte:
Grete Schulz mit Namen, in den „Bertinis" Erika Schwarz – Ehre ihr und Dank, auch nach so langer Zeit noch und immer wieder!
Dann, wenige Tage vor dem Hungertod – wir waren seit Wochen von jeder Lebensmittelzufuhr abgeschnitten – das Unglaubliche, nie Erwartete, Fatamorgana, die Halluzination Tausender Tage und Nächte – die Befreiung durch die 8. britische Armee: „Dies geschah an einem Freitag, dem vierten Mai, im Jahre Neunzehnhundertfünfundvierzig."
So steht es in meinem autobiographischen Roman „Die Bertinis".

III. Hamburg?
Das hatte bis dahin, was Wunder, sein Gesicht verändert, war zu einem Ort des Grauens geworden, der zerstörten Hoffnungen und der Erosion jeglichen Zugehörigkeitsgefühls. Aus dem „Tor zur Welt" war für mich der Startplatz in die Welt geworden, zur Realisierung des mir so lange und so gründlich injizierten Fluchtinstinktes: Weg von diesem Land, weg von der Angst vor ihm, weg von den Erinnerungen, von den Bildern des Grauens und dem Kosmos seiner Schrecken.
Aber dann passierte etwas Unerwartetes, und zwar sehr bald schon nach jenem 4. Mai 1945 – etwas, das überhaupt nicht paßte in den so selbstverständlichen Entschluß, im Falle der Befreiung Deutschland zu verlassen, seinen blutigen Staub so rasch wie möglich von meinen Füßen zu schütteln und möglichst weite Distanzen zwischen ihm und mir zu legen.
Es geschah, Juni 1945, auf der Lombardsbrücke. Über die damals noch getarnte Binnenalster blickte ich hinweg auf das Hamburger Türmepanorama – auf die Wölbung von St. Katharin und das Kupfergrün der Petrikirche, den Stumpf von St. Jakobi, die Spitze des Rathauses und den ausgeglühten Turm der Nikolaikirche.
Mit noch unerklärlich beklommener Brust ging ich unter der Brücke hindurch auf die Seite der Außenalster, im Norden Uhlenhorst und Schöne Aussicht, im Osten St. Georg und westlich Harvestude. Und da, in diesem Augenblick, traf er mich – ein Stoß, plötzlich, heftig, und so elementar, daß ich ihn noch bis heute, also Äonen danach, in mir fühle. Die Erklärung dafür gibt Roman Bertini in

meinem Roman, mit eben jenem Standort unter Lombardsbrücke:
„Er liebte diese Stadt! Er liebte Hamburg, liebte es mit jeder Faser seines Körpers, mit jedem Winkel seiner Seele, liebte es völlig ungeachtet dessen, was die Bertinis hier während der vergangenen zwölf Jahre erlebt hatten. Irgendetwas war soeben in ihm aufgesprungen, etwas Verkapseltes, was nun völlig neu ausströmte da drinnen, winzig noch und doch reißend, so überschwemmte es ihn von seinem unbekannten Ursprung. Roman Bertini schloß die Augen, überwältigt, zitternd, schutzlos."
Es war eine lebensentscheidende confessio in einem Wirrwar noch widerstreitender Gefühle. Der Rahmen dieses Vorworts würde gesprengt werden, wenn ich sämtliche Gründe und ihre inneren und äußeren Verfahren aufzählen würde, die dazu führten, trotz allem in Deutschland geblieben zu sein. Es war ein komplizierter Prozeß, geprägt von kontinuierlicher Auseinandersetzung mit dem Nationalsozialismus und dem Schlüsselproblem, ob sich das Unerläßliche einstellen würde oder nicht: Zugehörigkeit - die Frage, die hinter allem steckte. Wie oft bin ich mit an jeder Ecke purzelnden Erinnerungen durch die vertrauten Straßen und Plätze Hamburgs gegangen und habe mich dabei stumm selbst befragt: „Was wird aus der Beziehung zu deiner Vaterstadt - ihrer zu dir und deiner zu ihr? Was wird aus all den Berührungsängsten, deinen eigenen und denen anderer mir gegenüber? Wie wird Hamburg auf die Veröffentlichung deines Buches reagieren, in dem ein individuell wahrgenommener Ausschnitt seiner Wirklichkeit geschildert wird, im Guten wie im Bösen, so wie du beides erlebt und erlitten hast?"
Einseitige Zugehörigkeit gibt es nicht, sie beruht auf Gegenseitigkeit, auf der eigenen Bereitschaft und auf der Akzeptanz von außen.
Würde sie zustande kommen?
Sie ist zustande gekommen, ist inzwischen längst hergestellt worden, und das auch mit jener offiziellen, parteiübergreifenden Weihe, die mir, eingestandenermaßen, wichtig war und ist. Ich gebe gern zu, daß mir die Gesten der Anerkennung und der Ehrung gut tun. Das ist die dritte Stufe meiner Hamburger Biographie - und, bei meinen Vergleichsmöglichkeiten, ein bleibendes Wunder.

* * * *

Ich freue mich, ihm abermals aus dem gegebenen Anlaß Ausdruck geben zu können - dem Erscheinen der zehn Dokumentarsstücke, die der verdienstvolle Michael Batz für die Hamburger Bürgerschaft in den Jahren 1998-2008 schrieb, und das symbolischerweise jeweils datiert auf den 27. Januar, den Tag, an dem Auschwitz durch die Rote Armee befreit wurde.
Mit Bewegung nehme ich den Geist zur Kenntnis, in dem Autor und Stadt das Projekt verfaßten und verwirklichten, in meinen Dank dafür eingeschlossen

die Schauspielerinnen, Schauspieler und Musiker der szenischen Lesungen, die das verdienstvolle Werk der Öffentlichkeit vortrugen.

Nun liegt es zusammengefaßt und vollständig auch in Buchform vor. Insgesamt eine Lektüre, deren Tabulosigkeit mich begeistert, und die der Legende von dem hitlerfernen Hamburg in die falsche Parade fährt – ohne die Verbundenheit mit der Stadt und ihrer Geschichte zu leugnen, sondern sie, im Gegenteil, gerade so zu demonstrieren.

Ich schreibe das Vorwort für ein Buch, dem eine große Leserschaft zu wünschen ist, wie allem, was der Wahrheit zu dienen versucht – und dabei weiß, daß sie umso erlösender ist, je mehr sie schmerzt.

Ralph Giordano, Hamburg

FESTSAAL MIT BLICK AUF BAHNHOF, WALD UND UNS

EINE FRAU *mit Fragen*
NEUN MÄNNER *mit Aussagen*

VORGELADEN ERSCHEINEN

FRAU *Vorgeladen erscheinen*

*der Polizeihauptkommissar Wolfgang Hoffmann, SS-Nr. 196198,
der Polizeihauptkommissar Julius Wohlauf, SS-Nr. 286 283,
der Arbeiter Adolf B., der Polizeimeister a.D. Albert D.,
der Schneider Alfred L., der Landschaftsgärtner Arthur S.,
der Rentner August W., der Maschinensetzer Carl Friedrich A.,
der Isolierer Erwin H., der Kellner Franz G., der Buchdrucker Franz K.,
der Feuerwehrmann Frederick Adolf V., der Kaufmann Kurt D.,
der Klempner- und Installateurmeister Friedrich Wilhelm M.,
der Friseurmeister Friedrich S., der Elektroschweißer Wilhelm G.,
der Handelsvertreter Georg Robert W., der Gebrauchswerber Gerhard K.,
der Verwaltungsangestellte Heinrich Klaus Hermann B.,
der Holzkaufmann Heinz Gotthelf B., der Lademeister Herbert F.,
der Werkschutzmann Hero Karl B., der Fuhrunternehmer Johann F.,
der Maurergeselle Karl F., der Kraftfahrer Oskar Jakob P.,
der Tallymann Paul H., der Diener Rudolf W., der Telefonist Georg L.,
der Hilfsmaschinist Walter F., der Malermeister Rudolf G.,
der kaufmännische Angestellte Wolfgang H. , der Gastwirt Conrad M.,
der Prokurist Wilhelm G., der Kohlenhändler Johann F.,
der Schuhmacher Paul F., der Koch Friedrich K., der Filialleiter Alfred S.,
der Regierungsobersekretär Johannes A., der Uhrmacher Hermann W.,
der Telefonist Georg L., der Drogist Ernst H., der Landwirt Jürgen E.,
der Straßenbahnfahrer Johannes L., der Maschinensetzer Walter Z.*

[und andere mehr.]

Mit dem Gegenstand der Vernehmung bekannt gemacht und zur Wahrheit ermahnt sagen die Vorgenannten:

MANN EINS Mein Gedächtnis läßt mich völlig im Stich. Nein, es will mir nichts einfallen. Ich habe eben ein schlechtes Gedächtnis.

MANN VIER Es kann sein, daß ich den einen oder anderen der genannten Kollegen damals gekannt habe, ihre Namen sagen mir heute aber nichts mehr.

MANN ZWEI Ich habe mich wirklich bemüht, die Vorgänge aus der damaligen Zeit in Polen in meine Erinnerung zurückzurufen. Es war mir aber bestimmt nicht möglich, klare Angaben zu machen.

MANN DREI Ich habe mich bemüht, einen Aufhänger zu finden. Es ist mir nicht gelungen. Für mich sind das alles wildfremde Sachen. Ich habe keine Erinnerung mehr.

MANN EINS Die Gedächtnisschwäche führe ich auf mein vorgerücktes Alter zurück, und immerhin liegt die Zeit mehr als 20 Jahre zurück.

MANN ZWEI Die Dinge liegen einfach zu lange zurück, und es hat sich auch damals so viel abgespielt –

MANN EINS – es ging alles sehr schnell –

MANN ZWEI – daß man sich heute unmöglich noch an genaue Einzelheiten, insbesondere an genaue Zeiten erinnern kann.

MANN SIEBEN Mir ist diese Zeit fast völlig entfallen.

MANN VIER Mich regt das alles auch furchtbar auf. Ich bin so vergeßlich, daß ich nicht einmal mehr weiß, was ich bei meiner letzten polizeilichen Vernehmung gesagt habe.

FRAU *Ich habe Ihnen gestern zum Abschluß der Vernehmung Einzelheiten über die Judenvernichtung vorgehalten.*

MANN DREI Ich selbst habe nicht geschossen. Meine Tätigkeit war eine reine Büroarbeit. Ich habe allerdings aus den Erzählungen der Kameraden entnehmen müssen, daß ihre Einsätze teilweise mit Juden zu tun hatten.

MANN EINS Ich selbst bin niemals im Ghetto gewesen.

MANN ZWEI Ins Lager selbst sind wir nicht hineingefahren.

MANN DREI Ich persönlich habe unmittelbar nicht teilgenommen. Ich hatte löhnungsmäßig das ganze Btl. zu versorgen.

FRAU *Nachdem Sie nun einen Abend Zeit gehabt haben, nachzudenken, muß ich Sie heute fragen, ob Sie jetzt etwas sagen können?*

MANN SIEBEN Wenn Sie mir diese Dinge nicht so eindringlich vorgehalten hätten, hätte ich mich ihrer kaum erinnert.

MANN EINS Ich möchte betonen, daß wir uns später gescheut haben, über diese Aktion zu sprechen. Ich darf versichern, daß wir alles vermieden haben, über diese Dinge zu sprechen.

MANN ZWEI Es ist unendlich schwierig, das Heutige mit dem Damaligen in Einklang zu bringen.

MANN VIER Als ich zum ersten Male zur Vernehmung erschien, glaubte ich, freien Herzens hingehen zu können. Bei der Vernehmung wurden mir konkrete Aussagen vorgehalten, so daß ich nicht mehr wußte, was hinten und was vorne war.

MANN SIEBEN Ich war von Anfang erschüttert, als die Kriminalpolizei mir sagte, daß ich dabeigewesen sein sollte.

MANN VIER Früher war ich lustig. Seitdem ich zu meiner ersten Vernehmung ging, ist es mit meiner Fröhlichkeit aus.

MANN SIEBEN Ich habe heute Nacht nicht geschlafen und mich mehrere Male erbrochen. Ich fühle mich einer Vernehmung nicht gewachsen.

MANN VIER Ich bin krank und kann keine Aufregung vertragen. Wenn ich zu diesen Dingen hier befragt werden soll, könnte es passieren, daß ich mich derartig aufrege. Von Professoren und Ärzten ist mir jede Aufregung untersagt.

MANN EINS Wie ich schon einmal betonte, habe ich ein wirklich schlechtes Gedächtnis und hatte vor den ersten Besprechungen überhaupt keine Erinnerungen an derartige Einsätze mehr.
Erst im Verlaufe der beiden letzten Tage sind bruchstückartig einige Bilder in meiner Erinnerung aufgetaucht.

MANN ZWEI Erst durch die Durcharbeitung der Akten erhielt ich wieder eine gewisse Erinnerung an die Aktion.

MANN DREI Als Erinnerungsbild habe ich vor Augen, daß einer der Juden durch den See flüchtete, und daß er trotz hinterher gesandter Schüsse entkommen ist.

ERINNERUNGSHILFEN

FRAU *Vermerke bei Gegenüberstellung:*

Erwin G. und Heinrich B. erklären, daß sie sich gegenseitig bekannt vorkommen.
Wilhelm G. und Erwin G. erklären, wir erkennen uns wieder.
Ernst H. und Erwin G. erklären, daß sie sich nicht kennen.
Alfred B. und Erwin G. erklären, daß sie sich kennen. Konrad M. erkennt Erwin G. wieder.
Herr G. erkennt Herrn M. nicht wieder.
Heinrich S. und Herr G. erklären, daß sie sich kennen.
Herr G. erklärte : An diesen Herrn Georg K. und seinen Namen konnte ich mich sofort ohne weiteres erinnern.
Herr K. erklärte : Der Name G. sagt mir nichts, wohl aber glaube ich mich an die Gesichtszüge des Herrn G. erinnern zu können.
An dieser Stelle erklärte Herr K.: Jetzt fällt mir wieder genau ein, wer dieser Herr ist.
Herr G., der mir gegenüber sitzt, heißt Erwin mit Vornamen und wohnte damals am Grindel.
Herr K. und Herr G. erklären, daß sie sich kennen.

MANN ACHT Nachdem mir Herr G. seine Aussage mündlich wiederholt hat, kann ich mich daran erinnern, daß er neben mir als Schütze gestanden hat. Bei der Exekution hat an der einen Seite G. und an meiner anderen Seite K. als Schütze gestanden.

FRAU *Fotografien aus dem Fotoalbum im Wohnzimmerregal.*

MANN FÜNF Es ist richtig, daß im Zuge der Ermittlungen die mir heute vorgelegten 22 Bilder sichergestellt worden sind.

MANN SECHS Wir konnten damals die Bilder kaufen. Der Kompanieschreiber fotografierte alles.
Die Bilder des Kompanieschreibers waren in einem Album und das lag in der Schreibstube aus.

MANN NEUN   Bilder aus Miedzyrzec waren an dem schwarzen Brett angeschlagen.

MANN FÜNF   Zu diesen Bildern kann ich heute noch folgendes erklären: Diese Bilder zeigen einen Einsatz der 2. Kompanie Pol.Btl.
Die Bilder selbst zeigen: Bild 6: Juden beim Ausheben eines Massengrabes, Bild 13, 14 und 15: Zeigen den Sammelplatz der Juden in Lomazy.
Mann mit Fahrrad, Oberleutnant Gnade.
Bild 11: Zeigt zusammengetriebene Jüdinnen auf dem Markt von Miedzyrzec vor ihrem Abtransport.
Bild 8: Dieses Bild ist entstanden, als ich mir mit den beiden Juden lediglich zum Zwecke der Aufnahme mit den beiden Juden einen Spaß erlaubte. Ich tat so, als wenn ich einem der Juden den Bart abschnitt, habe es in Wirklichkeit jedoch nicht getan.
Bild 22: Dieses Bild stellt die angetretene 2. Kompanie vor der Unterkunft in Miedzyrzec dar. Ich erhielt an diesem Tage das Kriegsverdienstkreuz II. Klasse mit Schwertern für einen Partisaneneinsatz.
Auf dem mir unter Nr. 14 vorgelegten Lichtbild erkenne ich unter
Nr. 6   den Spieß
Nr. 5   Zugwachtmeister B.
Nr. 4   unseren Kompaniekoch; namentlich nicht mehr erinnerlich.
Nr. 3   unseren Sanitäter L.
Nr. 1   mich selbst.

AUS HAMBURG

FRAU *Aus Hamburg.*

MANN EINS Ich wuchs im Elternhause auf und hatte noch zwei Brüder.

MANN SECHS Am 22.12.1939 wurde ich zur Polizei Hamburg dienstverpflichtet.
Ich kam dann zur Bundesstraße, wurde hier in Blau eingekleidet und zur Schlageter-Kaserne am Freihafen verlegt. Hier machten wir Ausbildungsdienst und bewachten die als Prisen in den Hamburger Hafen eingebrachten Schiffe.

MANN ACHT Mein eigentlicher Beruf ist Seemann. Nach einer polizeilichen Ausbildung in der Viktoria-Kaserne in Altona kam ich dann zum Pol.-Btl. 101.

MANN NEUN Ich wurde im April 1942 zur Polizeireserve in Hamburg eingezogen und kam hier zum Pol.-Btl. 101.

MANN DREI Ich kam als Kraftfahrer zum Batl. 101. Diese Tätigkeit als Kraftfahrer habe ich dann bis 1944, als wir von den Russen vertrieben wurden, ausgeübt.

MANN SECHS Während der Zeit in Hamburg kann ich mich an folgenden Judeneinsatz erinnern: In einem Logenhaus in der Nähe des Bahnhofes Sternschanze waren etwa 200 Juden aus Hamburg zusammengetrieben worden. Vom Zoll wurden diesen Juden die Wertsachen abgenommen. Danach wurden sie in Omnibusse verladen und abtransportiert.

FRAU *Sonntag, der 21. Juni 1942, 6.00 Uhr [morgens].*
Per Bahn rückte das Reserve-Polizei-Bataillon 101
unter Mitnahme von Omnibussen der Post
und der Hamburger Hochbahn AG vom Bahnhof Sternschanze nach Polen aus.
[Auf einem der Busse war Werbung für 'Chlorodont'-Mundwasser zu sehen.]

11 Offiziere, 5 Verwaltungsbeamte, 486 Männer.
Ein Arzt, ein Sanitäter, mehrere Fahrer, Schreiber
und Mitglieder des Nachrichtenzuges.

Bataillonskommandeur: Major Wilhelm Trapp, 53 Jahre
Führer der 1. Kompanie: Hauptmann Julius Wohlauf, 29 Jahre
Führer der 2. Kompanie: Oberleutnant Hartwig Gnade, 48 Jahre
Führer der 3. Kompanie: Hauptmann Wolfgang Hoffmann, 28 Jahre

MANN ACHT   Parole für heute: Jetzt geht's los im Trapp
                     Und alles fühlt sich Wohlauf.

MANN SIEBEN   Zum Einsatz zogen wir im Fußmarsch unter klingendem Spiel bis zum Bahnhof und wurden hier verladen.

ALLE   Aus Hamburg sind wir ausmarschiert,
Alster und Elbe ahoi!
In Polen sind wir einquartiert,
Heimat, wir bleiben dir treu!
Und klingt durch die Straßen unser Schritt,
Dann marschiert in uns die Heimat mit.
Heimat, wir schwören dir Liebe aufs neu,
Hamburg, wir bleiben dir treu!

MANN ZWEI   Am 25. Juni kam das Bataillon in der polnischen Stadt Zamocz im südlichen Teil des Distrikts Lublin an. Meiner Erinnerung nach erfolgte gleich 3 oder 4 Tage nach unserer Ankunft der 1. größere Einsatz.

MANN SECHS   Über diese Einsätze habe ich mir zunächst keine Gedanken gemacht.

MANN NEUN   Erst nach einigen Tagen, als das Batl. geschlossen zu einer Judenaktion eingesetzt wurde, ist mir bewußt geworden, zu welchem Zweck wir hier sind.

DER ERSTE EINSATZ

FRAU *Der erste Einsatz in Jozefow.*

MANN SIEBEN Soweit ich mich erinnere, wurde klar zum Ausdruck gebracht, daß das Btl. die Aufgabe habe, die Stadt von Juden zu säubern.
Bei dieser Aktion sollten Kranke, Alte und Kinder an Ort und Stelle erschossen werden.

MANN FÜNF Ich erinnere genau, daß am Vorabend dieses Einsatzes unser Batl.-Kommandeur, Major Trapp, vor dem geschlossen angetretenen Batl. eine Ansprache hielt, in der er sinngemäß etwa folgendes sagte: „Diesen Tag werdet ihr nie vergessen. Es ist aber von oben angeordnet worden."

MANN VIER Dem Major standen die Tränen in den Augen. „Kameraden, das war ihr jetzt machen müßt, kommt nicht von mir. Ich habe den Befehl selbst bekommen und gebe ihn nur weiter. Ich verbiete aber ausdrücklich, über diese Einsätze zu sprechen oder zu schreiben."

MANN SECHS Ich glaube, daß das Wort „erschießen" bei dieser Ansprache aber bewußt vermieden und lediglich durch eine entprechende, aber unmißverständliche Fingerbewegung angedeutet wurde.

MANN ZWEI In diesem Zusammenhang erinnere ich noch ganz genau, daß der Major Trapp wörtlich sagte: „Ach Gott, warum muß mir das beschieden sein." Hierbei hatte er seine Hand aufs Herz gelegt und wollte damit zum Ausdruck bringen, daß ihm die Aktion, menschlich gesehen,
sehr unangenehm wäre.

MANN FÜNF Er erwähnte dabei auch die Luftangriffe auf Hamburg und sagte, daß wir an unsere Frauen und Kinder denken mögen. Bei diesem Gedanken würde uns die Aufgabe, die wir zu erfüllen hätten, gewiß leichter fallen.

MANN SIEBEN Er sagte, wir müssen das tun und wir sollten an Hitler, Deutschland, Frauen und Kinder denken.

MANN EINS Als Abschluß seiner Ansprache richtete der Major an die Älteren des Btl. die Frage, ob welche darunter seien, die sich dieser Aufgabe nicht gewachsen fühlten. Zunächst hatte niemand den Mut, sich zu melden. Ich bin dann als einziger vorgetreten und habe damit bekundet, daß ich einer von denjenigen sei, der dieser Aufgabe nicht gewachsen sei. Erst dann meldeten sich weitere Kameraden. Wir waren dann etwa 10–12 Mann.

MANN DREI Ich kann mich noch gut dran erinnern, daß am Abend vor der Aktion Peitschen ausgegeben wurden. Die Peitschen sollten beim Heraustreiben der Juden aus den Häusern Verwendung finden. Es handelte sich um regelrechte Ochsenziemer.

MANN SECHS Hauptmann Wohlauf sagte: „Heute Nacht haben wir eine interessante Aufgabe zu lösen."

MANN DREI Ich habe gehört, daß die Bewohner dieses Ortes mit den Banden zusammen arbeiteten. Es ist gesagt worden, daß die weiblichen Bewohner des Ortes zur Unterhaltung der Banden in die Wälder gingen. Von wem ich die Formulierung, daß zur Betreuung der Banditen junge Mädchen in den Wald gingen, erfahren habe, kann ich nicht sagen.

[Einspielung]

Wovon kann der Landser denn schon träumen?
Er träumt von seinem Mägdelein,
das er küßte unter Waldesbäumen
bei manch verliebtem Stelldichein.

MANN SIEBEN Ich erinnere mich nun genau, daß ich als Hauswache am Morgen des 13. 7. 1942 den Zug sehr früh zu wecken hatte, gegen 2 oder 3 Uhr.

[Einspielung]

Wovon kann der Landser denn schon träumen?
Er hat ja keine Zeit dazu,
keine Stunde Schlaf will er versäumen,
des Nachts, da braucht er seine Ruh'.
Denn gerad' entschlummert,
wird auch schon gebummert,
und dann heißt es: Raus!

MANN SIEBEN   Es war noch dunkel, als die Btl.-Kräfte die Fahrzeuge bestiegen.

MANN SECHS   Ich erinnere mich, daß es durch teilweise recht unwegsames Gelände ging, über einen Knüppeldamm, durch Wälder und Kuschelgelände.

MANN FÜNF   Wir fuhren zu einer kleinen polnischen Stadt, die Jozefow hieß. Jozefow war für mich die erste Konfrontierung mit der Tötung von Juden.

MANN ZWEI   Ich weiß nur noch, daß der Ort, in den wir hineinfuhren, in tiefster Ruhe lag.

MANN NEUN   Es gab eine äußere und eine innere Absperrung. Von meiner Absperrung konnte ich nun beobachten, wie die Kameraden des Btl. die Stadt nach Juden durchkämmten und auf den Marktplatz trieben.

MANN ACHT   Ich selbst erinnere, daß ich in zwei Häusern war und die Juden herausgeholt habe. Alles, was laufen konnte, wurde zum Marktplatz getrieben und hier gesammelt.

MANN VIER   Ich behaupte in dieser Vernehmung, daß ich zu dem Zeitpunkt dieser Aktion nicht gewußt habe, daß dort mehr als tausend Juden erschossen worden sind. Auf Vorhalt bestreite ich auch, irgendwelche Schüsse gehört zu haben. Ferner stelle ich auch entschieden zur Abrede, selbst an der Exekution oder dem Transport der Juden zur Erschießungsstelle teilgenommen zu haben. Diese Angaben kann ich nötigenfalls vor Gericht unter Eid wiederholen.

FRAU   *Vorhalt:*

MANN VIER   Ich habe mir soeben den Ablauf der damaligen Aktion noch einmal vor Augen geführt und möchte doch noch hinzufügen, daß der 1. Zug unter Leutnant S. doch noch anders Verwendung fand. Ich muß nun einräumen, daß der Zug S. auch zur Exekution im nahegelegenen Waldstück mit eingeteilt wurde.
Ich konnte mich durch die Vielzahl der zu erschießenden Frauen und Kinder dem Erschießungskommando nicht entziehen und habe somit selbst auch an den Tötungen der Frauen und Kinder befehlsgemäß teilnehmen müssen.
Ich möchte jetzt schildern, wie diese Maßnahmen im einzelnen vor sich gingen.

MANN ACHT Wir wurden in einen Wald in der Nähe des Ortes gefahren. Dort wurden wir in Gruppen von etwa 12 - 15 Mann aufgeteilt. Jede Gruppe bildete ein Exekutionskommando.

MANN NEUN Auf dem Marktplatz wurden die Juden auf unsere LKWs verladen.

MANN ACHT An einer Stelle im Wald wurde uns ein Trupp Juden zugeführt.

MANN NEUN Der Zugführer S. gab ein Kommando wie etwa „Achtung fertig los", was bezwecken sollte, daß nur eine geschlossene Salve hörbar wurde. Man wollte wohl damit bezwecken, daß nicht nachfolgende Opfer unnötig beunruhigt würden.

MANN ACHT Von der 2. Kompanie erschien Oberleutnant Gnade und ließ sich eine Exekution vorführen.

MANN ZWEI Ich glaube, daß zu diesem Zeitpunkt sämtliche Offiziere des Batl. zugegen waren, insbesondere auch unser Batl.-Arzt Dr. S.
Dr. S. erteilte uns anatomischen Unterricht.
Er hat uns sogar noch genau erklären müssen, wie wir zu schießen haben, um den sofortigen Tod des Opfers herbeizuführen. Ich entsinne mich genau, daß er zu dieser Demonstration noch den Umriß eines menschlichen Körpers, zumindest von der Schulterpartie aufwärts, aufzeichnete oder andeutete und dann genau den Punkt bezeichnete, auf den das aufgepflanzte Seitengewehr als Hilfsmittel angesetzt werden sollte.

FRAU *Frage: Wieso erinnern Sie sich so genau an Dr. S.?*

MANN ZWEI Ich selbst habe damals bei geselligen Abenden eine Geige gespielt.
Herr Dr. S. war gleichfalls ein guter Musiker. Er spielte wunderbar Akkordeon und hat mit uns zusammen häufiger gespielt. Ich erinnere mich daher genau an seine Person.

MANN EINS Auf Kommando von Meister K. wurden die Juden dann in der vom Arzt demonstrierten Weise durch einen Genickschuß erschossen.

MANN SIEBEN Bezüglich der Erschießungen möchte ich sagen, daß die Juden sich auf dem Wege zu den Erschießungsplätzen sehr ruhig verhielten. Sie weinten und beteten vor sich hin, gingen aber sehr gefaßt in ihr Schicksal.

MANN FÜNF Ich glaube, daß wir vom ersten Kommando nach etwa einer Stunde durch ein anderes Kommando unserer Kompanie abgelöst wurden. Weiter entsinne ich mich, daß unser 1. Kommando nach einigen Stunden nochmals eingeteilt wurde und nun bis zum Beginn der Abenddämmerung durchschießen mußte.

MANN EINS Irgendwie habe ich in Erinnerung, daß man jetzt in Zeitnot geraten war und die Erschießungen nicht mehr so formvoll vor sich gingen, wie beim ersten Mal.

MANN DREI Meiner Meinung nach trat jetzt das Exekutionskommando selbständig in Tätigkeit und trat an die Juden heran, so wie diese in einer Reihe am Boden lagen. Ich weiß aber, daß die jeweiligen Platzanweisungen auch jetzt noch durch Hauptmann Wohlauf erfolgten.

MANN SECHS Am Zielort wurde uns nur gesagt, daß wir uns einen Juden schnappen sollten.

MANN DREI Die Juden kamen per LKW an, jeder der etwa 30 Mann holte sich von den abgesessenen Juden sein Opfer und nahm es mit.

MANN SECHS Jeder Angehörige der Erschießungskommandos nahm sich einen Juden bzw. eine Jüdin und ging damit in den Wald.

> [Einspielung]   *Wovon kann der Landser denn schon träumen?*
> *Er träumt von seinem Mägdelein,*
> *das er küßte unter Waldesbäumen bei manch*
> *verliebtem Stelldichein.*
> *Hat sie ja so gerne*
> *und aus weiter Ferne*
> *denkt er nur an sie.*
>
> *Wovon kann der Landser denn schon träumen?*
> *Er träumt vom nächsten Wiedersehn*
> *unter den verschwiegnen Waldesbäumen,*
> *wo stets Verliebte gehn.*

MANN DREI Ich hatte eine alte Frau zu erschießen, die bat, es kurz zu machen.

MANN ACHT Zuerst wurde stehend freihändig geschossen. Wenn man zu hoch hielt, sprang die ganze Schädeldecke ab. Das hatte zur Folge, daß Gehirnteile und auch Knochen in der Gegend umherflogen.

MANN EINS Da flogen so allerhand Sachen herum, kleine Stücken, vermutlich Knochensplitter und auch Gehirnteile.

MANN FÜNF Neben mir war der Wachtmeister K. Er hatte einen kleinen Jungen von vielleicht 12 Jahren zu erschießen. Uns war ausdrücklich gesagt worden, daß wir den Gewehrlauf 20 cm vom Kopf entfernt halten sollten. Das hat K. offensichtlich nicht getan, denn beim Verlassen der Exekutionsstelle lachten die anderen Kameraden über mich, weil von dem Gehirn des Kindes Teile an den Griff meines Seitengewehrs geschleudert worden waren und heftenblieben. Ich habe erst noch gefragt, warum lacht ihr denn, daraufhin sagte K. unter Hinweis auf das Gehirn an meinem Seitengewehr, das ist von mir, der zuckt nicht mehr.

MANN NEUN Ich weiß noch genau, daß ich die Gehirnmasse des von K. erschossenen Kindes mit dem Daumen von dem Griff meines Seitengewehres weggeschnippt habe. Nachher wurde mir komisch. Ich wurde schwindelig, legte mich hin und erbrach mich.

MANN EINS Das Gesicht der von mir erschossenen Frau kann ich mir heute noch vorstellen.

MANN VIER Ich habe mich, und daß war mir möglich, bemüht, nur Kinder zu erschießen. Es ging so vor sich, daß die Mütter die Kinder bei sich an der Hand führten. Mein Nachbar erschoß dann die Mutter und ich das dazugehörige Kind, weil ich mir aus bestimmten Gründen sagte, daß das Kind ohne seine Mutter doch nicht mehr leben konnte. Es sollte gewissermaßen eine Gewissensberuhigung für mich selbst sein, die nicht ohne ihre Mutter mehr lebensfähigen Kinder zu erlösen.

MANN FÜNF Ich persönlich habe nur zwei Personen erschossen, und zwar eine Frau mit einem 6 bis 7 Jahre alten Jungen. Die Frau war Frisöse und tat mir besonders leid, weil sie mich an meine Frau erinnerte, die auch Frisöse ist und wir auch nur einen Jungen haben. Die Frau erzählte mir auf dem Hinweg zur Exekutionsstelle, daß sie Frisöse sei und bat mich wiederholt, zunächst ihr Kind zu erschießen. Diesen Wunsch habe ich ihr dann auch erfüllt.

MANN SECHS Nachdem wir so einige LKW voll Juden exekutiert hatten, gingen die Kameraden Hermann F. und Max B. zu Hauptmann Wohlauf und erklärten ihm, daß sie dieses nicht weitermachen könnten, da sie selbst Familienväter seien. Als F. und B. zu mir zurückkamen, sagten sie mir in etwa: „Weißt Du, was der Alte gesagt hat? Wir sollten uns dann doch gleich danebenlegen." Die beiden Kameraden haben dann auch weiter dem Exekutionskommando angehört und weiter geschossen.

MANN ZWEI Diese Tätigkeit habe ich dann bis zum Ende der Aktion ausgeübt.

MANN DREI Ich entsinne mich, daß wir auch Zigarettenpausen machen konnten.

MANN ACHT Ich fühlte plötzlich ein Übelkeitsgefühl und lief von der Erschießungsstelle fort. Ich lief dann in den Wald hinein, mußte mich übergeben und setzte mich an einen Baum. Um mich zu vergewissern, daß niemand in meiner Nähe war, rief ich laut in den Wald hinein, denn ich wollte alleine sein. Heute möchte ich sagen, daß ich mich etwa 2 - 3 Stunden alleine im Wald aufgehalten habe; ich konnte einfach nicht zu mir selbst finden.

MANN NEUN Mich hat die ganze Situation derartig angewidert, daß ich mich am Waldrand unter einem Busch niederlegte. Ich entsinne mich auch, daß sich noch irgendein anderer Beamter aus den gleichen Gefühlen heraus zu mir legte und noch sagte: „Wehe, wenn das einmal bekannt wird."

MANN SIEBEN Da ich nun auf jeden Fall vermeiden wollte, zu der mir widerlichen Aktion selbst mit eingeteilt zu werden, verdrückte ich mich mit meinem Kameraden, der in Barmbek ein Eisgeschäft hatte, in entgegengesetzter Richtung, und hielten uns im Garten des katholischen Pfarrers auf.

MANN VIER Die Zahl der Opfer schätze ich auf mehrere 100; -

FRAU *Vorhalt:*

MANN VIER - wenn Sie mir jetzt vorhalten, daß die tatsächliche Zahl aber 1500 betrug, so muß ich sagen, daß das zutreffen kann. Dies umsomehr, als mir jetzt einfällt, daß ich am Ende der Aktion tatsächlich Schwierigkeiten hatte, noch Erschießungsplätze zu finden.

MANN ZWEI   Das Gepäck der Frauen haben wir verbrannt, dann waren wir frei.

MANN FÜNF   Wir sind dann mit unseren Fahrzeugen zurück nach Bilgoraj gefahren. Hier haben wir uns dann alle betrunken.

MANN ZWEI   Ich erinnere, daß alle Männer sehr deprimiert waren. Auf der Rückfahrt haben einige über das, was sie hätten tun müssen, diskutiert. Ich selbst habe aber an diesen Diskussionen nicht teilnehmen können, da ich einfach nicht mehr sprechen konnte.

MANN NEUN   Die Stimmung unter uns war miserabel und erschütternd.

MANN DREI   Ich erinnere mich noch, daß keinem meiner Kameraden das Essen nach der Rückkehr schmeckte, daß aber dafür reichlich Alkohol genossen wurde, den es als Sonderration gab.

MANN SECHS   Wir konnten soviel trinken, wie wir wollten.

FRAU   *Dienstanweisung: Die seelische Betreuung der bei dieser Aktion beteiligten Männer haben sich Btls.-Kommandeure und Kompanie-Chefs besonders angelegen sein zu lassen. Die Eindrücke des Tages sind durch Abhaltung von Kameradschaftsabenden zu verwischen.*

MANN ACHT   Die Jungs waren restlos k.o. Ich erinnere, daß alle von einer gewissen Nervosität befallen waren und jeder versuchte, den anderen zu trösten.
Als Werner F. mir von seiner Aufgabe berichtete, war er bleich und verstört.

MANN EINS   An diesem Abend kam dann auch noch Major Trapp durch die Stuben. Wir saßen mit etwa 30 Mann an einem Tisch und tranken unseren Wodka. Hierbei sagte Major Trapp dann zu uns sinngemäß etwa: „Kameraden, für die heutige Schweinerei sollen die Oben den Kopf hinhalten und die Verantwortung übernehmen. Ich weiß, wie schwer Euch die Aufgabe gefallen ist."
Zunächst möchte ich sagen, daß sich der Major Trapp bei uns und der Truppe allgemein großer menschlicher Beliebtheit erfreute. Er wurde allgemein „Papa Trapp" genannt. Er hat sich mir gegenüber hinsichtlich der Vorgänge in Josefow einmal sinngemäß so geäußert: „Wenn sich diese Judensache einmal auf Erden rächt, dann gnade uns Deutschen."

MANN NEUN Bemerken möchte ich aber, daß sich ein großer Teil der Kameraden, die zum Exekutionskommando gehörten, selbst bereichert hatten und am Abend nach dieser Aktion über zahlreiche Uhren, Schmuckstücke und größere polnische Geldstücke verfügten.

MANN SIEBEN Ich schlief in dieser Nacht. Die Nacht dauerte aber nicht lange. Ich wußte bereits, was dieses frühe Wecken bedeutete.
Am anderen Morgen sprach der Btl.-Kommandeur dann nochmals zur versammelten Mannschaft und erwähnte, daß wohl leider noch häufiger derartige Aktionen vorkommen würden.

KOPFSCHUSS

MANN FÜNF Wir traten an die Füße der Männer und haben sie durch Kopfschuß erschossen.

MANN VIER Wir schossen mit unseren Karabinern den am Erdboden liegenden Menschen in die Nackenkuhle.

MANN FÜNF Wir haben die 3 jüdischen Männer durch einen Schuß in die Nackenkuhle getötet.

MANN SECHS Wir sind ein Stück abseits gegangen. Wie alle habe ich den Lauf meines Karabiners im Nackenwirbel aufgesetzt und dann geschossen.

MANN ACHT Der Schuß traf dann das Genick.

MANN SECHS Pistole ins Genick und geschossen.

MANN SIEBEN Durch Genickschuß habe ich auf Befehl zwei Juden erschießen müssen.

MANN NEUN Ich selbst habe in jedem Falle je einen Mann als Opfer gehabt.

MANN EINS Ich selbst habe etwa an 10 Erschießungen teilgenommen.

MANN ZWEI Obwohl mir dieser Befehl widerstrebte, muß ich zugeben, daß ich auch 3–4 Juden mit einem Karabiner durch Genickschuß erschießen mußte.

MANN DREI So habe auch ich einen Juden erschossen. Später beim Appell nach der Aktion bin ich nach besonderen Vorkommnissen nicht gefragt worden.

FRAU Aus dem Urteil: Der ständige Einsatz im Rahmen der Judenvernichtung hatte die Angehörigen dieser Einheiten zu einer zügellosen entmenschten Soldateska herabsinken lassen.

MANN SIEBEN Ich kann die Zahl der von mir erschossenen Personen nicht mehr genau angeben.

MANN ACHT Eine Person traf ich an, von der ich glaubte, daß sie noch lebte. Auf sie habe ich geschossen.

MANN NEUN Es wurden auf diese Weise sämtliche Juden, einschließlich Frauen und Kinder, liquidiert.

MANN ZWEI So ist es gewesen. Das ist geschehen.

IN DER ÜBLICHEN FORM

FRAU *In der üblichen Form.*

MANN FÜNF Ich hatte als Sanitäter keine Aufgabe.

MANN VIER Besondere Einzelheiten über einen bestimmten Einsatz kann ich aber nicht mehr angeben, dafür kamen diese Einsätze zu häufig vor. Es war mehr oder weniger unser täglich Brot.

MANN DREI Es war üblich. Hauptmann Wohlauf [gebrauchte] etwa die Worte ‚in der üblichen Form'.

MANN SIEBEN In der Unterkunft wurde wohl davon gesprochen, daß heute wieder allerhand Juden erschossen worden sind, d.h. so die damalige Erzählung, aber ein Ortsname fiel dabei nicht.

MANN ACHT Ich kann mich nicht entsinnen, welche Ortschaften von uns im einzelnen geräumt wurden.
Mir war aber bekannt, daß wir den ganzen Kreis von Juden räumen sollten.

MANN SECHS Wie sich das Erschießen und die Befehlsgebung dazu nun im einzelnen abgespielt hat, kann ich nicht mit Bestimmtheit sagen. Ich meine aber, daß es so gewesen ist, daß ein Unterführer oder ein Zugführer zu den in der nächsten Nähe stehenden Kameraden gesagt hat: „Kommt her und erschießt die mal."

MANN DREI Zur damaligen Zeit bestand ein öffentlich bekannter Befehl, nach dem sich alle Juden in vorgeschriebenen Gettos zu sammeln hatten. Nach dem gleichen Befehl sollten alle Juden, die sich dieser Anordnung in irgendeiner Form widersetzten oder entzogen, erschossen werden. Ich glaube, dieser Befehl war sogar in Ortschaften mit jüdischer Bevölkerung plakatiert.
Einen Einsatz habe ich noch in Erinnerung. Wir waren mehrere Tage unterwegs. Ich brachte mit einem Lastwagen jüdische Männer in eine Badeanstalt.

MANN ZWEI Als Einsatzort ist mir der Ort Lukow im Gedächtnis geblieben. Ich weiß, daß in diesem Getto immer wieder neue Juden aus Deutschland,

Rumänien und anderen Ländern gesammelt wurden. Die Menschen wurden auf einem Platz beim Bahnhof gesammelt und mit Eisenbahnwaggons in ein Vernichtungslager gebracht. Ich erinnere, daß die Juden immer ein Lied sangen, in dem u.a. vorkam: „Wir fahren nach Treblinka."
Hieraus war zu entnehmen, daß die Juden über ihr Schicksal Bescheid wußten.

MANN SECHS Ich möchte sagen, daß man die Juden-Siedlung in Konskowola regelrecht „kurz" hielt, d.h. bei entsprechender Überbevölkerung durch auswärtigen Zulauf einfach wieder eine Anzahl Juden erschoß.
Während dieses Einsatzes [in Konskowola] kam der Zugführer P. plötzlich zu mir und sagte, dort in der Baracke sind die Juden. Er erteilte nun meiner Gruppe den Auftrag, die in der Baracke befindlichen Juden an Ort und Stelle zu erschießen. Der Auftrag mag in etwa gelautet haben: „Guck mal nach, was dort noch los ist." Beim Betreten der Baracke stellte ich fest, daß es sich um eine Art Krankenstube handelte. Im Raum waren etwa 30 oder 40 Betten ebenerdig aufgestellt. In diesen Betten lagen schwerkranke Juden beiderlei Geschlechts und aller Altersstufen. Im Raum stank es fürchterlich, und ich vermute, daß ein Großteil der Juden an Ruhr erkrankt war. Sie hieß scherzhaft die „Polnische Krankheit". Auf jeden Fall waren fast alle stark abgezehrt und völlig unterernährt. Man konnte sagen, sie bestanden nur noch aus Haut und Knochen.
Meine eingeteilten Männer haben diese Juden nun erschossen.

MANN ZWEI Ich habe bereits 1940 bei der Gettobewachung in Lodz die Behandlung der Juden als grausam empfunden. Damals mußten wir mit ansehen, wie die Juden im Getto langsam verhungerten.

MANN EINS Außer diesen Aussiedlungen wurden dann noch meistens im Zugverband sogen. Befriedungsfahrten oder Kontrollfahrten im Landgebiet unternommen.
Diese Einsätze waren als sogen. Partisanenbekämpfung getarnt, es stellte sich aber fast immer heraus, daß eine kleinere Anzahl von Juden gefunden wurden.

MANN NEUN Ich entsinne mich so genau, daß in meiner unmittelbaren Nähe auch Major Trapp ging, als in Schützenkette der Wald durchstreift wurde.
Wir gebrauchten auch den Ausdruck „Judenjagd". Mir fällt jetzt ein, daß damals wirklich regelrecht Jagd auf diese im freien Landgebiet gemacht wurde.

MANN VIER Es begann dann eine tolle Knallerei unsererseits, und auch ich habe geschossen.

MANN SIEBEN Es wurde gesagt : „Alles Juden, alle umlegen."
Es gab Kameraden, die gerne auf Menschen schossen.

MANN FÜNF Bei einem dieser Einsätze waren sogar noch Wehrmachtsverbände miteingesetzt.

MANN EINS Aus Lublin erhielten wir den Befehl, daß Geiseln zu erschießen sind. Gemeinsam mit der Wehrmacht führten wir diesen Befehl aus.

MANN FÜNF Der Wald [von Parczew] ist m.W. von Wehrmachtsangehörigen durchkämmt worden.

MANN SECHS In späterer Zeit lief alles sowieso automatisch. Da wurden eben zehn oder mehr oder weniger Juden gemeldet, die entsprechende Zahl von Leuten ging los, hat sie gesucht und ggf. erschossen.

MANN VIER Die Leichen ließen wir liegen. Auf dem in der Nähe gelegenen Gut aßen wir dann noch Mittag. Aus der Erinnerung möchte ich sagen, daß wir mit unseren Fahrrädern wieder abgefahren sind.

MANN DREI Am Mittagstisch machten sich einige Kameraden über die Erlebnisse, die sie während der Aktion gehabt hatten, lustig. Aus ihren Erzählungen konnte ich entnehmen, daß sie eine Erschießungsaktion hinter sich gebracht hatten. So erinnere ich als besonders krassen Fall, daß einer der Männer zum besten gab, daß wir nun „Judenbrägen" essen.

FRAU *Aushang: Tennisbälle sind in geringer Zahl bei der SS- und Polizei-Sportgemeinschaft, Ostlandstr. 8c, Zimmer 2, vorhanden und können von Fall zu Fall gegen eine Leihgebühr ausgeliehen werden. Eine ordnungsgemäße Tennisbekleidung wird wegen der Beschaffungsschwierigkeit nicht vorgeschrieben.*

MANN FÜNF Einen weiteren Zugeinsatz erinnere ich als Sühneaktion, als der Zug gerade Vorbereitungen für einen Kinobesuch traf. Jetzt mußten wir mit den gesamten Kräften noch zu einer Sühneaktion ausrücken. Der ganze Einsatz dauerte keine Stunde. Wir sind doch noch zum Kinobesuch gekommen.

MANN ZWEI Mir ist eine Erschießungsaktion aus Lukow bekannt. Mir fällt noch ein, daß zu dieser Exekution auch die Angehörigen bzw. einige Angehörige des Batl.-Musikcorps hinzugezogen wurden. Ich selbst gehörte auch einem Erschießungskommando an. Hierin waren auch die erwähnten Musiker eingeschlossen.

MANN SECHS An diesem Abend war als sogenannte Frontbetreuung eine Unterhaltungstruppe Berliner Polizisten bei uns zu Gast. Diese Unterhaltungstruppe bestand aus Musikern und Vortragskünstlern. Die Angehörigen dieser Truppe hatten von der bevorstehenden Erschießung der Juden ebenfalls erfahren und sich nun erboten bzw. sogar ausdrücklich darum gebeten, sich an der Exekution dieser Juden beteiligen zu dürfen. Diesem Ansinnen wurde von seiten des Bataillons stattgegeben.

MANN SIEBEN Ich erinnere mich, daß wir zu Weihnachten 1942 mit unserer Musikkapelle beim SD [– dem Sicherheitsdienst –] gespielt hatten. Auf dieser Feier ließ der SD auch eine jüdische Theatergruppe zusammen mit SD-Leuten auftreten. Während der Veranstaltung wurden dabei die Juden von den SD-Mitspielern geschlagen und getreten.

MANN ACHT Wir wurden am 30. Januar 1943 anläßlich der Feier zur Machtergreifung von der Lagerleitung zu einer Feier eingeladen. Während des Festessens wurden wir von jungen Jüdinnen bedient, die während dieser Tätigkeit immer anständig behandelt wurden.

MANN NEUN Als unser Btl. im Winter 1942/43 nach Lukow kam, gab es dort meiner Meinung nach kein Judengetto mehr.

MANN EINS Mir fällt aber ein, daß ich zu einem späteren Zeitpunkt, meiner Erinnerung nach zu einem Zeitpunkt, als es schon recht kalt war, vor dem SD-Gefängnis in Lukow nachts Wache gestanden habe. Auf diesem Posten hat es mich gefroren und ich habe nach einem Unterschlupf gesucht. Dabei entdeckte ich im Gefängnishof eine Art Schuppen oder Wagenremise. Hier stellte ich mich unter. Da es nachts sehr finster war, konnte ich zunächst nichts erkennen und hielt meinen Platz zunächst für ein Holzlager. Als es dann morgens heller wurde, stellte ich zu meinem Schrecken fest, daß ich nachts nicht wie ich vermutet hatte, auf Äste getreten hatte, sondern auf Arme und Beine erschossener Juden. Ich entdeckte bei Tageslicht, daß in dieser Remise eine große Anzahl Juden, mindestens 1 1/2 Meter hoch gestapelt waren. Ich bin am anderen Morgen vor Grauen zurückgewichen und habe den Stapel nicht näher untersucht. Man konnte auch nicht allzuviel erkennen, da der Stapel noch zum Teil eingeschneit war.

FRAU Vermerk: Der bisherige Protokollführer, Justizhauptsekretär W., hat während der Sitzung einen Herzinfarkt erlitten und mußte ins Krankenhaus geschafft werden. Die Sitzung wurde deshalb unterbrochen.

WARUM ICH ÜBERHAUPT

MANN VIER   Wenn mir die Frage gestellt wird, weshalb ich überhaupt zuerst mitgeschossen habe, so muß ich dazu sagen, daß man nicht gern als Feigling gelten wollte.

MANN DREI   Ich wurde zum Henker gemacht, und nun war ich dran. Meine Einstellung war, daß hier Henker gespielt wird.

MANN SIEBEN   Ich glaube, daß ich freiwillig tätig wurde.

MANN ACHT   Es war durchaus möglich, daß man sich von den Exekutionen fernhalten konnte, wenn man es wollte.

MANN ZWEI   Ich möchte betonen, daß ich von ersten Tage an keinen Zweifel daran gelassen habe, daß ich alle diese Maßnahmen mißbillige und mich niemals freiwillig dazu hergegeben habe. Meine Einstellung wurde bei meinen Vorgesetzten bekannt. Offiziell bin ich deshalb nie bestraft worden. [Ich] wurde zu Sonntagsdiensten und Sonderwachen eingesetzt.

MANN ACHT   Auf jeden Fall ist es aber so gewesen, daß man sich entweder freiwillig melden konnte oder aber, daß einem die Gelegenheit gegeben wurde, von der Teilnahme zurückzutreten, wenn man sich der Sache nicht gewachsen fühlte. Es ist im übrigen richtig, daß es immer genügend Freiwillige gab, die sich zu Exekutionen meldeten.

MANN ZWEI   Ich muß vor allen Dingen mit aller Entschiedenheit sagen, daß sich für die Exekutionskommandos auf eine entsprechende Anfrage der Vorgesetzten grundsätzlich genug Freiwillige gemeldet haben. Auf keinen Fall kann ich mich daran erinnern, daß jemand gezwungen wurde, weiter an den Exekutionen teilzunehmen, wenn er erklärt hatte, nicht mehr zu können.

MANN ACHT   Ich habe ständig versucht, möglichst keine Einsätze mitzumachen. Diese Einstellung hatte ich bereits vorher in Hamburg, da ich durch die bereits früher in Hamburg durchgeführten Judenmaßnahmen den größten Teil meiner geschäftlichen Kundschaft verloren hatte.

MANN DREI   Ich war feige.

ICH KÖNNTE MIR VORSTELLEN

FRAU *Aus dem Urteil: Der Angeklagte B. berichtet von einer Jüdin, die zu ihm sagte: ‚Was tut ihr hier, wie ist das möglich, daß Deutsche so sind?'*

MANN SIEBEN Ich könnte mir vorstellen, daß auch deutsche Juden erschossen worden sind. Ich erinnere mich, daß bei dem Abladeplatz eine Frau mit klarer und unmißverständlicher Art sich freimachte und vom Leder zog. Nach dem äußeren Erscheinungsbild möchte ich annehmen, daß das eine Reichsdeutsche war.

MANN SECHS Der erste Jude, den ich erschossen habe, stammte aus Bremen und war Teilnehmer des 1. Weltkrieges. Das weiß ich deshalb, weil dieser Jude um Verschonung bat und auf die erwähnten Tatsachen hinwies.

MANN SIEBEN Mir fällt ein, daß ich mich mit einigen Juden auf deutsch unterhielt. Dabei stellte ich sogar noch fest, daß mein Gesprächspartner aus Hamburg stammte.

MANN EINS In Konskowola habe ich mich mit einem Juden aus München unterhalten. Er hieß Jub Rosenbaum und hatte ein Textilgeschäft in München. Jub Rosenbaum ging als letzter zum Marktplatz.

MANN SIEBEN Die Juden standen auf dem Marktplatz. Eine Jüdin erzählte mir, daß sie Hamburgerin sei und sie sagte, daß wir das doch nicht machen könnten.

MANN ZWEI Mir fällt an dieser Stelle ein, daß ich in Komarowka eine Jüdin aus Hamburg getroffen habe. Mit dieser Frau war ich in ein Gespräch gekommen, in dessen Verlauf sie mir auf den Kopf zusagte, daß ich Hamburger sei. Auf meine Frage, woher sie dieses wisse, erklärte sie mir, daß sie selbst aus Hamburg stamme und Besitzerin des Millerntor-Kinos gewesen sei.

MANN FÜNF Wir gingen zur linken und zur rechten Seite der Juden. Heinrich B. ging hinten. Der alte Jude konnte nicht mehr. Heinrich B. schoß diesem Mann in den Mund. Nach dem Knall drehte ich mich um. B. stand etwas vom Juden entfernt. Er hatte die Pistole noch in der Hand. Der Jude erhob die Hände. Er war nicht sofort tot. Er stand noch eine ganze Weile. Er zeigte mit dem Finger zum Mund und brach dann zusammen. Die anderen Juden mußten dann durch eine Wasserpfütze robben. Dabei mußten sie ein Lied singen. Meine Erinnerung daran ist noch ganz deutlich.

MANN EINS Ich darf versichern, daß wir alles vermieden haben, über diese Dinge zu sprechen.

GLEICHZEITIG AUCH FLITTERWOCHEN

FRAU *Gleichzeitig auch Flitterwochen.*

MANN ACHT Gnadenschüsse wurden abgegeben. Ich glaube, [Oberleutnant] Gnade gab diese ab. Es hieß, daß [Oberleutnant] Gnade fürchterlich trank.

MANN NEUN Ich habe ihn als ausgesprochenen Exzessmenschen kennengelernt. Er soff. Mal war er brutal, ein anderes Mal trat er leutselig den Männern gegenüber. Kurz vor dem Ausrücken bot er mir das „Du" an. Er war ein Duz-Kamerad auf Landserebene.

MANN ACHT Als mir Oberleutnant Gnade sagte, daß der Krieg verloren sei, äußerte er : „Dann gnade uns Gott."

MANN ZWEI Hier muß ich bemerken, daß Hauptmann Hoffmann sehr viel und oft nicht bei der Kompanie war, sondern sich in seinem Privatquartier aufhielt und hier angeblich magenkrank im Bett lag. Hauptmann Hoffmann hatte Unterkunft im „Deutschen Haus", einem Hotel.
Hier muß ich bemerken, daß allgemein der Eindruck entstanden war, daß Hauptmann Hoffmann sich vor jedem nur möglichen Einsatz von der persönlichen Mitwirkung drückte.

MANN NEUN Man sagte von ihm, daß der Alte krank ist, wenn es nach Pulver stinkt.

MANN ZWEI Dies war derartig offensichtlich, daß wir Unterführer bereits Schwierigkeiten hatten, unsere Männer zu beruhigen, die sich gewaltig über dieses unverständliche Verhalten aufregten.
Unverständlich umsomehr, weil Hauptmann Hoffmann auf der anderen Seite stets den schneidigen Offizier hervorkehrte und diesen in seiner Person auch beachtet wissen wollte.

MANN NEUN Bei ihm begann der Mensch erst beim Offizier. Er war eitel und wollte gut aussehen. Ein wilder Nazi war er nicht.

MANN ACHT Ich habe noch in Erinnerung, daß Hauptmann Wohlauf in einem Kübelwagen durch das Gelände fuhr. Mir ist dieses Bild besonders in Erinnerung geblieben, weil Hauptmann Wohlauf in dem Kübelwagen wie ein Feldherr stand.

MANN SIEBEN   Hauptmann Wohlauf, den wir mit dem Spitznamen „Klein-Rommel" belegten.

MANN VIER   Meine Frau [Vera Wohlauf], die schwanger war, besuchte mich, und ich hatte sie in einem Gut einquartiert, das in der Nähe lag. In unserem Quartier habe ich selten geschlafen - meistens war ich bei meiner Frau.
Ob man es mir glauben wird oder nicht, da ich mit der Anwesenheit meiner Ehefrau ja gleichzeitig auch Flitterwochen nachholen konnte.

MANN SIEBEN   Bezeichnend für Frau Wohlauf war, daß sie zwar Reiterin war, aber trotzdem bei jeder Gelegenheit eine Reitpeitsche bei sich führte.

MANN SECHS   Ich wurde damals als Ersatzfahrer für [Oberleutnant] Gnade abgeteilt. Gnade hatte einen tschechischen PKW Marke „Tatra".
Gerade fällt mir ein, [daß Oberleutnant Gnade] oft seine Freundin in Radzyn besuchte. Oberleutnant Gnade holte erst nach einigen Monaten unseres Aufenthaltes in Miedzyrzec seine Freundin aus Radzyn gleichfalls nach Miedzyrzec und wohnte hier mit ihr zusammen.

MANN ZWEI   Ich erinnere mich eines Bildes, wo zuvor ein SD-Mann eine Jüdin seinen Stock küssen ließ, und ihr anschließend damit ins Gesicht schlug.

FRAU   *Aussage Lucia B.: Als mein Mann im Sommer 1942 als Leutnant d. Res. mit dem Pol.Btl. 101 nach Polen ausrückte, bin ich ihm nach einigen Wochen gefolgt.
[Ich] habe ein junges, etwa 17-jähriges Mädchen gehabt, die mich auf meinen Gängen immer begleitete und mir die Staffelei trug.
Ich saß eines morgens mit meinem Manne im Garten seiner Unterkunft beim Frühstück, als ein einfacher Mann seines Zuges auf uns zukam, stramme Haltung einnahm und erklärte: ‚Herr Leutnant, ich habe noch kein Frühstück gehabt!'
Als mein Mann ihn fragend ansah, erklärte er weiter: ‚Ich habe noch keinen Juden umgelegt.'*

MIEDZYRZEC

MANN EINS Der Ortsname Miedzyrzec ist mir nicht unbekannt und ich weiß noch, daß man den Ort allgemein ‚Menschenschreck' nannte.

MANN DREI Auch hier in Miedzyrzec wurde ich als Tischler zur Herrichtung der Unterkünfte verwandt. Außerdem hatte ich den Auftrag, eine Kegelbahn herzurichten und für die gesamte Kompanie einen Fahrradständer anzufertigen.

MANN EINS Wir fanden uns an der Absperrungsstelle in aller Frühe ein. Es war diese Zeit schummerig und neblig.

MANN DREI In der Stadt waren ca. 6-10000 Juden gesammelt worden, die jetzt in ein KZ abgefahren wurden. Am Bahnhof wurden die Juden dann in einen bereitgestellten Güterzug verladen.

MANN EINS In diesem Zusammenhange empörten sich die Kameraden besonders darüber, daß die Ehefrau des Hauptmanns Wohlauf, obwohl sie schwanger war, mit einem Polizeimantel bekleidet, sich die Aktion aus nächster Nähe angesehen habe.

MANN VIER Eines frühen Morgens wurde ich von einem Lastwagen abgeholt. Meine Frau nahm ich mit – sie sollte ja auch mal was von meiner Tätigkeit sehen. Es ist durchaus möglich, daß ich während der Fahrten im offenen Pkw meiner Frau wegen der Staubentwicklung auf den polnischen Straßen einen Militärmantel umgelegt habe.

MANN ZWEI Als wir eintrafen, war der riesige Marktplatz schwarz von Menschen. Ich habe gesehen, wie Hiwis mit Peitschen auf die Juden einschlugen, die auf dem Marktplatz hockten.

MANN DREI Frau Wohlauf ist regelrecht auf dem Marktplatz umhergegangen.

MANN VIER Meine Frau hatte an diesem Tage braune Stiefel an.

MANN DREI Etwa gegen 3 bis 4 Uhr nachmittags begann dann der Transport zum etwa 2-3 km entfernten Bahnhof.

FRAU *Frage: Wußten Sie, [Herr Wohlauf] daß die Juden in das Vernichtungslager Treblinka gebracht wurden, um dort vergast zu werden?*

MANN VIER Von der Endlösung des Judenproblems hatte ich schon einmal von Bekannten gehört. Aber ich hielt es für unmöglich, Millionen von Juden umzulegen.
Als Offizier hatte ich natürlich meine Marschroute.

MANN ZWEI Der Zug der Juden marschierte in einer dichten dreier oder vierer Reihe und wurde auf beiden Seiten etwa alle 15 m von einem Wachposten begleitet.
Ich muß zu dieser Aussiedlung aber noch sagen, daß die Juden am Bahnhof in eine große Baracke geführt wurden, überwiegend Frauen. Sie wurden dort wahrscheinlich nach Wertsachen durchsucht, die ihnen dann abgenommen wurden. Dabei habe ich auch beobachtet, daß Frauen lediglich mit einem Unterkleid bekleidet herauskamen.

MANN EINS Die Verladung der Juden in einen riesigen bereitgestellten Güterzug war einfach fürchterlich. Es gab ein unheimliches Geschrei der armen Menschen, da diese in 10 oder 20 Waggons gleichzeitig verladen wurden.

MANN ZWEI [Ich] konnte beobachten, daß von den SD-Leuten mit unmenschlicher Härte 120–140 Juden in einen Waggon gepfercht wurden. Wenn es nicht klappen wollte, wurde von ihnen mit Reitpeitschen und Schußwaffen nachgeholfen.

MANN DREI Der ganze Güterzug war unheimlich lang. Er war nicht zu übersehen. Es mögen aber 50–60 Waggons, wenn nicht mehr gewesen sein. Nachdem ein Waggon beladen war, wurden die Türen geschlossen und vernagelt.

MANN EINS Seitlich im Anfang der Verladerampe erblickte ich unseren Kompanieführer Gnade, der die Verladung beaufsichtigte. Zu meinem Bedauern muß ich sagen, daß ihm die ganze Angelegenheit riesigen Spaß bereitete.

MANN VIER Etwa Ende August kehrten wir erneut nach Radzyn zurück. Dieses Datum ist mir in etwa deshalb genau in Erinnerung, weil Major Trapp am 4. 9. seinen Geburtstag feierte und wir ihm ein Ständchen brachten.

ERWÄHNEN MÖCHTE ICH ABER NOCH

FRAU *Erwähnen möchte ich aber noch eine Sache.*

MANN SIEBEN Ich sah, daß die Juden mit einer unglaublichen Fassung alles ertragen haben.

MANN FÜNF Erwähnen möchte ich aber noch eine Sache, die sich in Komarowka zugetragen hat. Dort hatte sich ein ca. 14–15jähriger jüdischer Junge bei uns eingefunden. Dieser Junge hatte sich bereiterklärt, uns Tips zu geben, wo sich noch Juden aufhielten. Ich kann mich aber nicht daran erinnern, daß wir durch seine Meldungen jemals Juden in der Umgebung ausgemacht haben. Ich weiß, daß er uns wiederholt an Orte geschickt hat, an denen wir dann aber doch keine Personen antrafen. Als wir Komarowka verlassen mußten, wurde einem Angehörigen unseres Zuges der Auftrag erteilt, den jüdischen Jungen zu erschießen. Das ist dann auch geschehen.

MANN SIEBEN In Miedzyrzec sagte Hauptmann Gnade zu den Juden, daß sie alle erschossen werden, wenn sie nicht sagen, wo die anderen sind. Ein 6jähriger Junge sagte, daß er nicht erschossen werden möchte.

MANN SECHS Wir hatten in Komarowka eine junge Jüdin namens Jutta und einen jungen Juden namens Harry. Eines Tages sagte Leutnant D., daß auch diese beiden Juden nicht mehr bei uns sein dürften, und es bliebe uns nichts weiter übrig, als sie zu erschießen. Soweit ich erinnere, sind mehrere Mann mit den beiden in den Wald gegangen.

FRAU *Vorhalt:*

MANN SECHS Ich selbst gehörte auch zu den Männern, die mit Jutta und Harry in den Wald gegangen sind. Ich erinnere mich daran, daß wir zum Blaubeerpflücken absaßen. Während des Pflückens, unbemerkt vom Juden, hat der Zugwachtmeister dann seine Pistole gezogen und ihn von hinten erschossen.

MANN FÜNF Ich erinnere mich noch an einen Vorfall während des Einsatzes in Josefow. Während wir den Ort draußen sperrten, traf im Bereich meiner Gruppe der Leiter eines Sägewerkes an uns heran. Er hatte auf einem Zettel die Namen von 25 Juden stehen, die bei ihm arbeiteten, die an dem Tage durch die Aktion der Arbeit ferngeblieben waren. Er wollte den Kommandeur sprechen, um die 25 Mann als Arbeitskräfte frei zu bekommen. Major Trapp hat die 25 Mann auch sofort freigegeben.

FRAU *Vertraulicher Befehl: ‚Die Erschießungen haben abseits von Städtchen, Dörfern und Verkehrswegen zu erfolgen. Die Gräber sind so einzuebnen, daß keine Wallfahrtsorte entstehen können'.*

MANN NEUN Wir sind im Morgengrauen nach Lomazy gefahren.

MANN ACHT Diese Aktion war im Sommer. Die Sonne brannte vom Himmel, so daß die Haut der Menschen von der Sonne rotgebrannt war.

MANN NEUN Ich sah, daß die Frauen nur mit einem Hemd bekleidet waren, die Männer dagegen nackend oder nur mit einer Unterhose bekleidet waren.

MANN ACHT Die Tiefe der Grube schätze ich auf ca. 2 m. Sie war größer als dieser Saal.

MANN NEUN Nachdem die Grube ausgehoben war, mußten sich die ersten 10–15 Nackten in die Grube begeben.

MANN ACHT Die Erschießungen wurden durch Angehörige der ukrainischen Hilfspolizei durchgeführt. An dem Grubenrand stand eine größere Anzahl Männer, die ich einwandfrei als Trawnikis ausgemacht habe.
Als besonders widerwärtig habe ich noch in Erinnerung, daß die Hiwis [– die Hilfswilligen –] zum Teil stark betrunken waren und Flaschen mit Wodka während des Schießens in der Hand hielten.

MANN NEUN Als die Grube mit Erde zugeworfen wurde, konnte man deutlich sehen, daß das dünne Erdreich über den Opfern sich noch bewegte.

MANN ACHT Ich habe das Bild noch vor Augen und habe damals schon gedacht, daß man die Leichen doch gar nicht mehr mit Erde bedecken könnte.

DIESE MUSIK

FRAU *Diese Musik war aber nicht so laut.*

MANN SIEBEN Ich erinnere mich nur an einen großen Platz, von dem eine breite Lagerstraße in ein Wiesengelände führte.

MANN DREI Unsere beiden Kompanien hatten die Aufgabe, Spalier an der Lagerstraße zu stehen. Wir standen etwa in einem Abstand von 1 1/2 m. Die gebildete Gasse war etwa 8 m breit. Die Juden, die nach und nach zum Platz geführt wurden, mußten durch diese Gasse, etwa 4–5 Mann in einer Reihe. Soweit ich mich erinnere, reichte das Spalier bis hinunter zur Exekutionsstätte.

MANN SIEBEN Das Schießen konnten wir nur knapp hören, da zur Übertönung Lautsprecher mit lauter Musik aufgestellt waren. Große Lautsprecher, aus denen während des ganzen Tages laute Marschmusik ertönte. Diese Musik war aber nicht so laut, daß man nicht trotzdem die ständigen Salven von Schüssen hindurchhörte.

MANN VIER Unsere Kompanie wurde nun zur inneren Absperrung eingesetzt. Ich selbst habe mit meiner Gruppe Sperrposten unmittelbar vor der Grube gestellt.
Durch SD-Leute, die an den Grabenrändern standen, wurden die Juden nun bis zur Exekutionsstelle vorgetrieben und hier von anderen SD-Leuten mit Maschinenpistolen vom Grabenrand aus erschossen. Ich habe gesehen, daß sich die jeweils neu ankommenden Juden auf ihre bereits erschossenen Vorgänger legen mußten und dann mit einer Salve aus der MP gleichfalls erschossen wurden. Dabei achteten die SD-Leute darauf, daß die Juden so erschossen wurden, daß es im Leichenstapel Abstufungen gab, die es den Neuhinzukommenden auch ermöglichte, sich noch in 3 m Höhe auf den Leichenstapel zu legen.
Die ganze Angelegenheit war aber das Grausigste, was ich jemals in meinem Leben gesehen habe, denn ich habe häufig beobachten können, daß nach Abgabe einer Salve Juden nur verletzt waren und mehr oder weniger lebendigen Leibes mit den Körpern anderer Erschossener begraben wurden, ohne daß auf diese Verletzten sogen. Gnadenschüsse abgegeben wurden.
So habe ich in Erinnerung, daß die SS-Leute noch aus dem Leichenstapel heraus von Verwundeten beschimpft wurden.

MANN DREI Am Abend wurden die Leichen mit einer Schicht Kalk und Chlor bedeckt. Ich erinnere mich, daß an dem folgenden Morgen die Fläche wie beschneit aussah.

MANN ZWEI Mir fällt nun ein, daß die Polizei zwei Lautsprecherwagen mit hatte, die während der ganzen Aktion sehr laute Musik ausstrahlten. Ich erinnere mich heute noch ganz deutlich an den Schlager „Wovon kann der Landser denn schon träumen".

MANN EINS Weihnachten 1943 fuhr ich dann erneut auf Urlaub und kehrte Anfang Januar 1944 zurück.
Ich erinnere mich heute noch sehr genau daran, daß ich bei meiner Abfahrt zur Truppe nach Beendigung des Urlaubs auf dem Hamburger Hauptbahnhof frisch ankommende Urlauber meiner Kompanie traf.

FRAU *Poniatowa.*

MANN SECHS Etwa 150 bis 200 Arbeitsjuden befanden sich bei diesem Kommando. Soweit ich mich erinnere, arbeiteten jeweils etwa 10 Juden in einer Kolonne, die gleichfalls nackt waren. Diese holten mit Hilfe von Pferden die Leichen aus den Gräbern hervor und verbrannten sie auf Eisenbahnschienen, die man zu Rosten zusammengelegt hatte. Die Leichen wurden hier hinübergelegt, mit Stroh und Benzin zur Verbrennung gebracht, sodaß dieser Vorgang Tag und Nacht durchgehalten wurde. Es gab 5 oder 6 Feuerstellen, wobei jede etwa 6 m lang war.
Der Gestank war unbeschreiblich.
Diese ganze Verbrennungs-Aktion dauerte meines Wissens ca. 20–30 Tage.
Ich erinnere mich weiter, daß die Asche anschließend noch gesiebt wurde, um Edelmetalle zu finden.
Mir ist weiter bekannt, daß das jüdische Arbeitskommando am Schluß der Aktion gleichfalls erschossen und verbrannt wurde.

NACHDEM SIE NUN ZEIT GEHABT HABEN

FRAU *Nachdem Sie nun Zeit gehabt haben, nachzudenken.*

MANN FÜNF Maßgeblich war nicht die Kategorie Mensch.

MANN VIER Der Jude wurde von uns nicht als Mensch anerkannt.

MANN DREI Es stimmt, daß es unter den Kameraden viele Fanatiker gab.

MANN NEUN Ich war kein politischer Mensch. Ich dachte damals in etwa: „Wozu das alles."

MANN FÜNF Ich war der Meinung, daß ich die ganze Angelegenheit überwinden könnte und die Juden auch ohne mich ihrem Schicksal nicht hätten entgehen können.

MANN DREI Erst in späteren Jahren ist einem eigentlich richtig bewußt geworden, was damals geschehen ist.

MANN NEUN Ich muß eigentlich sagen, daß wir uns damals überhaupt keine Überlegungen gemacht haben. Hinterher erst kam mir der Gedanke, daß das nicht richtig war.

MANN ZWEI Man kam ins Schwimmen, die klaren Begriffe, die man bisher hatte, waren weg.

MANN SECHS Ich war durch meine Lehrer zur Staatstreue erzogen worden. Auf der Polizeischule mußte ich keine Stellung zur Judenfrage nehmen.

MANN ZWEI Ich habe mir damals die Gedanken gemacht, daß das eine große Schweinerei war. Ich war verbittert, daß wir zu Schweinen, zu Mördern wurden, zumal wir in den Kasernen zu ordentlichen Menschen erzogen wurden.

MANN VIER Ich ging damals entsprechend meiner Vorbildung und meiner Erziehung davon aus, daß Befehl Befehl sei und man unbedingt zu gehorchen hätte.

MANN FÜNF Als Befehlsempfänger berufe ich mich auf mangelndes Unrechtsbewußtsein. Mein Handeln war niemals von anderen Erwägungen bestimmt als von dem Zwang gegebener Befehle.

MANN SECHS Es war ein Zwang, da konnte ich mich nicht wehren. Wir mußten es tun, wir kamen nicht davon frei.

MANN FÜNF Wir wurden so erzogen, daß jeder Befehl als heilig galt.
Ich habe nie einen Befehl verweigert.

MANN SECHS Aufgrund meines Eides brauchte ich einen präzise gegebenen Befehl nicht verweigern.

FRAU *Frage: Es war Ihnen doch klar, daß das Mord war.*

MANN VIER Ja.

MANN SIEBEN Am 1. 4. 1946 erfolgte dann meine Wiedereinstellung als Polizeihauptwachtmeister.

MANN ACHT 1947 begann ich, dem Alkohol mehr und mehr zuzusprechen.

FRAU *[Aussage Lucia B.] Tatsächlich sind wir im Jahre 1947 geschieden worden. Hierzu muß ich bemerken, daß wir uns schon während meiner Besuche in Polen auseinandergelebt hatten, da mein Mann sich völlig verändert hatte. Heute weiß ich, daß es wohl unter den Eindrücken seiner damaligen Aufgaben geschehen ist.*

MANN FÜNF Im November 1949 kam ich aus der poln. Kriegsgefangenschaft nach Hamburg zurück.
Ich meldete mich gleich bei der Polizeibehörde und wurde wieder eingestellt.

MANN DREI Im Jahre 1953 stellte mich die Hamburger Polizeibehörde wieder ein. Mehr kann ich dazu nicht sagen.

MANN EINS Weitere Angaben kann ich zur Sache nicht machen. Ich bin heute noch einmal hier erschienen, um das Gesagte los zu werden. Die Tatsache, daß ich die Erschießungsaktion verschwiegen hatte, hat mich so belastet, daß ich keine Ruhe mehr finden konnte. Ich versichere, daß ich nun alles gesagt habe, was ich aus der damaligen Zeit erinnere. Es liegt mir wirklich fern, jetzt noch etwas zu verschweigen, denn sonst wäre ich nicht wieder hierhergekommen. Der Grund meines Kommens war doch, mein Gewissen zu entlasten.

ALLE Selbst gelesen, für richtig befunden und unterschrieben.

MUSIK (SAG NIT KEJMOL).

Handakte der Gerichtsvollzieherei.

BETR.: EHEM. JÜD. EIGENTUM

**EINS
ZWEI
DREI
VIER**

EIN TEIL UNSERER MÖBEL

EINS Sehr geehrter Herr!
Ihr Beitrag hat mich aufgeschreckt und mir gleichzeitig bestätigt, was ich schon seit längerem ahnte: Ein Teil unserer Möbel stammt aus dem Besitz ermordeter Juden!
1941/42 war mein Onkel als Kraftfahrer nach Hamburg eingezogen.
Hier hat er im Auktionshaus Schlüter für 220 R. eine ungewöhnlich schwere Eßzimmer-Einrichtung („flämisches Barock") erworben.
An den Büffettüren findet sich innen mit Bleistift der Name „Isidor Goldstein".

ZWEI Innen der Name „Isidor Goldstein".

VIER Innen der Name „Isidor Goldstein".

EINS Mein Onkel erzählte mir: „Sprachregelung" sei damals gewesen (ohne allzuviel nachzufragen), diese Möbel wären Besitz von ausgewanderten Juden, dessen Nachsendung nach Amerika jetzt wegen der Kriegsereignisse nicht mehr möglich sei, daher die „Verwertung" durch Verkauf.

ZWEI Betr.: Ehem. jüd. Eigentum.

DREI Wenn ich mich erinnern soll ... Als ich konfirmiert werden sollte, bestärkt im rechten Glauben, gab es kein Kleid für mich. Meine Eltern hatten sich an die NS-Wohlfahrtsorganisation gewandt, etwas Stoff beantragt zum Nähen eines Kleides. Einige Tage darauf brachte man uns einen Koffer. Die Familie versammelte sich um den Koffer, der Vater öffnete ihn. Tatsächlich befanden sich Kleidungsstücke in dem Koffer. Wir schauten hin, obenauf lag ein Kleid. Der Vater schlug den Kofferdeckel zu, die Mutter schickte mich aus dem Zimmer.

Musik.

KAPITEL EINS:
JUDENKISTEN UNTER DEM HAMMER

DREI [Hamburger Fremdenblatt, 29. 3. 1941]

EINS Jüdisches Umzugsgut unter dem Hammer.
In der letzten Zeit werden, wie auch schon aus dem Anzeigenteil hervorgeht, im Auftrage der Geheimen Staatspolizei – Staatspolizeileitstelle Hamburg – fast täglich Versteigerungen durchgeführt. Hierzu werden uns von dieser Dienststelle nachstehende Aufklärungen gegeben:

ZWEI Bei den zur Versteigerung kommenden Sachen handelt es sich um jüdisches Umzugsgut, das infolge des Krieges nicht mehr verschickt werden konnte. Da weder andere Unterbringungsmöglichkeiten vorhanden sind, noch aus verkehrstechnischen Gründen ein Rücktransport an die Herkunftsorte in Betracht kommt, gelangt der Inhalt der Kisten jetzt zur Versteigerung, wodurch an Stelle der Sachwerte der Erlös tritt.
Da die Versteigerungen noch geraume Zeit andauern werden -

DREI - da die Versteigerungen noch geraume Zeit andauern werden -

EINS - da die Versteigerungen noch geraume Zeit andauern werden -

ZWEI - besteht kein Anlaß zu unüberlegten Käufen. Es ist der Wunsch aller beteiligten Dienststellen, die Waren zu angemessenen Preisen in möglichst weite Kreise der Bevölkerung zu bringen.

VIER Pickhuben. Brook. Alter Wandrahm. Neuer Wandrahm. Sand.
St. Katharinenkirchhof. Togokai. Kamerunkai. Australiastraße.
Schuppen 58. Schuppen 54. Schuppen 36.
In der Speicherstadt und im Hafen nennt man die gelagerten Liftvans mit Umzugsgut ‚Judenkisten'.

ZWEI Geheime Staatspolizei, Staatspolizeileitstelle Hamburg den 9. 5. 1941
Tgb. Nr. II B 2-1575/41
An die Gerichtsvollzieherei bei dem Amtsgericht Hamburg, Drehbahn 36
Betr.: Versteigerungsauftrag

Sie werden hiermit beauftragt, das beschlagnahmte Umzugsgut des Juden Arthur Arndt, zuletzt wohnhaft gewesen in Berlin in freiwilliger Versteigerung zu verkaufen.
I.A. Göttsche [Krm.-Komiss.]

VIER Finnern, Gerichtsvollzieher. Auf Auftrag der Geheimen Staatspolizei, Staatspolizeileitstelle Hamburg i/Sa Arthur Arndt ist auf heute Termin zur öffentlichen freiwilligen Versteigerung in den Versteigerungshallen der Gerichtsvollzieherei, Drehbahn 36, anberaumt. Zeit und Ort der Versteigerung sind unter allgemeiner Bezeichnung der zu versteigernden Sachen durch Veröffentlichung im hiesigen „Hamburger Fremdenblatt", „Hamburger Anzeiger", „Hamburger Tageblatt" öffentlich bekannt gemacht worden.
Nachdem sich eine Anzahl kauflustiger Personen eingefunden hatte, wurde diesen eröffnet: Die zur Versteigerung gelangenden Gegenstände werden freiwillig verkauft.

ZWEI Die zur Versteigerung gelangenden Gegenstände werden freiwillig verkauft.

DREI Die zur Versteigerung gelangenden Gegenstände werden freiwillig verkauft.

VIER Die Ablieferung der zugeschlagenen Sache an den Meistbietenden erfolgt sofort nach erteiltem Zuschlage gegen bare Zahlung. Der Meistbietende hat ein Kavelingsgeld in Höhe von 15 % des Kaufpreises zu zahlen.
Sodann wurde mit der Versteigerung verfahren wie folgt:

EINS / DREI

1 Mikroskop Leitz	Dr. Hermes	265,- RM
1 Partie ärztl. Instrumente,		
1 Amputationsbesteck	Dr. Hoffmann	16,-
1 Karton ärztl. Gummiartikel	Dr. Seiffert	4,-
ca. 20 div. Bücher [ärztl. Fachliteratur]	Dr. Lore	16,-
1 Instrumentenschrank	Dr. Klie	52,-
1 Totenschädel	Dr. Fritzemeier	29,-
[etc. etc. insgesamt]		7017,40 RM

DREI hiervon erhält die Geheime Staatspolizei, Hamburg, gemäß Abrechnung 4445,60 RM.

ZWEI Letzte Porträts deutscher Biographien.

VIER - des Juden Egon Silberberg, zuletzt Gelsenkirchen -

EINS - des Juden Werner Solmitz, zuletzt Berlin -

DREI - des Juden Oskar Turgel, zuletzt Berlin -

EINS - des Juden Otto Wertheimer, zuletzt Frankfurt/M. -

ZWEI - der Jüdin Margarethe Sara Wachsner, zuletzt Breslau -

DREI - der Jüdin Elsa Sara Weinberg, zuletzt Koblenz -

ZWEI - des Juden Rudolf Isr. Pius Moritz Warburg, zuletzt Hbg.-Blankenese -

DREI - und, und, und.

VIER An die Geheime Staatspolizei, Staatspolizeileitstelle
Betr.: Umzugsgut Dr. Schweitzer
Für die bei der Versteigerung von jüdischem Umzugsgut tätigen 16 Beamten und Angestellten der Gerichtsvollzieherei sind 16 Stück Seife für den Monat Mai 1941 aus dieser Sache entnommen.
Bürckner [Amtsgericht Hamburg]

ZWEI Carl F. Schlüter [Versteigerer]
An die N.S. Volkswohlfahrt
Aus jüdischem Umzugsgut möchten wir Ihnen die nachfolgenden Gegenstände zur Verfügung stellen und bitten um Abholung bei uns Alsterufer 12:
1 Stck. Rasierseife in Hülle   2 große Pakete Persil
1 kleines Paket Persil   3 Stück Lecithin-Seife
9 Stck. Toiletteseife (eins davon beschädigt)   4 Täfelchen Feodora Schokolade
Heil Hitler!

VIER / EINS
11 weiße Kittel   Krankenhaus Reinbek   20.-
5 Herrennachthemden   Krankenhaus Reinbek   22.-
3 Gummischürzen   Krankenhs. Reinbek   4.-
6 Handtücher, 11 Tischdecken
10 Teile Vorhänge, 3 Bettbezüge,
2 Kinderbezüge, 1 Posten Gardinenstangen   Krkhs. Reinbek   90.50

ZWEI / DREI
1 Schrank Emdator   T., Am Weiher 8   590.-
1 zahnärztl. Einheitsapparat   K., Fuhlsbüttler Str. 177   1.500.-
1 Metallix Röntgenapparat   F., Alsterterrasse 11   590.-
1 Partie Medikamente   Dr. L., Lehmweg 56   10.-

ZWEI Der Sozialverwaltung, Hamburg, sind kreditiert: 805.- RM

EINS die restlichen: 6813.70 RM
werden auf das Konto „Staatspolizeileitstelle, Hamburg"
bei der Deutschen Bank, Filiale Hamburg, überwiesen.
Hamburg, den 24. Mai 1941   Bobsien, Gerichtsvollzieher

VIER [Schlosser] Rechnung in Sachen des jüdischen Umzugsgutes Silberberg
für das Öffnen diverser Behältnisse an Schlosserkosten   ....Mk. 5.-
Betrag dankend empfangen   Wirggen

EINS Gerling-Konzern
Allgemeine Versicherungs-Aktiengesellschaft Hamburg

Auf Grund des gestellten Antrags [i.Sa. Adolf Israel Peiner, Bellevue 34] haben wir die obige Urkunde ausgefertigt und bitten Sie, uns die Prämie einschl. Versicherungssteuer und Gebühren mit RM 120.40 baldgefl. zu überweisen. Wir machen höfl. darauf aufmerksam, daß unsere Leistungspflicht erst mit der Zahlung der Prämie beginnt. Heil Hitler!

DREI Hamburger Fremdenblatt 1941
Anzeigen=Rechnung betreffend die Versteigerung am 24. Juli und 25. Juli
150 Zeilen à 28 Rpf.   42.00 RM.

VIER Heinrich W. Pries [Spedition]
Rechnung [An das] Gerichtsvollzieheramt Hamburg
4 Mann gestellt von 8 bis 17 Uhr zusammen 36 Stunden à M.2.-   72.00 RM

ZWEI Eggers, Wright & Co. Freihafen-Lagerhäuser
Kosten für die Gestellung von 2 Leuten
a 8 Std. = 16 Std. à RM 1.80 pro Mannstunde   28.00 RM

DREI F. Dörling Buchhandlung Antiquariat
Rechnung für das Gerichtsvollzieheramt Hamburg
Für Durchsehen und Einteilen einer Sammlung von Handzeichnungen,
Gemälden, Graphik usw.   45.00 RM

EINS Goldschmiedemeister Henry Allerding
Herrn Oberfinanzpräsident, z. Hd. des Herrn Finanzamtmann Jordan
Für die Abgabe von Taxen für Gold- u. Silberwaren, Juwelen, Uhren und ähnlichen Prätiosen ...
Ich bitte höflichst, bei eintretendem Bedarfsfalle mich als Sachverständigen in diesem Fachgebiet heranzuziehen. Heil Hitler!

DREI Edmund Franzkowiak & Co. [Spedition]
[An die] Gerichtsvollzieherei bei dem Amtsgericht Hamburg
... möchten Sie bitten, die folgenden Gegenstände dem jüdischen Religionsverband
z.Hd. des Herrn Leo Lippmann auszuhändigen.
Es handelt sich um persönliche für die Versteigerung ungeeignete Gegenstände des Juden Solmitz:

VIER Dokumentenmappe

ZWEI Familienpapiere, Tagebücher, Briefmappen

EINS 13 alte Bilder, von den Kindern des Solmitz getuscht

VIER eine Blechkassette mit Familienbildern

DREI alte Briefe.

Musik

SOZIALVERWALTUNG

VIER [Richtlinie] Hamburg, den 4. Februar 1941
Betrifft: Jüdisches Umzugsgut
Die Sozialverwaltung ist vom Reichsverteidigungskommissar beauftragt worden, geeignete Möbel und Wäsche aufzukaufen, um in Notfällen einen Reservebestand zu haben. Zur Durchführung dieser Aufgabe erhält die Sozialverwaltung das Vorkaufsrecht an dem jüdischen Umzugsgut.

ZWEI Außerdem ist Professor Hüseler vom Museum für Kunst und Gewerbe mit dem Ankauf von Kunstgegenständen und Stilmöbeln für die Stadt Hamburg beauftragt worden.
Hierfür gelten die gleichen Richtlinien wie für die Sozialverwaltung.

EINS Verzeichnis über die von der Sozialverwaltung, Hamburg, gekauften Sachen in Versteigerungssachen Umzugsgut Otto Israel Wertheimer:

1 Posten	Vorhänge u. Gardinen	2 Plumeau Steppdecken
6	Tischtücher	3 Teile Damenwäsche
1	Reisedecke	1 Posten Kinderbettwäsche
3	Decken	1 Bücherschrank
1 Posten	Servietten	1 Sessel
1	Küchentücher	1 Couch
1	Steppdecke	

[insgesamt] RM 875.-

ZWEI Verzeichnis der von der Sozialverwaltung Hamburg erworbenen Sachen aus dem jüdischen Umzugsgut Dr. Schweitzer:

1 Couch mit Hocker	150,-
1 Schlafzimmer, bestehend aus 1 3teiligen Schrank, 1 Frisiertoilette, 2 Betten, kompl., 2 Nachtschränken, 1 runden Tisch, 2 Stühlen, 1 Sessel	600.-
1 eiserne Bettstelle mit Matratze	25.-
1 runder Herrenzimmertisch	30.-
[insgesamt]	805.-

DREI Verzeichnis der von der Sozialverwalt. Hamburg gekauften Sachen in der Versteigerungssache des jüdischen Umzugsguts des Oskar Turgel:

1 Küchentisch, 3 Küchenstühle	25.-
1 Schrank m. 2 Glasschiebetür.	80.-
1 Schlafzimmer (4 Schränke, 1 Frisiertoilette, 2 Betten mit Aufl., 2 Nachtschränke, 2 Stühle, 1 Sessel)	750.-
1 Bettcouch (5 Polsterteile)	150.-
1 Chaiselongue	30.-
[insgesamt]	1.115.- RM

VIER Verzeichnis der von der Sozialverwaltung, Hamburg, gekauften Sachen in der Versteigerungssache des Umzugsgutes des Egon Israel Silberberg:

1 Kleiderschrank, 2 kompl. Betten 2 Nachtschränke, 1 Frisiertoilette 1 Sessel u. 2 Stühle	500.-
1 Buffet, 1 Vitrine, 1 Credenz, 1 Tisch 1 Tisch, 2 Sessel, 6 Stühle	700.-
1 Bücherschrank	80.-
[insgesamt]	1280.- RM

EINS [Rückseite der Anzeige des Gerichtsvollziehers Bobsien im Hamburger Tageblatt 17.7.41]
Rund um den Michel.
Die Verdunkelung ist für heute auf die Zeit von 21.45 Uhr bis 4.45 Uhr festgelegt.

ZWEI Die Verdunkelung ist für heute auf die Zeit von 21.45 Uhr bis 4.45 Uhr festgelegt.

DREI Die Verdunkelung ist für heute auf die Zeit von 21.45 Uhr bis 4.45 Uhr festgelegt.

Musik.

SCHNÄPPCHEN

DREI Dem Zuschlag an den Meistbietenden geht ein dreimaliger Aufruf voraus.
Die Ablieferung der zugeschlagenen Sache an den Meistbietenden erfolgt sofort nach erteiltem Zuschlage gegen bare Zahlung.

VIER Nachdem sich eine Anzahl kauflustiger Personen eingefunden hatte ...

ZWEI / VIER /EINS

1 Heizkissen, 1 Brotröster 110 V	Schröder I	8.80
1 Teekanne, 1 Bierkrug	Petersen VIII	4.40
2 Teile Porzellan	Schröder III	5.-
3 Ansatzeisen	Petersen I	3.-
1 Ölbild beschlagnahmt von der Ge.-Sta.-Po., da entartete Kunst		
1 Kasten m. silb. Frisiergarnit.	Schröder I	27.-
div.Teile Keramik	Retkowski	2.10
1 Waage m. Gew.	Schröder II	8.20
div.Lampenteile	Retkowski	3.-
1 Bücherschrank	Sozialverwaltung	80.- kreditiert

DREI / EINS/VIER

1 Schleiflack-Kleiderschrank	Dr. Bartz Oberlandesgericht	130.-
1 Wäschepuff	Hptm. Berndt	10.-
1 nussb. Kommode	Reinicke „Dampfer Preussen"	46.-
1 Waschmaschine m. elektr. Antr.	Volksfürsorge	290.-
80 Deckchen	Hapag	10.-
1 Ständerlampe	Hapag	49.-

EINS [Das Umzugsgut des] Curt Israel Aschenheim, zuletzt wohnhaft gewesen in Berlin-Dahlem, Max Eythstraße 31, [verteilt sich auf folgende neue Adressen:]

Musik.

DREI / EINS / ZWEI

1 Uhr	[an]	H.	Meierspassage 6
1 Tischlampe		H.	Grindelweg 1a
1 Ständerlampe m. Schirm		E.	Lehmweg 2
1 3flamm. Krone		R.	Moorende 2
1 Kommode		M.	Colonnaden 5
1 Sitztruhe		S.	Rutschbahn 11
1 Holztruhe, 1 Sessel		W.	ABC Str. 16
1 Teppich 120x108		H.	Schäferkampsallee 11
2 Vorlagen 70x145		H.	Kirchenallee 23
6 Teile Damenwäsche		N.	Preystr. 3
1 Paar Kinderschuhe		G.	Kielerstr. 7
1 Steppdecke		L.	Friedrichstr. 7
1 Posten Flicken		E.	Friedensstr. 69
3 Wolldecken		T.	Hasselbrookstr. 14
1 Posten Gardinen		B.	Humboldtstr. 34
1 Tischdecke		F.	Weidenstr. 8
1 kl. silb. Dose, 1 Teesieb		N.	Hohe Bleichen 24
1 Saftflasche m. 8 Gläsern		H.	Wandsb. Chauss. 66
7 Weingläser		D.	Im Tale 22
2 Kristallschalen		M.	Bellealliancestr. 32
3 Mocca Ober u. Untertassen		M.	Isestr. 25

DREI [Ich, Carl Beck, Taxator und Versteigerer, kann sagen, daß es so war], daß insbesondere in den Jahren 1941 und 1942 in sehr erheblichem Umfange jüdischer Besitz im Auftrage der Gestapo versteigert worden ist. Die Händlerschaft hatte sich diese Lage zunutzegemacht und drückte die Preise außerordentlich, sodaß die zu versteigernden Gegenstände meist zu Schleuderpreisen weggingen.

ZWEI Die Händlerschaft hatte sich diese Lage zunutzegemacht.

VIER Bürkner, Justizinspektor [Amtsgericht]
An die Geheime Staatspolizei   26. August 1941
In Sachen Umzugsgut Bertha Sara Oppenheimer erhalten Sie anbei:
5 Riegel à 4 Stück Kernseife.

Musik.

KAPITEL ZWEI:
DEPORTATIONEN UND RÄUMUNGEN

EINS Es muß in einem dieser sehr schönen Häuser, die auf den Klosterstern münden, ob es jetzt das Jungfrauenthal oder Eppendorfer Baum oder die Innocentia, das weiß ich nicht, aber jedenfalls ich sehe Männer in schwarzen Uniformen waschkörbeweise Geschirr aus einem Haus heraustragen. Im Hausflur sehe ich einen jungen, sehr kultivierten, völlig durchsichtig blaß erscheinenden Mann, der noch seine Taschenuhr aus der Tasche nimmt mit der goldenen Kette und auf diesen Korb drauflegt.

ZWEI [Formular] Geheime Staatspolizei   Staatspolizeileitstelle Hamburg
Evakuierungsbefehl   Einschreiben!
Ihre Evakuierung aus Groß-Hamburg wird hiermit befohlen.
Von diesem Befehl werden auch Ihre Angehörigen: 1., 2., 3., 4., 5. betroffen.
Der Abtransport wird umgehend durchgeführt. Mit dem heutigen Tage unterliegen Sie und die mitgeführten Angehörigen für die Dauer des Transportes besonderen Ausnahmebestimmungen. Ihr und das Vermögen Ihrer oben genannten Angehörigen gilt als beschlagnahmt.

DREI OFPräs.   Hmb., 14. Nov. 41
Betrifft: Dienststelle für die Verwertung eingezogenen Vermögens
Die erste Aufgabe der Dienststelle besteht darin, am Tage der Sammlung der zu evakuierenden Juden die Vermögensverzeichnisse und die Einziehungsverfügungen in der Sammelstelle entgegen zu nehmen, wobei die Erklärungen sogleich einer kurzen Prüfung zu unterziehen sind, damit Fehler noch beseitigt werden können, solange der Jude noch hinzugezogen werden kann.

VIER Der Entgegennahme der Vermögenserklärungen und damit der Übernahme des gesamten Vermögens, zu der die Einziehungsverfügung des Reichsstatthalters den Rechtstitel bildet, schließt sich unmittelbar die Nachprüfung des in den Erklärungen angegebenen Hausstandes der Juden an Ort und Stelle an. Bei der Prüfung sollen die Bezirksbearbeiter gleichzeitig feststellen, ob unter den Wohnungen der Juden sich solche befinden, die sich als Wohnungen für Reichsfinanzbeamte eignen. Der Inhalt der Wohnungen wird - soweit er versteigerungsfähig ist - durch Spediteure Versteigerern zugeführt.

ZWEI Geheime Staatspolizei   Staatspolizeileitstelle Hamburg
An den Herrn Oberfinanzpräsidenten in Hamburg
Die in der anliegenden Liste aufgeführten Juden haben Selbstmord begangen, nachdem ihnen ein Evakuierungsbefehl zugestellt worden ist.
Demnach unterliegt das Vermögen und Eigentum der Genannten der Beschlagnahme und Einziehung zu Gunsten des Deutschen Reiches.

ZWEI Liste der während der Evakuierung durch Selbstmord verstorbenen Juden:

VIER / EINS

Ascher, Emilie S.
Brückmann, Eugenie S.
Cohn, Emma S.
David, Elfriede S.
Embden, Katharina S.
Hess, Luise S.
Isenberg, Lieselotte S.
Kronach, John Isr.
Lieber, Helene S.
Oppenheim, Bertha S.
Robertson, Adolf Israel
Weinthal, Frieda S.
Wolf, Margot

Böttcher, Anna S.
Burchard, Edg. Isr.
Cohn, Wilhelm Isr.
Ekert, Maximilian Israel
Fontheim, Iwan Isr.
Hirsch, Robert Osr.
Kallmes, Fanny S.
Levy, Anna S.
Löwengard, Jenny S.
Polak, Wilhelm I.
Schümann, Selma S.
Weinberg, Eduard Israel
Zeckendorf, Arnold Israel

Musik.

GAS ZU, GAS AUF

ZWEI OFP Hamburg, Vermögensverwertungsstelle
Betrifft: Wohnungsräumungen
Insbesondere ist folgendes zu beachten: In den Wohnungen vorgefundene Sparkassenbücher und Wertpapiere sind mit doppelt auszufertigender Empfangsbescheinigung an die Oberfinanzkasse abzuliefern. Gegenstände aus Edelmetall, Münzen, Briefmarkenalben und dergl. Wertgegenstände sind mit doppelt auszufertigendem Versteigerungsauftrag bis spätestens 16 Uhr dem Gerichtsvollzieheramt, Drehbahn 36, zuzuleiten. Das eine Stück des Versteigerungsauftrags ist im Zimmer 265 abzuliefern. Herrenpelze und sonstige Pelzsachen (mit Ausnahme von Damenpelzen) sowie Wollsachen sind mit Lieferschein in Zimmer 265 abzuliefern. Der Lieferschein wird zur Akte genommen. Familienbilder sind nach Möglichkeit zu vernichten, die Rahmen der Versteigerung zuzuführen. Ebenfalls sind Briefschaften, sofern es sich nicht um wichtige Dokumente handelt, zu vernichten (möglichst durch Verbrennen im Ofen).

EINS Fa. Richard Flumm   Installationen.Gas.Wasser. Elektr. Licht.
Rechnung für den Oberfinanz-Präsidenten
Folgende Gasherde losgenommen und Leitungen gedichtet, Gasuhren abgestellt:

DREI / EINS
Rosenkranz, Isestr. 54   Schattschneider, Isestr. 69 II
Kaplan, Lenhardstr. 3 II   Rosenstein, Klosterallee 9 III
Nussbaum, Rutschbahn 15   Blankenstein, Rutschbahn 15 II
Benthal, Moltkestr. 47a III   Selke, Bismarckstr. 6
Arndt, Semperstr. 67 II   Dr. Schumacher, Richardstr. 11
Würzburg, Dillstr. 20   Zechlinsky, Hansastr. 57 III

VIER / ZWEI
Dr. Schütterost, Haynstr. 5 I   Höxter, Haynstr. 10 ptr.
Behrend, Grindelallee 23   Moses, Grindelallee 116
Freundlich, Bellealliancestr. 60 I Dr. Florsheim, Grindelhof 17 III
Hirschberg, Bogenstr. 25   Spiro, Bogenstr. 25 II
Ganz, Eppendorfer Baum 10   Löwenberg, Eppendorfer Baum 11
Pollack, Eppendorfer Landstr. 30   Eisenberg, Eimsbütteler Str. 24

VIER Landesverband Groß-Hamburg im Centralverband der Kohlenhändler Deutschlands E.V. An den Herrn Oberfinanzpräsidenten Hamburg
Betr.: Kohlenbestände evakuierter Juden
Über die uns aufgegebenen Kohlenbestände evakuierter Juden haben wir so verfügt, daß jeweils die Menge durch einen Einwohner desselben Hauses über den zuständigen Kohlenhändler übernommen wird, um jeden Transport zu vermeiden.
Die angegebenen 13 Ztr. des Dannebaum, Parkallee 19 III, wurden bereits am 4. Febr. d. Js. durch den Nachbarn übernommen.
Heil Hitler!   Verbandsleiter

DREI OFP Hamburg
Niederschrift über die am 8. August 1942 stattgefundene Besprechung
Die Wohnungen der im Juli 1942 evakuierten Juden müssen im Interesse der zahlreichen obdachlosen Bombengeschädigten beschleunigt geräumt werden.

ZWEI - beschleunigt geräumt werden.

EINS - beschleunigt geräumt werden.

DREI Es wurde nunmehr dem Fachverband der Versteigerer vorgeschlagen, eine Versteigerung an Ort und Stelle vorzunehmen. An dieser Besprechung nahmen teil:

VIER [Versteigerer] Elsas, Krohn, Landjunk, Lüder, Ruchmann, Schlüter, Schopmann.

DREI Der Versteigerer Landjunk erklärte sich sofort im Namen des Fachverbandes und mit Zustimmung der anwesenden Versteigerer mit der vorgeschlagenen Versteigerung an Ort und Stelle einverstanden.

EINS Hamburgische Grundstücksverwaltungs-Gesellschaft von 1938 m.b.H.
An den Oberfinanzpräsidenten Hamburg
Betr.: Grundstück Bogenstraße 25/27 (früheres Judenstift)
Wir beziehen uns auf die verschiedenen telephonischen Gespräche, wonach wir mitteilten, daß die Juden-Grundstücke nicht besenrein abgeliefert worden sind.

ZWEI Daß die Juden-Grundstücke nicht besenrein abgeliefert worden sind.

VIER Daß die Juden-Grundstücke nicht besenrein abgeliefert worden sind.

EINS Wir bemerken ausdrücklich, daß der Hauswart das ganze Gerümpel in den Keller oder Hintergarten geschafft hat. Der Versteigerer wäre aufzufordern, dasselbe nunmehr abfahren zu lassen. Heil Hitler!

Musik.

BÜRGERLICHE INTERESSEN

ZWEI An die Geheime Staatspolizei
Betr.: Auswanderung der Juden
Nachdem ich nun von der Wehrmacht entlassen wurde, habe ich festgestellt, daß sämtliche Juden auswandern müssen und lt. Gesetz ihr Inventar nicht mitnehmen dürfen. Da ich nun verheiratet bin und drei Kinder habe, bin ich nicht in der Lage, mir Möbel anzuschaffen.
Ich möchte hiermit anfragen, ob man von den hinterlassenen Möbeln einige Stücke käuflich erwerben kann. Dienstzeugnis der Tätigkeit über S.A. & H.J. bis zum Jahre 1929 kann vorgelegt werden. Heil Hitler!

EINS [An den] Oberfinanzpräsident Hamburg
Betr. Grundstück Heinrich Barthstraße 8   Judenwohnungen
Mieteausfall   [insgesamt]   536,50
Sie werden verstehen, daß dieser Ausfall von Miete für mich sehr fühlbar wird, umsomehr als ich die Grundsteuern für diese Wohnungen im Voraus schon bezahlt habe.
Ich darf daher um Ihre sofortige Zahlung nochmals bitten. Heil Hitler!

VIER Gleichzeitig teile ich Ihnen mit, daß bei dem Auszug von 13 jüdischen Mietern und dem darnach erfolgten Einzug von ebensovielen Mietern in die freiwerdenden Wohnungen Reparaturen am Treppenhaus und in den Wohnungen erforderlich wurden und gestatte im Auftrage des Eigners die Anfrage, ob für die entstandenen Reparaturen ein Zuschuß gewährt werden könnte.
Heil Hitler!

DREI An den Oberfinanz-Präsidenten Hamburg
Betrifft: Judenwohnung
Die in meinem Grundstück, Gryphiusstraße, seitens der Gemeindeverwaltung der Hansestadt Hamburg, Sozialverwaltung, Wohnungspflegeamt, beschlagnahmte Judenwohnung, bisheriger Inhaber Siegfried Israel Porges, befindet sich in einem derartig verwahrlosten Zustand, sodaß es keinem Arier zugemutet werden kann, die Wohnung so zu beziehen. Ich stelle deshalb hiermit den Antrag, aus dem Judenfonds einen Betrag zur Instandsetzung der Wohnung zur Verfügung zu stellen. Ferner teile ich noch mit, daß in der Wohnung 1 Waschbecken im Badezimmer einen Sprung hat & 1 Fensterscheibe entzwei ist. Heil Hitler!

VIER An das Finanzamt St. Pauli Eimsbüttel
Ich gestatte mir, ergebenst darauf hinzuweisen, daß ich einer der größten Käufer für Briefmarkensammlungen bin, und wäre der dortigen Stelle zu Dank verpflichtet, wenn sie die Liebenswürdigkeit hätte, mir mitzuteilen, wenn ein solches Objekt dort zur Verfügung liegt. Heil Hitler!

ZWEI An Fa. Carl F. Schlüter [Versteigerungen]
Sehr geehrter Herr, ich wäre Ihnen besonders zu Dank verpflichtet, wenn Sie mich freundlichst unter obiger Nummer anrufen wollten, sobald Sie wieder gut erhaltene Möbel und Gegenstände - aus Judenkisten oder sonst - hereinbekommen. Mit den besten Grüßen, Heil Hitler!

EINS Sehr geehrter Herr Jordan!
Erlaube mir hiermit zwecks Anfrage über die Wohnung der Jüdin Balk in Wohldorf. Ohlstedt Lottbekerweg 24 (Einzelhaus). Da dieselbe für Bombengeschädigte gedacht ist, möchte ich hiermit anfragen, ob es wohl gestattet wäre einen Tausch vorzunehmen. Meine Wohnung befindet sich in Barmbek.
Da ich mit meinen Jungen gerne in Ohlstedt wohnen möchte, bitte ich Sie hiermit mein Angebot wohlwollend zu prüfen. Heil Hitler!

Musik.

BÜCHER UND KUNST

VIER Bobsien, Gerichtsvollzieher
Sonnabend, den 19. Juli, 10 Uhr versteigere ich in behördlichem Auftrage:

EINS / ZWEI /DREI

2 Bleistiftzeichnungen Orig. v. Spitzweg	Dr. Meyer	190.-
1 farb. Kreidezeichn. v. Max Liebermann	Rickmann	670.-
1 Origin. farb. Kreide v. Pissarro	Commeter	350.-
1 Aquarell i/schwarz. Rahmen -Dorfstraße m/Wagen-	Heuser	1600.-
2 Zeichnungen v. Corinth	Dr. Hauswedel	220.-
5 Origin. Zeichn. auf 1 Blatt v. Toulouse-Lautrec	Nolte 510	
1 Ölgemälde v. Pissarro franz. Stadt	Commeter	8400.-
1 Ölbild v. Liebermann Allee	Holst	1250.-
1 Aquarell v. Pechstein	Mente	310.-
1 Origin. Zeichn. Mädchenkopf Renoir	Dr. Hauswedel	480.-
1 farb. Stich v. Turner	Forsberg	460.-

VIER / DREI /EINS

Holländischer Meister des 17. Jahrh. „Vor dem Wirtshaus"	Modschiedler	3700.-
Französischer Meister d. 18. Jahrh. „Herrenporträt mit Perücke"	Commeter	600.-
Holländischer Meister um 17. Jahrh. „Flußlandschaft"	Wirckhaus	1550.-
Italienischer Meister 17. Jahrh. „Adam und Eva"	Modschiedler	3700.-
Holländischer Meister Anfang 18. Jahrh. „Flußlandschaft im Mondenschein"	Commeter	1300.-
Deutscher Meister d. 18. Jahrh. „Bildnis eines Herrn mit weißer Perücke"	Commeter	660.-
Holländischer Meister d. 17. Jahrh. „Schlachtfest"	Modschiedler	3700.-

Musik.

ZWEI An die Direktion der Hamb. Staatsoper
Die Gerichtsvollzieherei versteigert am Montag, den 11. August, ab 10 Uhr, im Versteigerungshaus Drehbahn 36, II. St., Saal 38, u.a. 2 Böhm-Flöten (1 große und 1 Piccolo-Flöte), Fabrikat Berndt, Berlin
Ich bitte, diese Offerte etwaig in Frage kommenden Interessenten zuzuleiten.
Bürkner, Justizinspektor   Dringend

EINS Bobsien, Gerichtsvollzieher   Hamburg, den 11. September 1941
Rechnung   An das Museum für Kunst und Gewerbe, Hamburg
z.Hd. H. Prof. Hüseler
In der Versteigerungssache Umzugsgut Otto Israel Wertheimer kauften Sie heute
Eine Sammlung Apothekervasen, Kruken und Kannen

4 Vasen	zum Kaufpreis von	RM 1000.-
	zuzügl. 15 % Kav.Geld	
1 Mörser	zum Kaufpreis von	RM 50.-
	zuzügl. 15 % Kav.Geld	
		zus. RM 1207,50

DREI Bobsien
An das Hamburgische Museum für Völkerkunde
Rechnung über die am 29. November 1941 in der Versteigerungssache Umzugsgut Johanna Sara Ploschitzki gekauften Gegenstände:

1 alter Kopf	500.-
1 Pferd	600.-
1 Pferd mit 1 Reiter	350.-
1 Kamel	225.-
2 Figuren	100.-
1 alter Mandarinenkopf	250.-
14 Bände Propyläen Kunstgeschichte und Philosophie	
4 Franz. Wörterbücher	150.-
10 Bände chines. Kunstgeschichte	100.-
	2275.-

EINS Bobsien   3. Dezember 1941
An das Altonaer Museum zu Hd. von Herrn Prof. Dr. Stierling
Rechnung
In Sachen Umzugsgut Johanna Sara Ploschitzki kauften Sie
1 Fayencetisch zum Preise von   RM 2500.-

ZWEI Empfangsbescheinigung
Von der Vermögensverwertungsstelle des Oberfinanzpräsidiums Hamburg habe ich heute 60 Bücher aus dem Gebiete der Rechts- und Staatswissenschaften kostenlos erhalten. Hamburg, den 10. Sept. 1942
Für die rechtswissenschaftlichen Seminare der Hansischen Universität
Dr. S.

ZWEI Hamburger Öffentliche Bücherhallen
Betrifft: Bücher aus jüdischem Besitz
Herr Steueramtmann Jordan von der Dienststelle für die Verwertung eingezogenen Vermögens rief hier an, um uns Bücher aus jüdischem Besitz anzubieten. Diese Bücher sind früher zur Versteigerung gekommen. Der Präsident der Dienststelle hat nun darauf hingewiesen, daß diese Bücher besser den Bücherhallen zugewiesen werden sollten.
Im Augenblick lagert ein größerer Bestand von einem jüdischen Zahnarzt im Gerichtsvollzieheramt Dammtorwall. Ich habe mir diese Bestände angesehen und daraus etwa 130 guterhaltene Bände belehrenden und schöngeistigen Inhalts für uns ausgesucht, die wir als Dubletten bezw. Ersatzexemplare verwenden können. Es wurde dafür von uns lediglich eine Anerkennungsgebühr von RM. 10.- zuzüglich 15 % Kavelingskosten entrichtet. Die Bücher wurden im Versteigerungshaus Drehbahn 36, Erdgeschoß, Tür 18 (Inspektor Schulz bezw. Gerichtsvollzieher Bobsin) von uns abgeholt.
Herr Steueramtmann Jordan hat auf meine Bitte hin versprochen, mich zu benachrichtigen, bevor wieder eine Büchersammlung zur Versteigerung kommt, damit ich dann vorher das für uns geeignete Schrifttum aussuchen kann.
Der Direktor

DREI Aktenvermerk   [Bücherhallen]
Durch die beauftragte Firma W.C.H. Schoopmann, Hbg. 36, Hohe Bleichen 30 ptr.,
70 z. Tl. kleinere Bände am 1. August 1942 erhalten, die Frl. Böhmer und Frl. Ribbentrop aus einer großen Anzahl von Bänden ausgewählt hatten.

ZWEI Aktenvermerk   [Bücherhallen]
Am 31. August 1942 fand in Fuhlbüttel, Kurzer Kamp 6, durch die Firma Schopmann der Verkauf von Möbeln und Büchern aus jüdischem Besitz statt. Frl. Laudi kaufte etwa 70 Bde zum Preis von RM. 26.- zuzüglich Rm 3.90 Kavelingsgeld.

DREI Aktenvermerk   [Bücherhallen]
Am 4. und 5. September 1942 wurden im Oberfinanzpräsidium, Rödingsmarkt 83, IV., Zimmer 265 durch Dr. Tschierpe, Frl. Böhmer und Frl. Plitt rund 200 Bände und 40 Notenhefte für die Bücherhallen ausgesucht. Etwa 70 Bände fremdsprachlicher Literatur wurden der Bücherhalle Mönckebergstraße zugeleitet, die Noten sind in die Musikbücherei gekommen. Alle Werke erhielten wir unentgeltlich.
Der Direktor

EINS Alle Werke erhielten wir unentgeltlich.

VIER / ZWEI Alle Werke erhielten wir unentgeltlich.

Musik.

KAPITEL DREI:
HOLLÄNDISCHES JUDENGUT

EINS Es muß 1942 gewesen sein, daß plötzlich diese einfachen Frauen [auf der Veddel] zu mir [in die Bücherei] kamen und sagten: „Fräulein Rosenbaum, Fräulein Rosenbaum, wissen Sie eigentlich, daß man im Hafen sich ganz preiswert einkleiden und Hausrat kaufen kann?"
Ich sag: „Wieso?"

ZWEI Wieso?

DREI Wieso?

VIER Der Beigeordnete für die Sozialverwaltung der Hansestadt Hamburg
An den Herrn Reichsstatthalter   Hamburg, den 16. Oktober 1942
Betrifft: Holländisches Judengut.
Am 15.9.42 wurde mir fernmündlich mitgeteilt, daß 2000 - 4000 Einrichtungen gebrauchter Möbel, im allgemeinen aus dem Besitz wohlhabender Juden, nach Hamburg kämen. Es sind sofort die nötigen Verhandlungen mit dem Gauwirtschaftsberater, der Transportfirma Kühne & Nagel, der Reichsverkehrsgruppe für Möbelspedition und der Kaiverwaltung eingeleitet worden. Das Löschen der Kähne erfolgt am Schuppen 25 der Hafen- und Lagerhaus-AG.
Mit dem Verkauf ist die Fa. Schlüter beauftragt worden.

ZWEI Carl Möddel, Manufaktur- u. Modewaren
[An die] Fa. Carl F. Schlüter, Hamburg.
Mit heutigem frage ich bei Ihnen an, ob Sie in der kommenden Woche Versteigerung haben. Wie ist es mit den aus Holland kommenden Sachen, sind diese schon eingetroffen? Mit deutschem Gruß

EINS „Ja, [Fräulein Rosenbaum, sagten die Frauen], da kommen Leichter aus Holland -

ZWEI - da kommen Leichter aus Holland -

DREI - da kommen Leichter aus Holland -

EINS - und die sind voll mit Geschirr und Kleidung und Teppichen und Möbeln, und wir haben schon gekauft.

ZWEI - und wir haben schon gekauft.

DREI - und wir haben schon gekauft.

EINS Ich hab echte Teppiche in der Wohnung und ich trag 'n Persianer, und ich bin nicht die einzige, es sind auch andere Frauen und andere Familien, die da gekauft haben."
Und dann hab ich gesagt: „Ich weiß nicht, woher diese Sachen kommen."
Ich wußte es natürlich. Einigen Familien, wo ich wußte, gestandene SPD-Leute, denen habe ich gesagt: „Kinder, das [sind] Judenhausstände von deportierten Juden. Faßt bitte nichts davon an." Das haben sie auch nicht getan.

VIER [Der Beigeordnete für die Sozialverwaltung der Hansestadt Hamburg] Am 6., 7. und 8. Oktober ist der erste Kahn gelöscht worden. Sofort beim Öffnen des Kahns war offensichtlich, daß alles wahllos durcheinander gepackt war. Im Grenzhaus Hoheluft entstanden Berge von Gerümpel neben den brauchbaren Möbeln und Gebrauchsgegenständen.
Allein für die Aufbereitung des Inhalts des ersten Kahns war eine Raumfläche von 2500 qm nötig. Der Versteigerer Schlüter hat deshalb 2 große Hallen in den Ausstellungshallen am Zoo gemietet. Schlüter steht vor fast unlösbaren Schwierigkeiten, das bestätigt die Inaugenscheinnahme der in den Zoohallen aufgestapelten Mengen.
gez. Martini, Senator

EINS „Ich weiß nicht, [habe ich den Frauen gesagt], ich will davon nichts haben. Da hängt meiner Ansicht nach Blut dran." Und mehr durfte ich nicht sagen. Ich hieß Rosenbaum.
[Die Frauen] haben gekauft. Aber zu Spottpreisen. Das war also minimal. Minimal, was sie bezahlt haben. Am Preis konnten sie sehen, daß das unrecht Gut war. Schmuck und Geschirr und Möbel und Teppiche und eben wirklich schöne Kleidung. Teppiche und Pelze [in der Veddel]. Da gab es keinen Teppich, da gab es keinen Pelz. Und das hatten sie plötzlich. Was ich erinnere, sind Persianer. Schwarze.
Die Schuten sind immer wieder angelandet worden.

ZWEI Die Schuten sind immer wieder angelandet worden.

DREI Die Schuten sind immer wieder angelandet worden.

Musik

VIER Um Ordnung und Moral aufrechtzuerhalten, macht der Staat, der große Dieb, den kleinen Dieben den Prozeß.
Das Problem der kleinen Diebe ist, daß sie kleine Diebe sind.

DREI An den Führer und Reichskanzler Herrn Adolf Hitler, Berlin.
Mein hochverehrter Herr Führer und Reichskanzler!
Mein Ehemann Karl ist zu 2 1/2 Jahren Gefängnis verurteilt worden.

ZWEI [Prozeßakte] Damit hatte es folgende Bewandtnis: In den Niederlanden wurde aus jüdischen Haushaltungen Hausrat, Möbel, Kleidungsstücke, Porzellan usw. freigemacht, in Schuten verladen und in den Hamburger Freihafen transportiert. Von dort wurden sie von den Speditionsfirmen in Aktionslokale befördert. Infolge des großen Umfangs der Aktion und mangelnder Organisation war es einfach unmöglich, die Kontrolle zu behalten.

DREI Mein hochverehrter Herr Führer und Reichskanzler!
Aus reiner Unüberlegtheit hat [mein Mann Karl] aus Judenbesitz stammende Sachen sich angeeignet.

DREI [Mein Mann Karl] hätte dieses nie tun dürfen und bereut seine Tat sehr, zumal unser ganzes Familienleben dadurch zerrissen worden ist.

ZWEI Es steht fest, daß die für die Bombengeschädigten gedachte Aktion nicht geglückt ist.
Der größte Teil der aus den Niederlanden eingeführten Gegenstände wurde an die Händler und an die Allgemeinheit weggegeben. Diese Tatsache und das allgemeine Durcheinander mögen bewirkt haben, daß bei den Angeklagten das Gefühl abhanden gekommen war, daß sie hier für eine Hilfsaktion tätig waren.

DREI Ich bitte Sie deshalb, mein hochverehrter Herr Führer und Reichskanzler, meinen Mann [Karl] wieder auf freien Fuß zu setzen, damit er seine Kraft wieder voll fürs deutsche Vaterland einsetzen kann. Mit dieser Bitte gestatte ich mir ergebenst die Zeichnung mit deutschem Gruß Heil Hitler!
Frau Hedwig H., Hamburg-Altona, Bleicherstraße, den 2. Febr. 44

EINS Und ich muß Ihnen ehrlich sagen, als 43 die Veddel glaub ich 40 Prozent ausgebombt wurde und die gleichen Frauen da mit nichts vor mir standen -

DREI Fräulein Rosenbaum , Fräulein Rosenbaum ...

EINS - da habe ich wirklich gedacht: Ja, so ist das. Unrecht Gut gedeihet nicht.

Musik.

VERWERTUNG

VIER Nachdem sich eine Anzahl kauflustiger Personen ...

Musik.

EINS Wessel Schlessmacher Kaiser Kulper Miller Möller Bordewik Otto Krause Harz Barmé Eckhardt Lienow Nordhausen Hauswirth Ekhardt Reetz Schönfeld Witte Heinze Heidel Natterth Gimpel Lausch Endikat Tiede Bielkamp Finke Nogel Heuser Dünold Melskrunk Martens Hilgers Lampe v.Bennewitz Udvary Kwakowiak Schäfer Seiler Blank Platte Lahreck Ingwersen Teukel Dr.Dethmann Glaubitz Vollstedt Hecht Pressler Mathies Lorenzen Delfs Roth Wrage Bauer Jakobs Sattler Schmidt Dr.Hennecke Dr.Hege Harms Dr.Wahl Bostelmann Rüding Faust Schlöffel Moser Süfke Prahl Karasch Hammer Scherpe Hackl Becht Jahncke Schmok Althaus Schaar v. Berg Zscherpe Hennings Reese Bordewick Käser Kippert Frank Netzold Rinke Grosse Horn Intzen Bindemann Lehmler Aude Dr.Lutz Steinführer Höhnke Schmaleneck Körnett Franck ....

VIER

1 Wandspiegel	7.20
1 gr. Wandspiegel	6.-
1 kl. alter Zierschrank	25.-
1 eich. Schrank m. Aufs. und Glastür	32.-
1 def. Staffelei, 1 def. Lehnstuhl	3.-
1 alte Nähmaschine	50.-
1 Frisiertoilette	22.-
1 Kommode mit 5 Schubladen	36.-
1 Bettstelle m. 4 Auflegematr.	71.-
1 Nachtschrank	10.-
1 1tür. Kleiderschrank	45.-
1 gr. 2tür. eich. Kleiderschrank	166.-
1 3teil. Dielenschrank m. Intarsien	150.-
1 eich. Kommode (alt)	310.-
1 Damenschreibtisch	42.-
2 Worbsweder Sessel	185.-

1 eich. Tisch	4.60
2 Sessel	80.-
3 Stühle m. Polstersitz	62.-
1 Hocker	8.-
1 Messingschirmständer	3.-
1 schmaler Küchentisch u. 2 alte Küchenstühle	3.20
1 Truhe m. 2 Kästen	24.-
1 Partie Zeitschriften pp.	1.-
1 Partie Mal-Utensilien	7.-
1 Partie div. Bücher	5.-
1 Partie Noten	3.-
6 Bilderrahmen	4.-
1 kl. Papierkorb mit Ledertasche und Bürsten pp.	6.-

ZWEI

2 el. Hängelampen	4.60
1 Tischlampe elektr.	1.-
versch. Beleuchtungskörper	3.-
1 Messinglichthalter, 1 kl. BronzeTischuhr pp.	19.-
3 Teile Glas (defekt), 1 Porzellanfigur	6.-
3 Teile Glas (teils def.)	4.-
1 Gipsfigur, 3 Holzkästchen, 1 Schreibmappe	6.-
9 div. Bilder	38.-
11 div. Bilder	23.-
14 div. Bilder	21.-
1 Kasten mit Spielplättchen	66.-
2 Bilder	23.-
3 Bilder unter Glas	15.50
1 Glasaufsatz, Glasplatten pp.	4.-
1 Kumme mit Korken, Teewärmer pp. und 3 Kästchen	5.-
1 Hutschachtel mit Hüten pp.	12.-
2 Kasten mit div. Kleinigkeiten	3.-
1 Ölgemälde (Landschaft)	420.-
1 Ölgemälde (Fischerboote)	82.-
1 kl. Ölgemälde	54.-
1 gr. Bild unter Glas (Kinder)	82.-
1 Bild unter Glas (Kind)	145.-
1 Koffer	6.-

DREI

1 Koffer	5.-
1 Partie Glassachen und div. Geschirrteile	8.-
1 Partie Holz-Küchengeräte pp.	2.-
1 alter Heizofen, 1 eis. Garderobenhalter, 3 Spazierstöcke pp.	5.-
1 Partie Küchengerät, Kleiderbügel, Gläser pp.	4.-
1 Partie Küchengerät	5.-
1 Toiletteneimer	2.-
div. Taschen	5.-
1 kl. Stadtkoffer mit Kleinigkeiten, 1 def. Lederkissen, 1 Paar Hausschuhe	5.-
2 Patentrollos	10.-
2 Steppdecken	8.-
1 Vorhang u. 1 Wandbehang	20.-
3 Teile Vorhänge	10.-
1 Tischdecke	15.-
1 Läufer	75.-
1 Kasten m. alten Handschuhen	5.-
1 Kasten m. alten Strümpfen und Schals	3.-
1 Partie Korsetts, Hüftgürtel und Schals	5.-
10 Teile Wäsche	10.-
10 Teile alte Kleidung und Wäsche	3.-
2 Kissen	5.-
div. alte Läufer und Vorleger (teils defekt)	2.-
3 Teile Vorhänge	9.-
10 Teile alte Wäsche und Garderobe	8.-
3 bunte Bezüge	9.-
1 Bündel mit Flicken und Stoffresten	12.-
10 Teile Kleidung	10.-
15 Servietten, 2 Teile def. Wäsche	3.-
2 Teile Vorhänge und div. Teile Wäsche (teils defekt)	4.-
1 Partie def. Tücher	1.-
1 Hutschachtel	3.-

ZWEI

1 alte 4schub. Kommode	30.-
2 alte Korbsessel	1.-
1 alter Hocker	1.50
1 alte Putzkommode	8.-

1 alter Tisch, 2 Stühle	3.-
1 alter Nachtschrank	4.-
1 alte Waschkommode	12.-
1 alter 1tür. Kleiderschrank	10.-
1 alte eis. Bettstelle	3.-
1 alter Stubentisch	3.60
1 alter Teppich	1.-
1 alter Gasherd	3.-
2 alte Kissen	-.50

DREI

2 Schürzen	3.-
2 Schlüpfer	3.-
1 Kissenbezug	1.-
2 Nachthemden	5.-
1 Damenhut	3.-

VIER

1 Tennisschläger	22.-
1 Zigarrenschrank, aufklappbar	20.-
1 Satz Tische	14.-
1 Ruhesofa m. Schlummerrolle	86.-
1 Bechsteinflügel	1450.-
2 Bettbezüge	18.-

DREI

1 Sessel	28.-
1 Posten alte Garderobe	2.-
3 Sofakissen	4.-
35 div. Gläser	10.-
1 Posten div. Glassachen	1.50
2 Wandspiegel	7.50
2 silb. Schalen	150.-
1 Flügel Steinway & Sons.	2000.-

ZWEI

1 Mahagoni Schrank	500.-
1 Mahagoni Buffet	310.-
1 Bücherschrank	180.-
1 Mahagoni Schreibschatulle	3900.-

1 Chaiselongue	245.-
1 ovaler Mahagonitisch	185.-
1 gr. Polsterbank	100.-
1 Ohrensessel	460.-
1 ovaler mahag. Tisch	190.-
2 Stühle	660.-
1 achteckiger Tisch	250.-
2 kl. Ecktische	20.-
1 kl. runder Tisch	20.-
1 Ziertisch m. Aufsatz def.	30.-
1 Nachtschrank	260.-

VIER

1 gold. Herrenkette	115.-
1 gold. Herrenarmbanduhr	200.-
1 gold. Anstecknadel	800.-
1 Ring mit Smaragd und Brillanten	10200.-
1 Brillantring	12100.-
1 paar gold. Manschettenknöpfe	600.-
1 silb. Damenhandtasche	20.-

DREI

1 Paar Schuhe	4.-
1 Paar Hausschuhe	1.-
1 Nachthemd	2.-
1 Hemd	3.-
2 Paar Strümpfe	1.50
1 Unterkleid	2.-
1 Korselett	3.-
1 Handtasche, 1 Paar Handschuhe	10.-
2 Untertaillen, 1 Büstenhalter	3.-
1 Schürze, richtig Frisierumhang	3.-
1 schwarzes Kleid	15.-
1 schwarzer Mantel	10.-
1 graue Jacke	25.-
1 Bettjacke	3.-
1 Kappe, 1 Nadelkissen	1.-
1 Kleid, 1 Unterkleid	12.-
1 Nadel	2.-

ZWEI

1 Wintermantel	10.-
1 Lüsternjacke	2.-
1 Jackett	15.-
1 Hose, 1 Weste	12.-
1 Bademantel	6.-
1 Pyjama	10.-

VIER

1 Lederriemen, 1 Zigarettenspitze, 1 Taschenmesser, 1 Stablampe, 1 Spiegel, 1 Handstock, 3 Bürsten, 1 Serviette	4.-
1 Brieftasche, 1 Geldtasche	2.-
1 Paar Schuhe, 1 Paar Leisten	5.-

DREI

1 Paar Schuhe, 1 Paar Hausschuhe	5.-
1 Paar Stiefel	6.-
Filzhüte	3.-
7 Paar Strümpfe, 1 Paar Gamaschen	4.-
7 div. Bücher	1.-

ZWEI

1 Lift	40.-
1 Ölbild u. Glas	170.-
1 Tischlampe	9.-
1 gr. blaue Vase	30.-
1 Uhr	15.50
2 Vasen	3.-
2 Porzellanfiguren Meissen	58.-

VIER

3 Porzellanvasen	15.-
2 Porzellanteile Meissen	40.-
3 Porzellanschalen	7.20
1 Brotröster	10.-
1 elektr. Plätteisen 220 V	10.-
1 Messingglocke m. Holzrahmen	38.-
1 Ölbild	13.-
1 Bild Liebermann	155.-

5 Bilder u. Glas	48.-
3 Wandteller	10.-
1 gr. Posten Glasteile	5.-
1 gr. Kiste m. div. Kleinigkeiten	9.-
1 Koffer m. Kleinigk.	4.20

DREI

1 Bronzekrone	10.-
1 Staubsauger Vampyr	40.-
1 Andre Handatlas	4.60
1 Posten Drucke u. Graphiken	31.-
34 Bd. Balzac	30.-
ca. 25 div. Bücher	1.-
12 Römer	12.-
13 Glasschalen	3.40
13 Wassergläser	1.-
6 Gläser, 1 Likörglas	3.-
1 Saftkaraffe	1.-
20 Sektgläser	20.-
15 Sektgläser	4.-
24 Gläser	2.60
2 Fleischwölfe	8.40

ZWEI

12 Fischmesser, 10 Fischgabeln	25.-
11 gr. Gabeln, 10 kl. Gabeln	21.-
10 kl. Gabeln, 12 Gabeln	25.-
6 Gabeln (Hamb. Silber)	25.-
6 Löffel (Hamb. Silber)	25.-
6 kl. Messer (vers.)	6.-
6 kl. Löffel (Hamb. Silber)	12.-
1 Geflügelschere, 1 Nussknacker, 1 Zuckerzange	7.-
3 silb. Serviettenringe	6.-
4 silb. Limonadenlöffel	8.-

VIER

3 kl. silb. Dosen 120 gr	17.50
30 Teile Bestecke, Tortenheber, Traubenscheren	18.50
1 Uhr Omega	25.-

ca. 50 Schallplatten	76.-
1 Koffergrammophon Elektrola	75.-
1 Reiseschreibmaschine Remington	50.-

DREI

1 grüner Wäscheschrank	60.-
1 weißer Wäscheschrank	58.-
1 Backensessel (gebl. Bezug)	71.-
1 runder weißer Tisch	12.-
2 weiße Stühle	4.60
1 kl. roter Tisch	7.40

ZWEI

1 5teil. Dielengarnitur	27.-
3 Stühle	90.-
1 Deutscher Teppich 338x236	105.-

VIER

2 Kittel	14.-
2 Kittel	12.-
3 Bettlaken	15.-

DREI

1 Kasten m. Puppenzeug	3.-
6 Feudel, 8 Schweisstücher	3.-
1 Posten Herren u. Damenhüte	4.-

ZWEI

1 Herrenmantel	80.-
1 Damenmantel	60.-
1 Damenmantel	70.-

VIER

1 Damenmantel	30.-
1 Pelzjacke	55.-
1 Anzug, 2 Hosen	81.-

DREI

6 Geschirrtücher	3.-
4 Bettücher	24.-

6 Frottiertücher   20.-
ZWEI
7 Teile Damenunterwäsche   7.-
3 Unterkleider, 1 Büstenhalter   5.-
2 wollne Damenhosen   2.-

VIER
2 Schürzen   1.-
1 weisser Kittel   6.-
1 Partie Besatzteile u. Strümpfe   5.-

DREI
1 auseinandergetrennter Damenmantel   5.-
1 Muff, 1 Partie Pelzreste   5.-
1 Regenumhang   4.-

ZWEI
1 Samowar   17.-
1 Fotoapparat m. 3 Teil. Zubeh.   30.-
1 Kaffeeservice 82 Teile   90.-

VIER
17 Ober, 18 Untertassen
5 Bouillon Ober, 6 Untertass.   33.-
ca.100 Teile Essgeschirr   46.-

ZWEI
1 Fleischwolf, 1 Kartoffelreibe,
1 Mandelmühle, 1 Zitronenpresse,
1 Korb   7.-
2 Bohnerbesen, 1 Besen, 1 Schrubber,
1 Ausklopfer   12.50

DREI
1 Partie Backformen   2.-
1 Partie Toilettepapier   4.40

Musik.

ÜBER DEN JORDAN

EINS Der Oberfinanzpräsident Hamburg Aktenzeichen J 7/520
An den Versteigerer Gerichtsvollzieherei
Ich beauftrage Sie hiermit, den zugunsten des Deutschen Reichs
eingezogenen Goldzahn des Meyer
wohnhaft gewesen in Hamburg, Innocentiastr. 29
in freiwilliger Versteigerung zu verkaufen.
Im Auftrag Jordan.
[Anlage] 1 Goldzahn

ZWEI [Anlage] 1 Goldzahn

DREI [Anlage] 1 Goldzahn

VIER Gerlach, Gerichtsvollzieher   Hamburg, den 3. November 1942
Auf Auftrag des Oberfinanzpräsidenten Hamburg, Vermögensverwertungsstelle,
Hamburg, betr. Versteigerung des eingelieferten Goldzahnes des Israel Meyer,
wohnhaft gewesen in Hamburg, Innocentiastraße 29 (Aktenzeichen J. 7/520) ...
verfahren wie folgt:
1 Goldzahn   [An]   Bärschat   3.-
Hiervon sind abgesetzt:
6 % Gebühren (Mindestgebühr)   2.-
2%0 Versicherungskosten   -.05   2.05

die verbleibenden -.95 RM werden auf das Postscheckkonto der Oberfinanzkasse Hamburg zum   Aktenzeichen: J 7/520 überwiesen.
Hamburg, den 13. November 1942
Gerlach, Gerichtsvollzieher

Musik.

WIEDER IN DIE RICHTIGEN HÄNDE

DREI Wenn ich mich erinnern soll ...
Ich wurde aus dem Zimmer geschickt, der Judenstern wurde entfernt, das Kleid noch etwas verschönt. In dem Kleid bin ich konfirmiert worden.
Der Koffer ist immer noch da. Der Koffer derjenigen, die meine Körpergröße gehabt hat. Meine Figur. Mein Alter.
Bis heute ist der Koffer im Besitz unserer Familie. Wir haben ihn nie weggegeben.

E INS Sehr geehrter Herr!
In einer anderen Auktion erwarb mein Onkel noch ein chinesisches Teegeschirr sowie ein gesticktes chinesisches Landschaftsbild (8 RM). Er berichtete, daß dies wohl aus dem Besitz eines Ostasien-Kaufmanns stamme.
Heute wohne ich nun mit meiner Familie inmitten dieser Sachen, die den Status von Erbstücken angenommen haben. Ich möchte mich aber keinesfalls durch Verschweigen mitschuldig machen, sondern wäre froh, wenn diese Dinge wieder in die richtigen Hände gelangen könnten.
Für eine Rückäußerung wäre ich sehr dankbar.
Mit herzlichen Grüßen

Musik.

PEMPE, ALBINE UND
DAS EWIGE LEBEN DER ROMA UND SINTI

EINS
ZWEI
CHOR
ORCHESTER

IM OFF

Im Off spielt eine Klarinette Klezmer. Klarneto basievel chendetko motyvo.
Ein Akkordeon (bzw. eine Geige) antwortet in Zigeunermoll.
Odlet gejga basievel romeno motyvo i khetene zakoncynen les cyle kapelaha.
Glosny khetene pal kulisy:

CHOR Vija cyro, cyro Romale, Cinti.
Khetene, sare dadives oddas jamare mulenge ejra.

Pro jagor uverturakry polokes, ho del pes te sionel gejga, ik pal ikester vdzias pry estrada.
Dro vasta rygeras zahackerde momela i zalas stety pry scena: banki ...

OUVERTÜRE

ENSEMBLE Uvertura – Drom ko Bolipen MANGEPEN modlitva

SCHWARZE TÜREN

EINS Baro Devel –

CHOR Baro Devel.

EINS – wir fahren.

CHOR Jame tradas.

EINS Wir fahren durch die Welt.

CHOR Jame tradas perdo cylo seto.

ZWEI Wo wir leben, lebt Freiheit.

CHOR Duj kej ham dzide, dzidy hi frejpa.

ZWEI Wo wir sterben, stirbt Freiheit.

CHOR Duj kej miraham, mirel frejpa.

EINS Baro Devel –

CHOR Baro Devel.

EINS – wir fahren.
Wir fahren durch die Welt.
Wir Roma.

ZWEI Wir Sinti.

EINS Baro Devel–

CHOR Baro Devel.

EINS – wir fahren.
Wir fahren vorbei an deinen schwarzen Türen.

MUZYKA INSTRUMENTAL

EINS Zwei Schlüssel gibt es zu Gottes schwarzen Türen.
Den einen hat der Tod.

ZWEI Den anderen die Erinnerung.

EINS Baro Devel –

CHOR Baro Devel.

EINS – hinter deinen schwarzen Türen warten unsere Leute.

ZWEI Sie warten auf unsere Stimme.
Stimme der Roma und Sinti.

EINS Sie warten auf unsere Stimme, die ihnen sagt:
Wir haben euch nicht vergessen.

ZWEI Wir haben euch nicht vergessen.

MUZYKA

EINS Baro Devel –

CHOR Baro Devel.

EINS – wir fahren.
Wir fahren durch die Welt.
Die Welt ist ein Weg, das Leben ist eine Reise.

ZWEI Die Welt ist ein Weg, das Leben ist eine Reise.

EINS Baro Devel –

CHOR Baro Devel.

EINS – Roma und Sinti.
So viele sind den Weg gefahren in den bösesten Tod.

ZWEI Auschwitz der Roma und Sinti.

MUZYKA INSTRUMENTAL

EINS   Baro Devel –

CHOR   Baro Devel.

EINS   – der Tod steht an deinen schwarzen Türen.
Alles kann er töten, nur nicht das Leben, das eine Reise ist.

ZWEI   Das Leben der Roma und Sinti.

MUZYKA

ZWEI   Baro Devel –

CHOR   Baro Devel.

ZWEI   – wie schwarz ist unser Haar?
Wie groß ist unsere Nase?
Wie rund sind unsere Ohren,
wie breit ist unser Mund?
Welche Farbe hat unsere Seele?
Welches Gewicht hat unser Lachen?

EINS   Baro Devel –

CHOR   Baro Devel.

EINS   – das Leben ist eine Reise durch eine Welt, die uns ‚Zigeuner' nennt.
‚Gitanos', ‚Gypsies'. ‚Bohémiens'.
Mal staunt die Welt über uns –

ZWEI   – mal verjagt sie uns.

EINS Mal verkitscht sie uns -

ZWEI - mal bringt sie uns um.

    MUZYKA INSTRUMENTAL

EINS Wir sind wie das Leben selbst.
Das Leben steht nie still.
Das Leben legt sich nicht fest
auf nur einen Ort.

ZWEI Wie sollen wir leben in einer Welt, die uns ‚Zigeuner' schimpft?
In einer Welt, die etwas will, was nicht geht:
Uns festsetzen und uns vertreiben.
Uns zum Teufel jagen und uns seßhaft machen.

EINS Eine Welt, wo der Haß Bücher schreibt, die der Tod liest.

ZWEI Der Tod las Worte wie: ‚Zigeuner'.
‚Zigeuner-Plage'.
‚Zigeuner-Frage'.
‚Zigeuner-Aufräum-Woche'.
‚Endlösung der Zigeuner-Frage'.

EINS Nazi-Deutschland.
Land der Endlösung der ‚Zigeuner-Frage'.
Eine Frage, die keine Frage ist.

MUZYKA INSTRUMENTAL

ZWEI ‚Zigeuner'. Kein Mensch, sondern ein Z.
Ein ZM. Ein ‚Zigeunermischling'.
Ein ZM + oder ZM -.

EINS Baro Devel –

CHOR Baro Devel.

EINS – wie schwarz ist unser Haar?
Wie groß ist unsere Nase?
Wie rund sind unsere Ohren,
wie breit ist unser Mund?

ZWEI Wie braun sind unsere Augen?
Wie rein ist unser Blut?
Wieviel Mensch steckt in uns,
wenn ein böser Traum uns untersucht?

MUZYKA INSTRUMENTAL

ZWEI ‚Zigeuner'.
Unwertes Leben. Versuchskaninchen.
Als das erste Gas getestet wurde,
Januar 1940 in Buchenwald,
probierte man es aus an 250 ‚Zigeunerkindern'.

EINS Baro Devel -

CHOR Baro Devel.

EINS - wie bitter können
süße Bonbons sein.
Wie gespenstisch
kann Schokolade schmecken.

Baro Devel -

CHOR   Baro Devel.

EINS - hinter deinen schwarzen Türen
stehen die Kinder von Buchenwald
und sehen zu uns herüber.

ZWEI   Baro Devel -

CHOR   Baro Devel.

ZWEI   - perdo tire vudera dykas
Buchenvaldoster chavoren.

MUZYKA   *Jakhore*

HAMBURG

EINS Hamburg: Eine schöne Stadt.
Tor zur Welt.

MUZYKA INSTRUMENTAL

ZWEI In Hamburg sind folgende Sätze zu Papier gebracht worden:

„Gedacht ist daran, die rund 1000 Zigeuner
in zwei Transporten zu je 500 nach Polen zu verfrachten.

Die abzutransportierenden Zigeuner werden in ein Sammellager,
Fruchtschuppen 10, Baakenbrücke 2, gebracht."

EINS Fruchtschuppen 10.

Am Rande des Hafens.
Mit Blick auf die Elbbrücken.
Mit einer Ahnung vom offenen Meer.

Zum letzten Mal der Geruch von Früchten.
Zum letzten Mal der Geruch von Kakao und Kaffee.
Zum letzten Mal der Geruch vom Meer.

ZWEI 16. Mai 1940. Die erste große Deportation.
Hamburg:
Stadt einer ‚Endlösung der Zigeunerfrage'.

EINS Hamburg: Diese schöne Stadt.
Tor zur Welt.
Tor nach Belzec.
Tor nach Buchenwald.
Tor nach Auschwitz.

NAMEN SIND RAUSCH

      MUZYKA   *Nevo muj*

ZWEI   Rose Mirosch Laubinger Böhmer Dambrowski Hartmann Bubernick Clemens Engelbert Ernsten Franz Korpatsch Freiwald Geisler Gerste Goy Gry Herrmann Winterstein Widera Weiss Klimkeit Lafrentz Bürcki Lutz.

EINS   Baro Devel -

CHOR   Baro Devel.

EINS   - nur du kennst alle Namen.

      MUZYKA

ZWEI   Adam Rosenbach Falk Petermann Rosenthal Spindler Pohl Hanstein Steinbach Trollmann Rosenberg Sannemann Schmidt Schubert Schultz Stephan Strauss Tan Wuchinger Goertsch Henning Krause Bamberger.

EINS   Zusammengepresst in Schlachthöfen.
Fruchtschuppen. Viehwaggons.
Die Frauen haben geweint.
Da haben auch viele Männer geweint.

      MUZYKA

ZWEI   Mettbach Annsen Reiminius Anton Joecks Plagge Rosche Hesse Munck Back Klein Schwarz Töpfer Wagner Lek Schwarz Pempe Winter Ernst Lauenburger Grünholz Kreutz Diesenberg Knöpfel Zenz Keck Imker Heilig Herzstein

Janson Wally Seeger Strauss Blum
Dusbaba Reinhardt Lassisch Kirsch Maatz Bruder Hauer Daniel Mohr Malinoski
Lukas DolyhalHolomek Serinek Vandra Kier Adler Leinberger Justheim Bernhardt Lagrene Gross Delis Alsch Krems Pfaust Marschall Lind.

EINS   Baro Devel -

CHOR   Baro Devel.

EINS   - nur Du kennst alle Namen.
Nur Du kennst jeden Rauch.

      MUZYKA   *Sinti basiepen*

ZWEI AKTEN

EINS In der Vergessenheit der Stadt Hamburg
liegen noch heute zwei Akten.

ZWEI „Nachlaß umgesiedelter Zigeuner" steht darauf geschrieben.

EINS ‚Zigeuner Pempe,
wohnhaft gewesen in Harburg,
Niemandstrasse 6.
Aktenzeichen Z 2050.'

ZWEI ‚Zigeunerin Albine Weiß,
wohnhaft gewesen in Hamburg-Farmsen.
Aktenzeichen Z 3020.'

EINS Pempe aus der Niemannstraße in Harburg.
Auf der Akte steht:
Niemandstraße.
Nach Auschwitz deportiert
am 11. März 1943.

Pempe. Ein Rom.
Wir haben von ihm kein Gesicht.
Wir haben von ihm keine Stimme.

ZWEI Albine Weiß aus Hamburg-Farmsen.
Nach Auschwitz deportiert
am 26. Juli 1944.

Albine. Eine Sintica.
Wir haben von ihr kein Gesicht.
Wir haben von ihr keine Stimme.

MUZYKA INSTRUMENTAL

EINS   Pempe, ein Niemand. Ein ‚Z'.

Der Gerichtsvollzieher der Stadt Hamburg versteigerte Pempes Nachlaß.
1 Morgenrock   1 Mütze
1 Stück Samt   1 Herrenmantel
61 Reichsmark und 85 Pfennige wurden auf das Postscheckkonto
der Oberfinanzkasse Hamburg überwiesen.

ZWEI   Albine, ein Niemand. Ein ‚Z'.
Der Gerichtsvollzieher der Stadt Hamburg versteigerte Albines Nachlaß.
1 Kleid   1 Mantel
1 Paar Schuhe   7 Paar Strümpfe
1 Gesangbuch   1 Perlenbeutel
1 kleine Decke   1 Spiegel
Hiervon erhielt Hamburg 122 Reichsmark und 80 Pfennige.

EINS   ‚Nachlaß umgesiedelter Zigeuner'.
Pempe, ein Rom.

ZWEI   Albine, eine Sintica.
Beide aus Hamburg, dem Tor zur Welt.

EINS   Baro Devel –

CHOR   Baro Devel.

MUZYKA INSTRUMENTAL

EINS   - wie schwarz war ihr Haar?
Wie groß ihre Nase?
Wie rund ihre Ohren,
wie breit ihr Mund?

ZWEI Wie braun ihre Augen?
Wie ‚rein' ihr Blut?
Wieviel Mensch steckte noch in ihnen,
nachdem der Wahnsinn
sie untersucht hatte?

EINS Pempe und Albine.
Und alle die anderen.
Ausgelöscht sind die Gesichter.
Verschwunden die Stimmen.

ZWEI Aktenzeichen Z 2050.
Aktenzeichen Z 3020.

Der schönen Stadt Hamburg
brachten sie zusammen 184 Reichsmark und 65 Pfennige.

    MUZYKA   *Sinti basiepen*

LAGER B – RÖMISCH ZWEI – E

ZWEI Auschwitz-Birkenau.
Lager B - römisch Zwei - e.
Das ‚Zigeunerlager'.
Ein ‚Z' am linken Arm,
ein schwarzes Dreieck auf der Kleidung.
Die Nummer tätowiert auf der linken Hand.
Den Kindern auf den Fuß.
Den Babies auf den Oberschenkel.

EINS Wo der Mensch zur Frage wurde,
baute der Tod eine Fabrik.

ZWEI Auschwitz-Birkenau.
Lager B - römisch Zwei - e.
Der Gestank von verbranntem Menschenfleisch
lag schwer und dauernd in der Luft.

EINS Der Tod sagte: „Spiel, lustiger Zigeuner".

MUZYKA INSTRUMENTAL

ZWEI „Spiel deine schöne, traurige Musik
über die Lust, das Leid und die Vergänglichkeit."

Der Tod sprach deutsch und sagte:
„Spiel, lustiger Zigeuner.
Niemand kennt den Schmerz so wie du.
Niemand kennt soviel Traurigkeit wie du.
Niemand kennt soviel Sehnsucht nach Freiheit wie du."

EINS Der Tod sagte: „Spiel, lustiger Zigeuner.
Spiel, wie die Roma spielen."

MUZYKA   w stylu romskim

ZWEI Der Tod sagte: „Spiel, wie die Sinti spielen."

MUZYKA   w stylu sintowskim

EINS Endlösung einer Frage, die keine Frage war.
Endlösung von Pempe und Albine.
Pempe, ein Rom.
Häftlingsnummer 9802.

ZWEI Albine Weiss, eine Sintica.
Häftlingsnummer 10888.
Von der Niemandstraße in Harburg
zur Lagerstraße in Auschwitz.

EINS 32 Baracken, die man Blöcke nannte.
Ein Block als Latrine für 20.000 Menschen.
Hunger, Schläge und Seuchen
und ein geöffnetes Todesbuch.

ZWEI Der Tod sprach deutsch.
Im ‚Zigeunerlager Birkenau' waren nur ‚deutschsprechende Zigeuner'.
Wer kein Deutsch konnte, wurde gleich ins Gas geschickt.

EINS Auschwitz.
Endbestimmungsort für die Roma und Sinti.
Seit dem ‚Auschwitz-Erlaß' des Reichsführers Himmler
vom 16. Dezember 1942.

Auschwitz war der Ort,
wo man das versuchte, was noch keinem gelang:
Das fahrende Volk seßhaft machen.
Es dauerhaft anzusiedeln
im Reich des Todes.

MUZYKA INSTRUMENTAL

ZWEI   26. Februar 1943.
Der erste große Transport
nach Auschwitz-Birkenau.
Die Häftlinge kamen aus Buchenwald
und anderen Lagern in ganz Europa.
Es war Winter.
Der Abschnitt B – römisch Zwei - e
war noch nicht eingerichtet.

EINS   32 hölzerne Stallbaracken mit dreistöckigen Pritschen
für jeweils eine Familie,
unabhängig von ihrer Größe.

ZWEI   Schwerste Zwangsarbeit.
Das Todeslager selbst einrichten.
Wege und Kanäle bauen.
Das Gelände planieren.
Die Lagerstraße befestigen.
Steine schleppen.
Hungern. Frieren.
Sterben.

EINS   Im ‚Zigeunerlager' wurden
371 Kinder geboren.
Alle starben oder wurden umgebracht.

ZWEI   Von ihren Müttern,
die Zwangsarbeit verrichten mußten,
waren die Kinder getrennt.

MUZYKA   *CHOR FRAUEN*

EINS Der ‚Kinderblock', das war die letzte Baracke.
Hinten, ganz links,
sie war extra für die Kinder da.

MUZYKA INSTRUMENTAL

ZWEI In der Kinderbaracke haben auch die Musiker geübt.
Bis in die Nacht hinein hörte man Musik.
Die Menschen hungerten im Walzertakt,
schufteten zu Romanzen,
wurden zum Czardasz geschlagen
und beim Klang von Liebesliedern erschossen.

EINS Baro Devel –

CHOR Baro Devel.

EINS – Auschwitz der Roma und Sinti.

ZWEI Baro Devel –

CHOR Baro Devel.

ZWEI – Auschwitz der Roma und Sinti.

MUZYKA   *Phaka*

EINS Baro Devel –

CHOR Baro Devel.

EINS - die Hoffnung der Opfer
ist ein Spielzeug der Mörder.
Baro Devel -

CHOR Baro Devel.

EINS - hinter deinen schwarzen Türen
stehen die Kinder von Auschwitz
und sehen zu uns herüber.

ZWEI Baro Devel -

CHOR Baro Devel.

ZWEI - hinter deinen schwarzen Türen
stehen die Kinder von Auschwitz
und sehen zu uns herüber.

MUZYKA

ZIGEUNERMUSIK

EINS In den ‚Hauptbüchern des Zigeunerlagers'
wurden mehr als 20.000 Roma und Sinti registriert.
Der Rapportschreiber des ‚Zigeunerlagers',
der polnische Häftling Tadeusz Joachimowski,
entwendete es und vergrub es auf dem Gelände des Lagers.
Am Vorabend der letzten Nacht.
Er war der Engel der Erinnerung.
Darum kennen wir die Namen hinter dem Rauch.

ZWEI Der Tod fraß sich satt und rund,
und am Abend hörte er Zigeunermusik.
Er liebte diese Musik aus dem Zigeunerlager,
und die SS-Männer liebten sie auch.
Sie liebten diese Geigen, die gleichzeitig weinen und lachen konnten.

MUZYKA   *Gejga*

EINS ‚Zigeunernacht'.
Wie romantisch das klingt.

MUZYKA   *Pro rekerpen lulkusno*

EINS Das klingt nach einem Fest.

ZWEI Lichterglanz und schmachtende Geigen.
‚Zigeunernacht',
Nacht der Zigeuner ...
Lebensglut und Liebesleid.

EINS Baro Devel –

CHOR Baro Devel.

EINS – die ‚Zigeunernacht' in Auschwitz war nichts von dem.
Sie war der größte Massenmord an Roma und Sinti
in einer einzigen Nacht.

ZWEI Die letzten arbeitsfähigen Menschen
waren bereits abtransportiert worden.

In der Nacht vom 2. auf den 3. August 1944
wurde das ‚Zigeunerlager' liquidiert.
Die letzten 2.897 Personen wurden
in dieser einen Nacht vergast.

MUZYKA INSTRUMENTAL

EINS Baro Devel –

CHOR Baro Devel.

EINS – nur du kennst alle Namen.
Nur du kennst jeden Rauch.

ZWEI Stille am Morgen danach.
Stille im menschenleeren Lager.
Keine Musik mehr.
Nichts.

EINS Der Tod hatte länger getanzt,
als der lustige Zigeuner spielen konnte.

ZWEI Diese Stille, man kann sie heute noch hören.
Keine Musik mehr.
Nichts.

EINS Das Lager war leer.
Plötzlich kamen – Hand in Hand – zwei Kinder aus ihrem Block.
Drei Jahre und fünf Jahre alt.
Die Decken um die Körper gewickelt.
Sie waren übersehen worden.
Sie hatten die ‚Zigeunernacht' überschlafen.

ZWEI Zwei kleine Kinder in dieser großen Verlassenheit.
Weinend hielten sie sich aneinander fest.
Sie wurden den anderen
‚nachgeliefert'.

MUZYKA

SEQUENZ

EINS Baro Devel –

CHOR Baro Devel.

EINS – wir fahren.

CHOR Jame tradas.

EINS Wir fahren durch die Welt.

CHOR Jame tradas perdo cylo seto.

ZWEI Wo wir leben, lebt Freiheit.

CHOR Duj kej ham dzide, dzidy hi frejpa.

ZWEI Wo wir sterben, stirbt Freiheit.

CHOR Duj kej miraham, mirel frejpa.

EINS Wir Roma.

ZWEI Wir Sinti.

EINS Baro Devel –

CHOR Baro Devel.

EINS – wir fahren.
Wir fahren vorbei
an deinen schwarzen Türen.

ZWEI Baro Devel –

CHOR Baro Devel.

ZWEI - der Tod steht an deinen schwarzen Türen.
Alles kann er töten, nur nicht das Leben, das eine Reise ist.

EINS Das Leben der Roma und Sinti.

MUZYKA

EINS In der Vergessenheit der schönen Stadt Hamburg liegen zwei Akten.
Pempe aus der Niemandstraße.
Albine, die ein Gesangbuch hinterließ,
einen Perlenbeutel, eine kleine Decke
und einen Spiegel.

ZWEI In der Vergessenheit der Städte wuchert wieder der Haß,
brüllt die Verachtung,
schweigt die Gleichgültigkeit,
rennt die Angst.
Wir sind wieder die Niemande
in den Niemandstraßen.

EINS Wir grüßen euch, Pempe und Albine.
Und alle anderen.
Unsere Erinnerung ist ein Teil
eures ewigen Lebens.

ZWEI Die Erinnerung sagt:
„Spielt, wie die Sinti spielen."

MUZYKA   *w stylu sintowskim*

EINS Die Erinnerung sagt: „Spielt, wie die Roma spielen."

MUZYKA   *w stylu romskim*

ZWEI Das Leben sagt: „Spielt."

MUZYKA

SPIEGELGRUND
UND DER WEG DORTHIN

**DER EINE
DER ANDERE
DIE EINE
DIE ANDERE**

Ouvertüre.

LETZTER EINTRAG

DIE ANDERE Der letzte Eintrag vor der Verlegung hält fest:
Am liebsten spielt sie mit Musikinstrumenten.

DER ANDERE Der letzte Eintrag lautet:
Pat. versuchte, einen Brief an die Angehörigen
aus der Anstalt zu schmuggeln.

DIE EINE Als letzte Aussage ist zu lesen:
Sonst ist es ein artiges, freundliches Kind, lacht gern jeden an.

DER EINE Die Beobachtung des Kranken endet mit dem Satz:
Er ist ruhig und ordentlich und macht seine Arbeit zufriedenstellend.

DIE ANDERE Gestorben ist sie um 4 Uhr.

DER ANDERE Gestorben ist er um 11 Uhr 30.

DIE EINE Gestorben ist sie um 7 Uhr früh.

DER EINE Gestorben ist er um 2 Uhr nachts.

DIE EINE Rechnungen der Gesellschaft.
Die einen gehen auf. Die anderen nicht.

DER ANDERE Aufgemacht wurde die Rechnung:
Das Beste der Gesellschaft ist eine Gesellschaft der Besten.

DER EINE Rechnungen der Gesellschaft.
Die einen gehen auf. Die anderen nicht.

DIE ANDERE Wer auf der einen Seite etwas auslöscht,
hat auf der anderen Seite nicht mehr.

DER ANDERE Wer die Schwachen umbringt,
macht die Gesellschaft nicht stärker, sondern mörderischer.

Musik.

NACH ALSTERDORF

DER EINE 1934 stellte eine Mutter einen Antrag:

DIE ANDERE An das Wohlfahrtsamt:
Hiermit stelle ich ergebenst den Antrag, mein 3 1/2 jähriges Kind für immer
in eine städtische oder staatliche Fürsorgeanstalt unterbringen zu wollen.
Ich begründe meinen Antrag wie folgt: Mein Kind ist unheilbar erbkrank.
Ich bin vollkommen alleinstehend.
Ich habe noch ein zweites, gesundes Kind.
Es ist ein Bild der Verzweiflung,
wenn man die beiden Kinder nebeneinander betrachtet.
Selbstverständlich kämpft auch in mir das Muttergefühl
gegen meinen hier vorgebrachten Antrag,
jedoch haben die Pfleger der NS Volkswohlfahrt,
welche ab und zu in meine Wohnung kommen, mir diesen Entschluß
als unausbleiblich nahe gelegt.
Heil Hitler.

DER EINE So kam das Kind als Pflegling nach Alsterdorf.

DER ANDERE 1934 wurde ein Blumengärtner verhaftet,
Er hatte an seiner Gartentür zwei Zettel angebracht mit der Aufschrift
‚Der Mörder Hitler ist in Hamburg'.
Befragt, gab er an:
Ich habe die Zettel an die Gartenpforte geheftet,

damit alle Leute dieses lesen und auch wissen sollten,
daß der Mörder Hitler in Hamburg ist.
Auf Befragen nach der letzten Wahl,
warum er nicht zum Wählen gegangen sei, sagte er:
Er könne Hitler nicht wählen,
denn dieser würde ihm doch nur die Eier abschneiden.

DER EINE So kam er als Zögling nach Alsterdorf.

DIE ANDERE Viele kamen aus vielen Gründen nach Alsterdorf.

DER EINE Der eine war Jugendlicher.

DER ANDERE Der andere war erwachsen.

DER EINE Der eine war Kleinkind.

DER ANDERE Der andere war schon über 70.

DIE EINE Die eine war Arbeiterin gewesen in einer Granatenfabrik in Ottensen, danach Arbeiterin in einer Pulverfabrik in Schenefeld.
1930 wurde sie stellungslos.
Gelebt hat sie von 8 M Unterstützung.
Seitdem war sie besonders grüblerisch, streitsüchtig,
oft sehr traurig gestimmt, den ganzen Tag müde.
Nach dem ersten Schub war sie im Wesen deutlich verändert,
zog sich zurück, mied die Gesellschaft, ging nicht aus.

DER EINE Schließlich kam sie als Neuaufnahme in die Alsterdorfer Anstalten.

DIE ANDERE Die andere hatte als Alleinmädchen gearbeitet.
Den Namen der Leute konnte sie nicht mehr aufgeben,
sie wußte nur, daß es in der Straße Rutschbahn war.

DIE EINE Bei der einen war es der Geist, bei der anderen die Seele.

DIE ANDERE Bei der einen war es der Körper, bei der anderen der Krampf.

DIE EINE Die eine war Kleinkind.

DIE ANDERE Die andere war schon über 70.

DIE EINE Viele kamen aus vielen Gründen nach Alsterdorf.

DIE ANDERE Alle kamen sie über eine Straße, die eine Rutschbahn war.

DER EINE Eine Rutschbahn sind die Städte.

DER ANDERE Eine Rutschbahn ist der Krieg.

DIE EINE Was kostet ein Mensch?

DIE ANDERE Wie billig ist das Leben?

DIE EINE Wieviel billiger wird der Mensch -

DIE ANDERE - wenn es ihn gar nicht gibt.

ALLE Wenn es ihn gar nicht gibt.

Musik.

DER EINE Der Erzeuger war Buchhalter, Lokomotivführer, Lagerarbeiter.

DER ANDERE Friseur, Maler, Bleicher, Kohlenträger, Fischer in Finkenwerder.

DER EINE Schlachtermeister, Vertreter einer Mühle, Kraftfahrer, Kapitän.

DER ANDERE Schiffsmakler, Bühnendekorateur, Schädlingsbekämpfer.

DER EINE Dentist, Werftarbeiter, Zigarrenmacher, Besitzer einer Brotfabrik.

DIE EINE Die Mutter war Hausangestellte, Metallarbeiterin, Verkäuferin.

DIE ANDERE Stenotypistin bei der Wehrmacht, Kontoristin, Telefonistin, Lehrerin.

DIE EINE In Ganzstellung bei einem Bauern. Gummimäntelkleberin.

DIE ANDERE Freiin von Adel. Wäschemädel im Hotel Vier Jahreszeiten.

DIE EINE Wenn sie es miteinander gehabt und Kinder hatten,
ehelich oder unehelich, geliebt oder ungeliebt,
konnte es passieren, daß ein Kind körperlich entwickelt war,
aber höchst mangelhaft sprach, nur der Mutter verständlich.
Ihm die gewöhnlichen Begriffe fehlten,
z.B. der Wochentage, der Jahreszeiten, der Familiennamen.
Es die Uhr nicht kannte, nichts von Sommer und Winter wußte,
von morgens, mittags und abends.
Es konnte passieren, daß es gegen die Bettstelle gestoßen wurde
und hiervon ein geschwollenes Auge bekam.
Und der Vater der Mutter sagte:
„Schaff das Gör ab, das ist das Fressen nicht wert."
Und: „Haue es gegen die Wand."

DER EINE So kam es schließlich als Pflegebefohlenes in die Alsterdorfer Anstalten.

Musik.

KRIEGSAKTEN

DIE ANDERE Meine Lieben!
Ich bin in den Alsterdorfer Anstalten bei Hamburg an der Alster, an der Elbe,
im Hause des Guten Hirten, im Wachsaal.
Alsterdorf ist herrlich gelegen,
ein kleines Paradies mit viel landschaftlichem Reiz.

DER EINE Das war mal ein guter Gedanke gewesen: Das Land und die Idylle heilen.
Doch die Stadt warf alles hinein, was sie nicht mehr gebrauchen konnte oder wollte, in die kleine Anstalt auf dem Land.
In der Zeit, als die Städte wuchsen, und die Kälte wuchs, und der erste große Krieg sagte: Gebt mir eure Betten.

DIE ANDERE Ein wundervoller Luftkurort ...

DIE EINE Wurde als Neuaufnahme in den Wachsaal aufgenommen.
Sie ist sehr liebenswürdig und mitteilsam.
Es war ihr zunächst nicht klar, daß sie in eine Anstalt kam.

DER ANDERE Alsterdorfer Anstalten.
Erziehungs- und Pflegeanstalten für Schwachsinnige und Epileptische.
Eine Einrichtung der inneren Mission. Ein modernes Institut.
Nationalsozialistischer Musterbetrieb.
Direktor: Pastor L.
Leitender Oberarzt: Dr. K.

DER EINE Der eine fühlte sich am Abgrund, am wilden Wirbel aller Dinge.
Erbsünde als Erbkrankheit,
weswegen er Gott malte in fleckenlosem Weiß.

DER ANDERE Der andere verfolgte den Schwachsinn mit dem Mikroskop.

DIE EINE Zu jener Zeit, in der eine Rechnung aufgemacht wurde.

DIE ANDERE Eine Rechnung gegen die Schwächsten der Gesellschaft.

DIE EINE Eine Rechnung mit dem Bild im Spiegel.

DER EINE So daß es auf den Stationen erst immer lauter, dann immer stiller geworden ist.

DER ANDERE Alsterdorfer Akten. Geschichten des Lebens.
Geschrieben von denen, die Feinde dieses Lebens waren.

DER EINE Alsterdorfer Akten.
Das eine steht geschrieben, das andere bedeutet es.

DIE EINE Was kostet ein Mensch?

DIE ANDERE Wie billig ist das Leben?

DIE EINE Wieviel billiger wird der Mensch -

DIE ANDERE - wenn es ihn gar nicht gibt.

ALLE Wenn es ihn gar nicht gibt.

DER EINE Das war mal ein guter Gedanke gewesen: Heilen.
Doch die Stadt warf alles hinein, was sie nicht mehr gebrauchen konnte oder wollte, in die kleine Anstalt auf dem Land.
In der Zeit, als die Städte wuchsen, und die Kälte wuchs, und der Staat fragte: Wer kann noch arbeiten?

DIE ANDERE Krieg nach außen, Krieg nach innen.
Eine Patientin schrieb Tagebuch über frühe Vergewaltigungen.
Sie benutzte ein dunkelblaues Schreibheft mit Bildern.
Titel: Unsere Wehrmacht.
Ein Soldat auf dem Krad, Soldaten an einer Flak.
Lachender Soldat mit Hacken, zwei Kriegsschiffe, zwei Windjammer.

Musik.

DER ANDERE Das Heft liegt noch heute in einem Keller.
Ein Keller mit einer kleinen vergitterten Öffnung.
Von draußen hört man manchmal Schreie, Flugzeuggeräusche, Vogelrufe.

DIE EINE Lesen in einem Keller.
Lektüren und Lektionen aller Vernunft.
Das angeblich Verrückteste kam der Wahrheit am nächsten.

DER ANDERE Tatsächlich schnitt der Mörder Hitler dem Blumengärtner die Eier ab.

Musik.

ANSTALT

DER EINE   Schreie, Spritzen, Glockenläuten.
Eine Welt aus Plötzlichkeit, Unbegreiflichkeit und Schmerz.
Ein Leben in der Hoffnung auf Hilfe.

DER ANDERE   Oh, jetzt ist es ganz dunkel.
Ach Herr Dr., Herr Dr., was soll das alles bedeuten?

DIE EINE   1. Fieberzacke. 2. Fieberzacke. 3. Fieberzacke.
Mittags sang sie bei 40 Grad Temp. und 120 Puls
„Mein Mann fährt zur See" und „Spinn, spinn, o Tochter mein".
Bei der Visite überschrie sie sich in ihren Äußerungen zu dem Arzt:
„Ich bleibe nicht länger hier. Ich nehme keine Spritzen mehr,
die können Sie ja Ihrer Frau geben, aber nicht mir, verstanden!
Die Spritzen machen einen ja krank, davon kriege ich ja Fieber."

DIE ANDERE   Pat. kann nicht gehorchen. Wird bei Ermahnungen frech.
Unterstellt sich nie der Anstaltsordnung,
tut immer wieder verbotene Dinge.

DER EINE   Zersticht sich mit einer Nadel die Schläfe, bis sie blutet.
Lacht, wenn es ihr verboten wird.

DER ANDERE   Nach allen Mahlzeiten füttert sie die Vögel, Winter wie Sommer.
Trotz Verbot.

DER EINE   Hatte sich auf der Wachstation trotz mehrfachen Verbots Pudding aufbewahrt, den er hinter der Badewanne versteckt hatte.

DIE ANDERE   Sie geht aufs Männergebiet, geht durch die Pforte zur Gärtnerei.
Ihr Bett wurde untersucht und es kam ein Messer zum Vorschein.

DIE EINE   Pat. hat ohne Erlaubnis ihr Kleid statt mit der Nummer mit dem Namen gestickt.
Meint, sie gehöre gar nicht unter die schreienden Menschen in Saal 3.
Arbeitshaus wäre doch richtiger.

DER ANDERE Pat. sprang wie ein Wilder über das Gitter und verletzte sich beide Hände am Stacheldraht.
Er wurde für einige Stunden isoliert.

DIE ANDERE Viele kamen aus vielen Gründen nach Alsterdorf.

DIE EINE Die eine war schon über 70.

DIE ANDERE Die andere war Kleinkind.

DER EINE Jeden Abend mußten die Kinder auf dem Flur antreten, und dann wurde das Lied gesungen:

DER EINE, **DER ANDERE** „Breit' aus die Flügel beide, O Jesu meine Freude! Und nimm dein Küchlein ein, will Satan mich verschlingen – "

DER ANDERE Danach folgte ein Abendgebet:

DIE EINE, **DIE ANDERE** „Lieber Gott mit starker Hand,
Schütze unser Vaterland.
Gib dem Führer Weisheit, Stärke.
Segne ihn bei seinem Werke.
Auf daß Deutschland wieder werde
Groß und mächtig auf der Erde.
Amen!"

DER EINE Konnten die Kinder nicht diesen Spruch, dann wurden sie geschlagen.

DIE EINE In einer Anstalt ganz allein saß ich in einer Zelle
klein die Tränen fielen auf meinen Schoß
ach doch mein Kummer war ganz groß

Der Oberarzt und wohl bekannt
Herr Doktor Kreyenberg mit Nam genannt
er hilft uns in der Anstalt sehr
doch aber raus kommen wir nimmer mehr

DIE ANDERE zuerst kommt man in Wachsaal rein
da bekommt man gleich Paralit ein

mit Alsterdorfer Wasser wird man eingeweiht
dann ist das Bett auch schon bereit

und liegst du denn ganz still im Bett
so sprach der Oberarzt ganz keck
wie heißt du denn, mein liebes Kind,
du bist ja ein ganz drolliges Ding

DIE EINE Die Angestellten wollen Christen sein
und doch hauen sie uns kurz und klein
mit Betteulen gehen sie auf uns los
bis daß der Körper wird grün und rot

Musik.

DIE ANDERE Pat. sollte ins Arztzimmer kommen.
Sträubte sich sehr, redete den Arzt mit „Fräulein" an.
Um die Namen der Angestellten kümmerte sie sich nicht.
Kennzeichnete sie mit Kosenamen wie
„Moosrose, kleine Süße, süße barmherzige Schwester".
Weil sie spazieren gehen sollte, schalt sie die Angestellte als
„falsche Katze mit Menschenhaut überzogen". -
Dauerbad.

DIE EINE Alsterdorfer Wasser: Das Dauerbad.

DER EINE Der Pflegling mußte sich entkleiden und in die Wanne steigen.
Auf der Wanne waren Hölzer daran, wo sich daran Riemen befanden,
um den Kopf des Pfleglings festzuschnallen,
um so das Aussteigen zu unterbinden.
An der Badewanne war ein Wasserhahnthermometer angebracht.
Manchmal brachte man das Thermometer zum Platzen.
Die Badewanne war aus Stein, die nicht so schnell abkühlen tat.
Am ganzen Körper hatte der Pflegling lauter Brandblasen
und durfte nicht in Behandlung gehen.

DIE EINE Pat. bekam eine kalte Packung und verhielt sich danach ruhig.
In die Wand hatte sie den Satz eingeritzt:
„Alsterdorf du Mörder meiner Jugend".

DIE ANDERE Alsterdorfer Wasser: Die Packung.

DER ANDERE Der Pflegling mußte sich ganz nackend ausziehen
und die Hände verschränkt auf den Rücken legen, damit er die Schmerzen auch
spüren sollte.
In einer Badewanne befanden sich 2 Bettlaken, die in Kaltwasser eingetaucht
waren.
Diese 2 Bettlaken wurden über Kreuz um den nackten Körper umwickelt.
Danach folgten drei Wolldecken, und wurde mit 4 Riemen festgeschnallt.
Wenn es für den Pflegling nicht stramm genug war, dann wurde mit dem Fuß
nachgeholfen.
Danach kam der Pflegling auf 8-9 Stunden in die Zelle.
Nach der Packung war der Pflegling völlig matt.
Dann wurden die Fenster und Türen aufgerissen, so daß der Pflegling im
Durchzug lag.

DER EINE Sagt der eine: Prüfung.

DER ANDERE Sagt der andere nichts.

DER EINE Sagt der eine: Wie heißen die Jahreszeiten?

DER ANDERE Sagt der andere nichts.

DER EINE Sagt der eine: Wie heißen die Himmelsrichtungen?

DER ANDERE Sagt der andere nichts.

DER EINE Sagt der eine: Sagen Sie ein Lied auf.

DER ANDERE Sagt der andere: Von den Bergen rauscht ein Wasser.
In dem Wasser schwimmt ein Fischlein,
Das ist glücklicher als ich.
Glücklich ist, wer das vergißt,
Vergißt, was nun einmal nicht zu ändern ist.

DER EINE Pat. läuft mit hochgezogenem Jackenkragen und eingezogenem
Kopf tagelang herum,
damit ihm das „Weltgebäude" nicht auf den Kopf falle.
Kämmt sein Haar mit einem Streichholz.

Nach seinem Befinden befragt, sagt er: „Das geht so leidlich,
der eine Tag ist wie der andere, man lebt so gleichgültig weiter."
Verabschiedet sich in der höflichsten Weise:
„Sie entschuldigen mich jetzt, Herr Doktor!"

DER ANDERE   Dr. K., leitender Oberarzt.
Die Geschichten des Krankseins tragen seinen Namensstempel.

DER EINE   So daß es auf den Stationen erst immer lauter,
dann immer stiller geworden ist.

DIE ANDERE   Besprechung: Pat. kennt kein einziges Märchen.
Die Bedeutung des Eherings kennt sie nicht.
Weiß auch nicht, was eine Ehe eingehen heißt.

DIE EINE   Etwas klebriger Gedankengang.
Sie glaubt, Adolf Hitler sei bei ihrer Aufnahme
dabei gewesen, er sei von allem unterrichtet.

DER ANDERE   Fragen zur Intelligenz:
Wo lebt und wovon ernährt sich der ägyptische Aasgeier? –
In welcher Königsfamilie ist von jeher die Kinderlosigkeit erblich gewesen? –
Was soll heißen: Spiele nicht mit dem Schießgewehr,
denn es fühlt wie du den Schmerz? –

DER EINE   Pat. antwortet nicht, sondern singt:
„Mein Gebiß ist verbrannt in Alsterdorf."

Musik.

DIE EINE   Pat. tobte und wollte absolut wieder frei gelassen werden.
Ziemlich verwirrt, sehr ausfallend, sehr unruhig, schreit, lacht, sehr erregt,
versucht eine Scheibe einzuschlagen, nässt ein, klagt über Blasenschmerzen,
lacht, schimpft, lärmt, ist wieder ruhig und höflich, muß gewaltsam aus dem
Bett geholt werden, zieht sich nicht an, steht immer herum, ist widerspenstig
und laut, will nicht aufstehen, singt, schimpft und pfeift, wird isoliert, ist sehr
herausfordernd, benimmt sich sehr auffallend, weigert sich aufzustehen, ist auffallend höflich, läuft auf dem Flur wild umher, kleidet sich nicht an, nässt ein,

wird isoliert, läuft beim Essenholen einem Jungen nach dem Versammlungssaal nach, wäscht und kämmt sich nicht, kommt in den Isolierraum, stellt sich hilflos, als ob sie sich nicht auf den Beinen halten kann, schlägt gegen die Wand, zieht sich eine Beule am Hinterkopf zu, soll in die Zelle, verrichtet ruhig jede Arbeit, ist laut, steht am Fenster und singt hinaus, will ungekämmt an die Arbeit gehen, ist polternd, singt und schimpft, schimpft unaufhörlich, ist bis mittags nicht ansprechbar, nachmittags ist sie frech und laut, führt sehr verwirrte Reden, schlägt mit dem Schuh gegen die Tür, verhält sich ruhig und geordnet, macht die Botengänge ordentlich und gewissenhaft, ist fleißig und zufrieden, ist widersetzlich und laut, beschmutzt den Raum, ist zeitweise sehr abwesend, schreit:

DIE ANDERE Der Teufel soll die Schwestern holen, möchte gern wieder raus aus dem Isolierraum, hat am Essen etwas auszusetzen, schüttet ihr Waschwasser aus, antwortet nur mit ja, führt häßliche Redensarten, muß in der Körperpflege besorgt werden, liegt apathisch im Bett, Temp. 37,7, in der Nacht singt sie Schlager und Kinderlieder, bekommt Paraldehyd, hat ein Furunkel am Gesäß, Kamillensitzbad, zur Nacht Kampfersalbe, Lebertran, verrichtet ihre Arbeit, vergißt alles, starrt vor sich hin, läuft in den Garten und singt, ihr ganzes Denken und Tun dreht sich ums Essen, meint, sie bekommt nicht genug, müsse hungern, ist im Umgang nett und freundlich, bescheiden und zufrieden, redet mit tiefer durchdringender Stimme vor sich hin, trommelt mit dem Löffel auf den Teller, bis er ihr weggenommen wird, nachts findet sie sich kaum zurecht, freut sich wenn sie Besuch bekommt, schreibt auch mal an ihren Sohn, sitzt am Tage auf dem Stuhl und macht die Augen zu, murmelt vor sich hin, fängt plötzlich an zu toben, ihre Sprache ist schnell und tief, bringt ihre Gedankengänge nie zu Ende, bekommt Chloral.

DER EINE Da seit einiger Zeit in der Abteilung die Nummern der Wäsche übernäht wurden und sie in dem Verdacht stand, es gewesen zu sein, wurde sie in den Wachsaal zum Guten Hirten verlegt.

DER ANDERE Wie ist es, wenn die Geschichte des Lebens von jemand geschrieben wird, der der Feind dieses Lebens ist?

DIE EINE Völlig untauglich zum Dienst in der Wehrmacht.

DER EINE Wie ist es, wenn das, was geschrieben wird, noch eine ganz andere Bedeutung hat?

DER ANDERE Pat. ist hier als großer Hetzer bekannt, hat auch wiederholt kommunistische Äußerungen getan.

DIE ANDERE Pat. sagte heute plötzlich: „Das alles sind Hitlers Sachen, Else kann es gewesen sein, Christus kann es gewesen sein, am Rhein, da kann ich reisen."
Sang dann alles auf die Melodie: „Ja, am Rhein da möcht ich leben."
Morgens ging ihr ganzes Trachten danach, daß sie ihren Bruder nicht verfehlte, der zum Wäschetauschen auf das weibl. Gelände kam.
Sie beugte sich hinaus und fing an, ihren Bruder vom Fenster aus zu kämmen.

DER ANDERE So dass es auf den Stationen erst immer lauter, dann immer stiller geworden ist.

DER EINE Oh, jetzt ist es ganz dunkel.
Ach Herr Dr., Herr Dr. -

DIE EINE Ich weiß nicht, was soll es bedeuten.
„Ja, am Rhein da -."

DER ANDERE So verging ein Tag nach dem andern.
Die Besuchszeit war über Sonn- und Feiertagen von 14 bis 18 Uhr.

Musik.

STERILISATION

DER EINE Wie heißen Sie?

DIE ANDERE Maria Schießgewehr.

DER EINE Wo sind Sie geboren?

DIE ANDERE Weiß nicht.

DER EINE Welches Datum?

DIE ANDERE Weiß nicht.

DER EINE Welchen Monat haben wir?

DIE ANDERE Weiß nicht.

DER EINE Welches Jahr haben wir?

DER ANDERE Gutachten: Lilly Marie stammt aus einer schlechten Sippe.
Sie kann nicht aus 3 Wörtern einen Satz bilden, keine Lügen erkennen,
kann nicht sagen, was eine Halbinsel ist und weiß nicht, was NSDAP bedeutet.
gez. Dr. K., erbbiologischer Gutachter.

DIE EINE Beschluß:
In der Sache Lilly Marie hat das Erbgesundheitsgericht in Hamburg
durch den Amtsgerichtsrat Dr. Deutsch als Vorsitzenden beschlossen:
Lilly Marie ist unfruchtbar zu machen.
Begründung: Lilly Marie stammt aus belasteter Blutsverwandtschaft.
Lilly Marie macht einen üblen, sexuell schon völlig verwahrlosten,
außerordentlich triebhaften Eindruck.
Es ist nachgewiesen, daß sie mit einem Soldaten mehrfach Geschlechtsverkehr
hatte.

DER ANDERE Liebe Lilly!
Diesen Brief schreibe ich Dir schon im Voraus.
Am 15. 7. geht es für 4–6 Wochen ins Manöver.
Hoffentlich gibt es keine außenpolitischen Schwierigkeiten.
Du weißt nun, daß ich Dich allein nur liebe.
Gute Nacht, mein Liebling! Es küßt Dich Dein Kally

DIE EINE Lilly und Kally.
Lilly Marie: Hat sich die Haare abgeschnitten.
Tobte und schrie, warf einen Spiegel kaputt.

Musik.

BRIEFE AN DIE ANSTALT

DIE ANDERE   Brief an die Anstalt: Hbg, 31.12.1940
An die Direktion der Alsterdorfer Anstalten
Beim letzten Weihnachtsurlaub meines Mannes, der in Ihrem Hause untergebracht ist, habe ich festgestellt, daß er mehrere Verletzungen aufwies, die nach
ihrer Art und Lage nicht durch epileptische Anfälle entstanden sein können.
Auf eingehendes Befragen erklärte er unter Tränen immer wieder,
von einem seiner Wärter mißhandelt und durch gewaltsames Stoßen
mit den Füßen schwer zu Fall gebracht worden zu sein.
Gleichzeitig bitte ich höfl. einmal zu prüfen, ob Sie meinen Mann,
der in letzter Zeit außerordentlich hinfällig geworden ist und kaum mehr gehen
kann, nicht in eine andere Station verlegen können, wo ihm eine dringend
erforderliche Behandlung und entsprechende Verpflegung zuteil wird, damit
sein körperlicher Verfall, wenigstens soweit möglich, wieder gebessert wird.
Heil Hitler!

DER EINE   Brief an die Anstalt: 24. August 1941
Sehr geehrter Herr Doktor!
Ich bitte Sie, mein Schreiben ganz vertraulich zu behandeln.
Ich möchte gern von Ihnen wissen, wie lange meine Frau noch dahinsiechen
wird, das heißt, ob Sie als Arzt wissen, wann dem Leben meiner Frau ein Ende
gesetzt ist.
Ich hoffe, bei Ihnen das menschliche Verständnis zu finden.
Bemerken möchte ich, daß ich, falls ich eine neue Ehe schließe,
nicht in der Lage bin, weiterhin den Aufenthalt in Ihrem Heim zu bezahlen.
Heil Hitler!

DIE EINE   Von den Bergen rauscht ein Wasser.
Auf dem Wasser fährt ein Schiff,
Lustig, wer noch ledig ist,
Traurig traurig, wer verheiratet ist.

DIE ANDERE   Patientin macht den ganzen Tag Schaukelbewegungen,
spricht immer vor sich hin:
‚Meine Mutter ist ohne Schlaf geboren,
ach, liebe Kinder, was soll ich bloß machen.
Mein Mann ist Ökonom,
ach, liebe Kinder, was soll ich bloß machen.'

BEHANDELN

DER ANDERE Markt ist Markt.
Das beste Produkt: Elektroschocks.

DIE ANDERE Besprechung:
Sie sei jetzt 28 Jahre alt. Weiß nicht, was ein Monat ist.
Sie lebe in Deutschland, die Hauptstadt sei Hamburg.
Hauptstadt von Frankreich sei England.
Rommel, Göbbels und Göring vollkommen unbekannt, sie habe diese Namen noch nie gehört.
Regierungsdauer vom Führer 4 Jahre, Kriegsdauer ebenfalls 4 Jahre.
Die Sonne geht im Osten auf. Am Südpol ist es kalt.

DER ANDERE Von zwei Gegenständen wird der schwarze richtig erkannt.
Ein Ufer ist, wo die Dampfschiffe lagern.
Monarchie sei eine Provinz. Die Donau mündet in die Nordsee.
Der letzte Krieg wäre der 30jährige Krieg gewesen,
den habe der Vater noch erlebt und immer davon erzählt.
Mexiko liegt in Afrika.
Ein großer Fluß von Deutschland heißt Amerika.

DER EINE Dr. K., im Bestreben, die Ursachen des Schwachsinns
zu erforschen, um sie zu kontrollieren, war wütend:
Ein sehr schlimmer Junge. Es ist auch nichts an ihm zu erreichen.
In letzter Zeit nachgelassen,
war ungezogen, gleichgültig und ließ sich gar nichts sagen.
Der Eintrag davor in der Akte lautet: Heute 1. Röntgenbestrahlung.

DIE EINE Röntgenaufnahme des Schädels. Pneumenzephalographie.
Vom Rückgrat aus wird Luft in die Gehirnkammern gepresst,
um das Gehirn im Röntgenbild darstellen zu können.
Nachher schlafen die Arme ein.
Es ist, als ob tausend Ameisen darüber krabbeln.

DER EINE Name: Gustav. 7 Jahre alt.
Heilung des Schwachsinns durch Röntgentiefbestrahlung.

Musik.

24.4.	Schädel	2.5.	Schädel
30.5.	Stirn	15.6.	dito
22.6.	Stirn	27.6.	Schädel
6.7.	Scheitel	10.8.	Schädel
17.8.	Schädel	24.8.	Stirn
27.8.	Schädel	20.9.	Scheitel
22.9.	Schädel	5.10.	Schädel
12.10.	Stirn	9.11.	Scheitel
13.11.	Schädel	23.11.	Stirn

DIE ANDERE Was man nicht heilen kann, schreibt man kaputt und ab: Geistig ganz tiefstehend. Kretinistische Idiotin. Nicht bildungsfähig.

DIE EINE So dass es auf den Stationen erst immer lauter, dann immer stiller geworden ist.

DER EINE Sagt der eine:
Was ist der Unterschied zwischen Kind und Zwerg?

DER ANDERE Sagt der andere nichts.

DER EINE Sagt der eine:
Was ist der Unterschied zwischen Tag und Nacht?

DER ANDERE Sagt der andere nichts.

DER EINE Sagt der eine:
Was ist der Unterschied zwischen Sonne und Mond?

DER ANDERE Sagt der andere: Der Mond ist größer.

DIE EINE Pat. steht nachts beim Alarm nicht auf, will ihr jemand behilflich sein, wirft sie sich auf den Fußboden.
Manchmal zieht sie ein Kleid über das Nachthemd,
nimmt Nachtschuhe in die Hand und irrt heimlich barfuß über das Gelände,
bis sie gefunden und in den Luftschutzkeller gebracht wird.

DER EINE Sagt der eine:
Was ist der Unterschied zwischen Herunterspringen und Fallen?

DER ANDERE Sagt der andere: Man bricht sich das Bein oder ist tot.

DIE EINE Ach sag mir Gott, ach sag mir Gott
du hast ja verdorben meine Mutter.

DIE ANDERE Hab ich die Mutter verdorben
hab ich sie verdorben im Mondenschein.

Musik.

ESSEN

DIE EINE Sagt die eine: Intelligenzprüfung.

DIE ANDERE Sagt die andere nichts.

DIE EINE Diktat:

ALLE Es war einmal ein Mädchen, dem war Vater und Mutter gestorben,
und es war so arm, daß es schließlich nichts mehr hatte
als die Kleider auf dem Leibe und ein Stückchen Brot in der Hand.
Von aller Welt verlassen, ging es hinaus aufs Feld.
Da kam ein armer, alter Mann und sprach:

DIE ANDERE Ach matt, matt, matt.
Mit so einem Stück Brot, wie ein Kartenblatt so dünn.

DIE EINE Die einen, die anderen. Die anderen, die einen.
Da war die Anstalt überfüllt.

DER ANDERE Mit Leuten, die dahin gehörten.

DIE ANDERE Und mit Leuten, die nicht dahin gehörten.

DER EINE Wie billig wird ein Mensch, wenn es ihn nicht mehr geben soll?

DER ANDERE Maske des Tötens: Hunger.

DER EINE Gestern beim Abendbrot beschwerte er sich über die zu dünnen
Scheiben Brot, er habe mehr zu verlangen.
Als er heute nach seiner Ansicht mittags nicht genügend Essen bekam,
warf er seinen Teller durch den Saal.

DIE ANDERE Geht den ganzen Tag in der Nähe der Pforte spazieren. Daß sie
bei der kümmerlichen Ernährung hier nicht gesund würde, sei kein Wunder.

DER ANDERE Stahl heute 7 Schnitten Brot vom Brett.
Hat sich herumgetrieben.
Hat im Garten der Haushaltungsschule Obst gestohlen.
Hatte in allen Taschen und unter dem Hemd mehrere Pfund Birnen.

DIE EINE Pat. denkt nur an sich und an Essen.
Sie geht an die Fächer der Mädchen und holt alles Eßbare heraus,
sogar zum Brotwagen ist sie gegangen und hat dort etwas kaufen wollen,
sie ißt auch Kastanien.
Als ihr untersagt wurde, Birnen aufzusammeln, wurde sie sehr erregt.
Abends aß sie ihr Brot und biß von allen Scheiben zugleich ab,
damit es ihr nicht wieder genommen wurde.

DIE ANDERE War einige Stunden zur Beruhigung im Guten Hirten.
Gebrauchte gemeine Redensarten, stieß unter dauerndem Schluchzen hervor:
„Herr Dr. K. kann nach Fuhlsbüttel zum Brotbacken gehen."
Sie ißt jetzt täglich rohe Pilze, die sie draußen findet.

DER ANDERE In der letzten Zeit laufen ständig Klagen über das Fechten des
Jungen ein. Sein Betteln begründet er mit folgendem:
Er brauche den Zucker und den Kakao, weil sie arme Kinder in der Anstalt
nichts mehr zu trinken bekommen.
Er wünsche seinem Todfeind keinen Anstaltsaufenthalt in der jetzigen
Kriegszeit.
Man brauche ihn ja nur anzusehen
und man könne die Wahrheit seiner Worte nicht mehr bezweifeln.

DIE ANDERE Sie war dauernd am Abfalleimer zu finden.
Weihnachten hat sie in der Küche 20 Knackwürste gestohlen.
Auch stiehlt sie gekochte Kartoffeln aus den Kesseln und steckt sie in die Strümpfe.
Sie leckt auch die Teller ab, damit nichts umkommt.
Sie ist recht elend geworden.

DIE EINE Abends geht sie nicht eher ins Bett, bis im Nebenhaus das Licht brennt.
Da diese Woche Verdunkelung ist, geht sie nicht ins Bett.
Sie hat in der letzten Zeit sehr viel Schwierigkeiten gemacht, besonders mit dem Essen.
Wenn sie dann kein anderes Essen bekommt, sagt sie,
die Schwestern ließen sie verhungern.

DIE ANDERE Bat nachmittags um mehr Brot und sagte:
„Ich bin nicht zum Hungern hergekommen."
Auf Ermahnung gab sie freche Antworten, sagte:
„Ihr seid keine Diakonissen, keine ausgebildeten, habt keine Herzen."

DER EINE Sagte: „Ihr Heiligen, nehmt doch eure Hauben ab, runterschlagen müßte man sie."
Sagt, daß sie froh wäre, wenn sie aus diesem Gefängnis heraus wäre.
Sie wolle allen Leuten erzählen, wie schrecklich es hier zugeht.
Auch will sie von Andachten und Bibelstunden nichts mehr hören.
Wurde isoliert mit flüssiger Kost: 3 Tage nur Wasser.

DIE EINE Halten die Narren den Spiegel hoch –

DER ANDERE - läßt man die Narren hungern.

DIE ANDERE Wurde in Wachsaal I verlegt, verhielt sich bis nachmittag ruhig,
begann dann aber zu singen und laut zu reden.
„Ha, das ist ja sehr nett, denken kann niemand kränken,
was ist das für ein Leben, neulich habe ich gut gelebt,
weiter nichts als einen Teller Suppe, la, la, la,
das ist mein Leib, der für euch vergossen ward.
Der Herr segne dich."

DER EINE   Wer sie auch waren, was sie auch waren.
Verbunden waren sie alle im Hunger und in der Musik.

Musik.

HITLER, CHRISTUS, SANFTER TOD

DIE EINE   Pat. sang ‚Es waren zwei Königskinder' und ‚Gott ist die Liebe'.
Vor einigen Tagen stand sie vor dem Spiegel und kämmte ihr Haar über.
Sie strahlte dabei über das ganze Gesicht.

DER EINE   Morgens beim Baden steigt sie 4 - 5 mal in die Wanne.
Wenn sie dann fertig gebadet und abgetrocknet ist,
steigt sie wieder mit dem Zeug ins Wasser.
Manchmal kommt sie ganz plötzlich zur Badewanne und faßt das Wasser an, in dem die anderen Mädchen gebadet werden.

DIE ANDERE   Pat. sagte heute plötzlich: „Das alles sind Hitlers Sachen,
Else kann es gewesen sein, Christus kann es gewesen sein."

DER ANDERE   Pastor L., deutscher Christ.
Er veranlaßte, auch aus Steuergründen, daß jüdische Patienten die Anstalt verließen.

DER EINE   „Wir können es uns selbstverständlich nicht leisten,
daß wegen einzelner jüdischer Patienten unserer Anstalt der Charakter der Gemeinnützigkeit abgesprochen wird."

DER ANDERE In demselben Jahr malte Pastor L. ein Bild.
In der Anstaltskirche St. Nikolaus.
Ein Christusbild als theologische Botschaft:
Ein athletischer, heroischer, reinrassiger Christus.
12 Personen, darunter auch er selbst, umstanden das Kreuz:
Ganz in Weiß, mit einem Heiligenschein.
Dazu 3 Behinderte – ohne Heiligenschein.
Pastor L. – vor seinem Bild – predigte:

DER EINE „Was sagt die Welt draußen?
Sie ist voll Verachtung,
sie lacht über die Narren, Krüppel und Geistesschwachen
und spricht in hochfahrender, grenzenloser Kälte über die,
die doch für ihr Leid nicht können,
und wenn sie hier Mitleid hat, dann sagt sie nur das Eine:
‚Gebt ihnen einen sanften Tod!'"

DER ANDERE Und er sagte weiter:

DER EINE „Er ruft Euch zu sich, alle die ihr mühselig und beladen seid."

DER ANDERE Der Doppelsinn in diesem Satz war später zu verstehen.

DIE EINE So dass es auf den Stationen erst immer lauter,
dann immer stiller geworden ist.

DER ANDERE Später begleitete Pastor L., im Bewußtsein, was er tat,
Todesmärsche zu vernichtender Patienten zum Güterbahnhof.
Er fand Beruhigung darin, das Lied 274 dabei zu hören.

DIE ANDERE Jesu geh voran.

DER EINE, **DER ANDERE** Soll's uns hart ergehn,
laß uns feste stehn,
denn durch Trübsal hier
geht der Weg zu dir.

DER EINE Warum feiern wir Weihnachten?

DER ANDERE Weil der Weihnachtsmann kommt.

DER EINE Wo waren Sie vorige Weihnachten?

DER ANDERE Im Christbaum.

DER EINE Wie heißen die Tiere, die 2 Flügel haben und 1 Rüssel und die sich aus Raupen verwandeln?

DER ANDERE Adler.

DER EINE Wo waren Sie vor einem Monat?

DER ANDERE Bahnhof.

ALLE Rühret eigner Schmerz
irgend unser Herz,
kümmert uns ein fremdes Leiden,
oh so gib Geduld zu beiden ;
richte unsern Sinn
auf das Ende hin.

BOMBEN, VERLEGUNGEN

DIE EINE Als der junge Albert um 7 Uhr erwachte, war es immer noch Nacht. Es sah aus, als ob es nie Tag sein würde.
Die Sonne stand wie ein roter Ball am Himmel.

DER ANDERE 1000 Stabbrandbomben, 2 Sprengbomben, 7 Phosphorbomben und 1 Luftmine waren auf die Anstalt niedergegangen.

DER EINE Der junge Albert sah, wie nachmittags die Beamten kamen.
„Wieviele Vögel habt ihr hier? Habt ihr auch Juden?"
Darauf hörte Albert einen Arzt sagen:
„Wann gedenken Sie die Pfleglinge abzuholen,

denn wir gebrauchen Platz für die verwundeten Soldaten!"
Als die Beamten in den Eichenhof kamen und die wehrlosen Kinder sahen,
sagten sie:
„Diese Tiere müssen beseitigt werden!"

DER ANDERE   Der junge Albert sah, wie 6 Autos in der Anstalt anhielten.
Heraus sprangen die Gestapo. „Wieviel Vögel habt ihr hier?"
„Es befindet sich hier eine ganze Portion!"
„Dann her mit die Schweine!"
Fast alle Pfleglinge trugen vorne vor der Brust ein Schild.
Drauf stand geschrieben: „Sklaven! Gestorben am 3.8. Heil Hitler!"
Wirklich wie die Schweine wurden die Pfleglinge in die Busse verladen.
Viele Schwestern haben sie noch zurückholen wollen,
aber die Gestapo, erinnert sich Albert, hatte mehr Macht.

DIE EINE   Die Akte in Alsterdorf vermerkte:
7.8.43 Wegen schwerer Beschädigung der Anstalten
durch Fliegerangriff verlegt nach Eichberg.

DIE ANDERE   Die Akte Alsterdorf schloß mit dem Satz:
16.8.43 Wegen schwerer Beschädigung der Anstalten
durch Bombenangriff verlegt nach Wien.

DER EINE   Die Akte Alsterdorf schloß mit dem Satz:
6.8. 43 Wegen schwerer Beschädigung der Anstalten
durch Fliegerangriff verlegt nach Mainkofen.

DER EINE, **DIE ANDERE**   Von den Bergen rauscht ein Wasser.
Willst du mich noch einmal sehen,
Sollst du nach dem Bahnhof geh'n.
In dem großen Wartesaal
Seh'n wir, sehn wir uns zum allerletzten Mal.

DIE EINE, **DER ANDERE**   Scheiden ist ein hartes Wort,
Du bleibst hier und ich muß fort.
Weiß noch, weiß noch nicht an welchen Ort!

DER ANDERE   In die „Heil- und Pflegeanstalt Eichberg" im Rheingau,
über Eltville, Bahnstation Hattenheim, fuhren sie mit Schwester Alice.
128 Kinder und Männer. Für viele ging es weiter nördlich in die Anstalt
Hadamar.

DER EINE 113 Männer fuhren in die „Heil- und Pflegeanstalt Mainkofen",
je eine Bahnstation entfernt von Plattling und Deggendorf.
Diejenigen, die über ihre Person keinen Aufschluß geben konnten,
bekamen einen Leukoplast-Streifen zwischen die Schulterblätter geklebt,
der Vor- und Zunamen enthielt.

DIE ANDERE Nach Wien fuhren mit Schwester Alwine im Lazarettwagen
228 Frauen und Mädchen, in die Landes-Heil- und Pflegeanstalt
für Geistes- und Nervenkranke „Am Steinhof".
Mit angeschlossener Fachabteilung "Wiener Städtische Nervenklinik für
Kinder" am Spiegelgrund.

Musik.

DER EINE Da fuhr er, der bei gutem Wetter immer draußen gewesen war
und sich lispelnd bekreuzigt hatte vor der scheinenden Sonne.

DER ANDERE Da fuhr er, der Vorträge gearbeitet hatte über ‚Die Geige und
die Menschheit.'

DER EINE Da fuhr er, der sechs Jahre als Gott tätig gewesen war
und Deutschlands Schulden bezahlt hatte.

DER ANDERE Da fuhr er, der Kippen brennend in den Mund warf
und meinte, dafür habe er extra einen hohlen Zahn.

DER EINE Da fuhr er, der gute Bürsten gemacht hatte,
bei Höchstleistung 260, bei Mindestleistung 130 Loch in einem Tag.

DER ANDERE Da fuhr er, der im Winter bei Glatteis Sand streute.

DER EINE Und da fuhr Bruno, der ständig ausgerissen war,
und trotz Verbots den Mädchen in der Küche gewunken hatte.

DIE ANDERE Da fuhr sie, die viel Interesse für Musik zeigte und versuchte,
kleinere Lieder auf dem Klavier vorzuspielen.

DIE EINE Da fuhr sie, die von ihrem selbstgegründeten Himmelreich sprach, aus dem kein Teufel sie wegjagen könne.

DIE ANDERE Da fuhr sie, die ein Kleid aus schwarzer Seide tragen wollte, und der Rundstücke lieber waren als Andacht.

DIE EINE Da fuhr sie, die immer auf plattdeutsch schimpfte, bis ein gutes Wort ihr Gesicht sofort strahlend machte.

DIE ANDERE Da fuhr sie, die meinte, sie sei ein geraubtes Kind, ein fremder Vogel.

DIE EINE Da fuhr sie, die immer sagte: „Hops mir mal auf der Zungenspitze."

DIE ANDERE Und da fuhr sie, Lilly Marie.

DER ANDERE Da fuhren sie, die Ausgeschlossenen.
Die schlechten Ökonomen. Bizarren Poeten.
Die Lebensverlorenen und Bombenverwirrten.
Denen das Weltgebäude auf den Kopf gefallen war.
Nicht tauglich zum Wehrdienst, zu teuer in der Pflege,
zu krank, mangelhaft arbeitsfähig, sexuell abweichend, nicht zu halten,
zu alt, blind, taub, stumm.

DIE ANDERE Da fuhren sie, die große Kämpfer und Aushalter waren an den Grenzen der Existenz.
Die, wenn sie konnten, ihre Arbeit gut gemacht hatten.
Recht schelmisch sein konnten.
Lustige Unterhaltungsabende gestaltet hatten.
Sich gegenseitig geholfen und ihre eigenen Himmelreiche verteidigt hatten
gegen den moralischen Schwachsinn
und die Unterschiede zwischen Lüge und Irrtum in den dunklen Kellern,
wo das Herz mit Maschinen durcheinander gedreht ist.

DER EINE Da fuhren sie mit Gurten und Schutzjacken, Glatzen, Morphium und Spucke durch eine Welt aus Unbegreiflichkeit und Schmerz.

DIE EINE Am Ende der Rutschbahn
fuhren sie als Hamburger Sammeltransport.

Mit ihnen fuhren ihre Akten.
Ob Männer, Frauen oder Kinder,
fast alle von ihnen bekamen am Ort der Ankunft,
dem einen oder anderen letzten Ort,
früher oder später eine letzte Zeit.

Musik.

DIE ANDERE   Wera, Meta, Selma, Paula, Luise, Lieselotte, Leontine, Elli, Erika, Ursula, Irma, Anna, Dorothea, Frieda, Edith, Heide, Erna, Emma, Friedel, Gertrud und die anderen.

DIE ANDERE   Gestorben um 1 Uhr.

DER ANDERE   Gestorben um 14 Uhr 15.

DIE EINE   Gestorben um 5 Uhr früh.

DIE ANDERE   Gestorben um 3 Uhr nachts.

SPIEGELGRUND

DER ANDERE   Von den Bergen rauscht ein Wasser.

DER EINE   Der Hofrat und Direktor schrieb:
Die hiesige Anstalt - eine parkähnliche Schönheit mit Ausblick, Wald und Bergbegrenzung - hieß früher „Am Steinhof" und wurde erst vor 2 Jahren umbenannt, es ist daher der Name „Wagner v. Jauregg Heil- u. Pflegeanstalt" im Volke noch nicht so geläufig.
Die Anstalt ist vom Ring (Bellariastraße) mit der Straßenbahnlinie 46 und in deren Fortsetzung mit der Linie 47 in etwa einer halben Stunde zu erreichen.

DIE EINE Meine liebe Tante Alwine,
nun möchte ich Dir einen Brief schreiben.
Diesen Brief möchte ich Dir schon heimlich schreiben,
was ich bis heute erlebt habe.
Als wir abends in Wien angekommen sind, sind wir denselben Abend verteilt worden.
Wir sind nach Haus 21 gekommen, wo du uns den anderen Morgen gefunden hast.
Da liegen wir noch heute.
Wir sind sehr unfreundlich empfangen worden.
Wir sind auf Erde gelegt. Die Erde war sehr unrein.
Die Schwestern haben unser Zeug von unserem Leib gerissen
und am anderen Morgen sind unsere Haare auch abgekommen.
Ja, du weißt es, wie ich jetzt aussehe. So sehen wir jetzt alle aus.
Wir haben alle geweint.
Die Schwestern haben die erste Zeit so sehr auf uns Hamburger geschimpft.
Wir sollten wieder hin, wo wir hergekommen sind usw.
Daß die Hamburger uns sowas schicken, daß wir alle noch leben.
So ein Elend, und wir alle unrein, und wir müssen alle getragen werden.
Wir werden jetzt so lieblos behandelt, wir kennen keine Liebe mehr.
Ja, das ist sehr traurig. Wir werden jeden Morgen in eine Sitzwanne gesetzt
und abgewaschen. Nur das Gesicht und Hände.
Weißt Du auch, womit wir immer gewaschen werden? Mit einem unreinen Kissenbezug.
Und unsere Zähne werden mit einer Zahnbürste gereinigt.
Die geht von Mund zu Mund. Und das ist doch nicht schön.
Ich werde immer ganz schlecht dabei.
Ich kann Dir nicht alles erzählen, sonst wirst du auch schlecht.
Die Arbeitsmädchen bekommen hier kein Geld.
Wir stehen schon morgens um 4 1/2 Uhr auf.
Die Arbeitsmädchen bekommen hier keine Mittagsstunde.
Die Kinder müssen den ganzen Tag arbeiten bis abends um 20.00 Uhr
und die Mahlzeit ist hier morgens um 8.00 Uhr.
Wir bekommen nur eine Schnitte trockenes Brot,
und mittags bekommen wir wenig zu essen,
und nachmittags bekommen wir auch so wie morgens.
Und abends bekommen wir etwas Warmes, aber nur ganz wenig.
Wir möchten uns mal wieder sattessen.
Wir nehmen jetzt sehr ab und unsere Trudel jammert immer nach Essen.
Trudel wird jetzt oft sehr unfreundlich behandelt.

Auch mit mir wird jetzt so umgegangen.
Wir haben so schwer Verlangen nach Alsterdorf.
Wenn nur die Stunde bald schlagen möchte.
Und nun hat eine Schwester von Alsterdorf an ein Mädel geschrieben.
Sie schrieb, wir kommen nicht wieder nach Alsterdorf.
Nun ist hier eine so große Aufregung, daß wir jetzt alle krank werden.
Elfi hat jetzt so sehr Verlangen nach ihrem Vater.
Ich möchte Dir Elfis Zustand schreiben.
Seit 10.9. ist sie mit Zittern angefangen.
Es ist immer schlimmer geworden.
Mit einem Mal sagt sie: „Oh Frieda, ich kann nicht mehr alleine essen".
Sie hat immer so Angst, wenn ein Alarm ist, dann werden alle Fenster geöffnet
und wir bleiben allein im Bett.
Nur alles, was laufen kann, geht allein in den Keller.
Nun sei gegrüßt von Deiner Fritzi.
Ich schreibe bald wieder.

Musik.

DIE ANDERE Erinnerung:
Meine Mutter bekam Bescheid, daß meine Schwester nach Wien gekommen sei.
Meine Mutter fuhr nach Wien und fand meine Schwester
in einem bejammernswerten Zustand.
Sie, die sich ja immer frei bewegt hatte, war hinter einem Netz eingesperrt.
Sie war sehr unglücklich und hat meine Mutter angefleht,
sie wieder nach Hamburg mitzunehmen.
Doch meine Mutter kam mit ihrem Wunsch nicht durch bei den Anstaltsärzten.
Nach hartem Kampf hat meine Mutter eingewilligt,
ihr Kind in die geistige Welt zurückzuschicken.
Meine Mutter kaufte für alle Kuchenmarken Süßigkeiten und Kuchen.
Sie tranken zusammen Kaffee um 14 Uhr.
Diesen Zeitpunkt hatten die Ärzte angegeben.
Wahrscheinlich hatte meine Schwester schon vorher eine Spritze bekommen,
denn nachdem sie mit Freude und Vergnügen ihren Kuchen aufgegessen hatte,
meinte sie:
„Jetzt bin ich müde und will schlafen, vergiß nicht, mich mitzunehmen."
Meine Mutter konnte sie mitnehmen – in einem Sarg.

Musik.

DER EINE Spiegelgrund. Meine Angst war unbeschreiblich.
Schwester Sikora antwortete mir wörtlich: ‚Durt hin wirst a bald kummen'.

DIE EINE 196 Leben des letzten Hamburger Sammeltransports
endeten ‚Am Steinhof' und ‚Am Spiegelgrund'.
Die angegebene Todesursache war in jedem Fall falsch.

DER ANDERE Die angegebene Todesursache war in jedem Fall falsch.

DIE ANDERE Die angegebene Todesursache war in jedem Fall falsch.

DER EINE Zweite Maske des Tötens.

DER ANDERE Die Bilder, für die sich die Mörder interessierten,
waren – nach der Regelsektion – Schnittbilder durch das Gehirn.

DIE ANDERE Zu den Bildern, für die sich die Mörder nicht interessierten,
zählen die Gesichter ihrer Opfer.
Hier und da sind Fotografien vorhanden.
Zum Beispiel in einem Keller mit einer kleinen vergitterten Öffnung.
Von draußen hört man manchmal Schreie, Flugzeuggeräusche, Vogelrufe.

DIE EINE Lektüren und Lektionen vor einem Spiegel.

DER ANDERE Aufgemacht worden war die Rechnung:
Das Beste der Gesellschaft ist eine Gesellschaft der Besten.

DER EINE Rechnungen der Gesellschaft.
Die einen gehen auf. Die anderen nicht.

DIE ANDERE Wer auf der einen Seite etwas auslöscht,
hat auf der anderen Seite nicht mehr.

WILLY UND WALLY

Musik.

DER ANDERE Von den Bergen rauscht ein Wasser.
Schatz mein Schatz, ach könnt ich bei dir sein!

DIE ANDERE Willy liebte Wally.
Als Wally nach Wien verlegt wurde, mitten im Krieg,
das war im August,
riß Willy, der Wally liebte,
aus den Alsterdorfer Anstalten aus,
nahm im Hauptbahnhof einen Zug und fuhr hinter Wally her,
nach Wien.
Das war im November.
Dann war Willy in Wien, wo Wally schon war,
in der Wagner v. Jauregg Anstalt.

DIE EINE Willy gab sich als Angehöriger aus und erreichte Ausgang für Wally.
So gingen sie zum ersten Mal aus in Wien.
Von 10 bis 18 Uhr.
Wally war nicht gut zu Fuß,
aber Willy und Wally waren 8 Stunden unterwegs.
Das war im November,
und danach ging Willy über die Grenze.

DIE ANDERE Einmal in der Woche kam Willy und holte Wally zum Ausgang.
Woche für Woche.
Einmal, da war es schon Februar, kam Wally erst um 21 Uhr zurück
in die Wagner v. Jauregg Anstalt.
Entschuldigung, die Straßenbahn, die Straßenbahn hatte Verspätung.
Immerhin ist Krieg.

DIE EINE Und Willy erreichte, indem er sich als Angehöriger ausgab,
daß Wally entlassen wurde, aus der Wagner v. Jauregg Anstalt,
das war Ende Februar in Wien.
Mit der Eisenbahn ist Willy mit Wally, die er liebte,
zurückgefahren von Wien wieder nach Hamburg.

DIE ANDERE An der Pforte, wo Willy und Wally rausgegangen sind, steht heute der Stein.

DER ANDERE Wegen allen, die umgekommen sind und Spritzen bekommen haben.

DIE EINE Und für die, die verhungert sind.

DER EINE Und für die wenigen, die zurückgekommen sind.

Musik.

Auszug aus einer Krankenakte in Alsterdorf, Hamburg.

III. Krankheitsverlauf

Verordnung 1943

Datum		
18.3.	Pat. wurde als Neuaufnahme in Abt. 26 aufgenommen. Sie hat sich sehr schnell eingelebt. Obgleich sie blind ist, kennt sie schon einen Teil ihrer Umgebung. Sie ist sehr denkbar und leicht zu lenken. Sie kann sich allein ausziehen und allein essen. Im Übrigen muß ihr geholfen werden. Sie ist ein Spielkind, spielt mit Puppen, Ball und Springtau.	
28.4.	Pat. hat sich weiter gut eingelebt, ist ein liebes, gehorsames Kind. Wenn sie einen Anfall bekommt, ist sie schon 2 Tage vorher unzufrieden. Hinterher schreit sie laut und lange. Sie kniet oder steht dann noch im Bett oder rutscht ins Nachbarbett. Nach 1/4 Stunde schläft sie fest ein. Heute zeigte sich zum ersten Mal ihre Periode. Pat. war gestern und heute weniger lebhaft als sonst.	
5.5.	Pat. war heute beim Aufstehen gegen ihre Gewohnheit auffallend still und teilnahmslos. Auf der Toilette 7 Uhr bekam sie den ersten Anfall: sie wurde blau im Gesicht, verdrehte die Augen und begann zu spucken. Ein heftiges Zittern durchschüttelte sie, dabei fiel sie hinten über und stieß sich. Als das Zittern sich verlangsamte, konnte sie in einen fahrbaren Stuhl gesetzt und ins Bett gebracht werden. Sie verfiel dann in einen tiefen Schlaf. Gegen 1/2 10 Uhr kam sie wieder zu sich und rief eindringlich nach ihrer Mutter, dann begann sie zu weinen und zu spucken. Plötzlich fiel sie zurück und der 2.Anfall nahm seinen Verlauf. Vor dem Mittagessen wiederholte sich alles zum 3.Male. Darauf schlief sie bis 1/2 4 Uhr anscheinend ganz ruhig. Plötzlich richtete sie sich auf, schrei laut auf und es folgte der 4.Anfall. Dieser war der heftigste und dauerte am längsten. Die Nacht über hat sie dann ohne Störungen geschlafen. Während des ganzen Tages hat sie weder gegessen, noch war sie auf der Toilette. In der Nacht hat sie das Bett eingenäßt, was sonst bei ihr nicht vorkommt. Fast den ganzen nächsten Tag war Pat. noch abwesend, hat auch am Tage das Bett genäßt, mußte gefüttert werden.	
16.8.	*Wegen schwerer Verblödung der Anstalten durch Fliegerangriff verlegt nach Wien*	

Dr. Meyerburg.

I	A	O	bey	M	
II					
III	1	–	49		
IV	3	1	–	28/30	
V			48.5		
VII					
VIII					
IX					
X					
XI					
XII					

HAFENRUNDFAHRT ZUR ERINNERUNG

EINS
ZWEI
DREI

KENNST DU DEN HAMBURGER HAFEN?

EINE RUNDFAHRT UNTER FACHMÄNNISCHER FÜHRUNG

MIT FREUNDLICHER EMPFEHLUNG ÜBERREICHT
VOM VERFASSER

RUNDFAHRT

Musik.

DREI Hafenrundfahrt.

EINS Alles, was Sie hier nun sehen, ist der Hamburger Hafen.

ZWEI Und der Fluss, an dem das alles liegt, ist die Elbe.

DREI Tag und Nacht laufen die großen Pötte ein.

ZWEI An der Überseebrücke der Hamburg-Süd-Liner CAP ARCONA, ‚Königin des Südatlantik'.

EINS Pfähle im Strom mit der MONTE CERVANTES.

DREI Hamburgs Fruchtschuppen. Ausgerechnet Bananen. Hübsch gegen Wind und Wetter geschützt, damit sie man bloß keinen Schnupfen kriegen.

EINS Das Panzerschiff DEUTSCHLAND.
Schlepper verholen die Viermastbark PASSAT.

ZWEI Im Hintergrund das Hapag-Motorschiff ST. LOUIS.

EINS Elbe zur Dämmerstunde. Durchwühlte Wasser.
Ein qualmender Fährdampfer am Kaiserhöft.

DREI Zwei Schlepper der Fairplay-Flotte.

EINS Hafenrundfahrt.
Schiffe der Afrika-Linien und der Woermann-Linie.

Bild Seite 172: Faksimile aus einer Broschüre der Hamburger Hafen- und Lagerhausgesellschaft, 1930er Jahre.

DREI Die EUROPA zu Überholungsarbeiten bei Blohm & Voss.

ZWEI Hören Sie sich bloß mal diesen Krach an.
Die Niete macht wie immer den größten Radau.

EINS Dunst über der Elbe. Qualm aus tausend Schloten.
Tuterei am grauen Morgen.

ZWEI Hafenrundfahrt.
Man fährt herum und ist gar nicht mehr da,
obwohl man gar nicht weg ist.

DREI Schiffe und Ströme.
Alles, was kommt, hat nur einen Wert,
wenn es auch wieder geht.

SEGELANWEISUNG

EINS Hafen. Bild aus Doppelbildern.
Herz der Stadt.

ZWEI Nüchtern und salzig, süß und sauer, rauchig und bitter.

DREI Fremder Wind weht um die Nase.

ZWEI 1933. Hans Leip, Dichter der ‚Lilli Marleen',
veröffentlicht die „Segelanweisung für eine Freundin".
Die Freundin liest:

DREI „Der Wind, dieser unregelmäßige Charakter ...
Es bebt das Wasser unter fremder Gewalt,
und es vibrieren in deinem Unterbewusstsein verwandte Beziehungen."

EINS Die Elbe fließt.
Vom Heck der deutschen Schiffe weht die Hakenkreuzflagge.

ZWEI Hamburg, das Tor zur Welt, wird für die NS-Gauwirtschaft
„das deutsche Ausfallstor zur Welt".

EINS Am 3. Mai 1933, zu Beginn des „Dritten Reiches",
wird auf der Werft Blohm & Voss
die stählerne Bark GORCH FOCK, ein schönes Segelschiff,
von der Vorsitzenden des Flottenbundes deutscher Frauen getauft.

DREI Im Mai 1945, am Ende des „Dritten Reiches",
wird die stählerne Bark GORCH FOCK vor Stralsund versenkt.

Musik.

MACHTERGREIFUNG

DREI Gauleiter und Reichsstatthalter Karl Kaufmann gibt ein Buch heraus:
‚Der Hamburger Hafen':

EINS „Der Hafen ist Hamburgs Herz.
Wir Hamburger werden in zäher Arbeit
den uns zugewiesenen Platz festigen und ausbauen.
Bei diesem Werk steht der Hafen im Vordergrund."

DREI „Für den Führer sind die Besuche im Hafen nicht nur Feierstunden.
Dann vereint er die verantwortlichen Männer der Hansestadt im Rathaus um sich,
um die Pläne zu entwickeln und zu fördern,
durch deren Verwirklichung Hamburgs Hafen
die größten Anforderungen der Zukunft zu erfüllen vermag."

EINS Hamburg. Hafen. Freihafen. Zollausland.

DREI Freihafen. Kirchspiel St. Katharinen.
Straßenbahnlinie 14 bis Messberg.

ZWEI Lagerhäuser bis Krahnhöft.
Fähre II (Flagge rotweiß).

DREI Lagerhäuser F, G, H Dessauer Ufer.
Fähre I (weiße Flagge) bis O'Swaldquai.

ZWEI Nach Jahren der Stille –

EINS – „über 180 seetüchtige Schiffe lagen zeitweilig in Waltershof,
dem Schiffsfriedhof, auf" –

ZWEI – hat „das große deutsche Erwachen auch den Hafen
wieder lebendig werden lassen".

DREI Kurz vor vier quietschen die erste Züge der Linie 14,
völlig verqualmt zum Baumwall und zu den Landungsbrücken.
Alles raucht, hastet mit Zampelbüdel und Kaffeeteng
runter zu den Barkassen und durch den gekachelten Elbtunnel.
Später in den Kaffeeklappen gibt's Lütt und Lütt.

EINS Dann rackern Kolonnen, Gangs und Trupps.

ZWEI So früh singt niemand.
Kein Tallymann, kein Lukenvize, keiner aus der Schietgang,
kein Vorhalter oder Warmmacher aus dem Nietenzug.
Nicht ein Lied. Nicht einmal Charley Wittongs Hymne:

EINS „Det morgens schon um halbig soß,
dann könnt ji uns all sehn,
dann goht wi hen no Blohm & Voss,
uns Geld dor to verdeen.
Een Rundjer und een blaue Büx,
die Mütz ganz kühn im Nacken,
Getränk und Brot sind in de Tasch,
een grote Tüt voll Swatten.
Wir sünd Hamborger Kedelklopper,
wir arbeit' dröbn' bi Blohm & Voss,

sind krüzfidel und immer propper,
kaut Swatten und hefft schändlich Doß."

ZWEI Im Hafen passiert was.

DREI Betriebsführer der großen Reedereien gratulieren:

EINS Woermann Linie, Deutsche Afrika Linie:
„Die Deutschen Afrika-Linien haben allen Grund,
den durch den Nationalsozialismus herbeigeführten Umschwung der Dinge
zu begrüßen."

ZWEI Hamburg Amerika Linie:
„Wir machen nicht den Versuch, dem Ausland unsere Ideen aufzuzwingen,
aber wir wollen ihm zeigen, dass der Mensch
im nationalsozialistischen Deutschland glücklicher ist."

DREI Norddeutscher Lloyd:
„Wenn in feierlicher Flaggenparade auf allen deutschen Schiffen
in allen Meeren und Häfen der Welt die Hakenkreuzflagge emporsteigt,
dann werden die Augen jedes deutschen Seemannes in Stolz
und Dankbarkeit auf sie gerichtet sein."

ZWEI Stadthaus, Hauptquartier der Gestapo.
Kommunistische Embleme im so genannten ‚Leninzimmer'.
Ein Tisch, mit einer roten Fahne bedeckt.
Dort zieht man die Roten aus dem roten Hafen über den roten Tisch,
bis sie blutrot sind.

KRAFT DURCH FREUDE

EINS Tor zur Welt. Große Hafen-Bühne mit Kranen.
Kulissen des eisenbegeisterten 20. Jahrhunderts.
Wasser, Öl, Schrägen, Zahlen, Wind und Blut.

DREI Transparente am Ufer: „Deutschland fährt mit euch".
Kilometerweit Fahnen.

EINS Faszination der phantastischen Schiffe.
Von nun an eingebunden in pompöse NS-Spektakel.

ZWEI Plakate im Großformat:
„Reisen auf deutschen Schiffen sind Reisen im Vaterland."
EUROPA, BREMEN, RESOLUTE, RELIANCE –
deutsche Dampfer sind bei internationalem Publikum stark gefragt.

EINS Die MILWAUKEE, Schwesterschiff der ST. LOUIS,
schmuck im weißen Anstrich, überaus beliebt,
vor allem bei ausländischen Touristen,
die Passagen unter dem Hakenkreuz zunächst gemieden haben.

DREI Der 3. Offizier erzählt:
„Sie kamen vor allem, weil sie Guthaben in Deutschland hatten,
die auf Grund der Hitlerschen Devisenvorschriften eingefroren waren.
Wenn sie also etwas von ihrem Geld haben wollten,
mussten sie Passagen auf deutschen Schiffen buchen."

ZWEI Große, kultivierte Dampfer mondäner Reisender.
Grandhotels mit allzu glattem Parkett für dumpfe Parteifunktionäre.

DREI In Hamburg wird 1934 Klartext geredet.
Der „Regierende Bürgermeister", Carl Vincent Krogmann
von der Reederei Wachsmuth & Krogmann,
erklärt an Bord der DEUTSCHLAND, beim Mittagessen,
polnischen Journalisten die ‚Judenfrage'.

ZWEI Die ‚Judenfrage' sei in Polen noch wesentlich schwieriger zu lösen,
„da Polen nicht weniger als 3 Millionen Juden hat."

EINS Hamburg, KdF-Hafen.
An den St.-Pauli-Landungsbrücken liegt die Flotte
der NS-Gemeinschaft „Kraft durch Freude":
ST. LOUIS, DER DEUTSCHE, OCEANA und SIERRA CORDOBA.

DREI Ein grauer, kalter Tag.
Teergeruch, Schaum, Kettengerassel.

Lärm der Nieterkolonnen dröhnt von der Deutschen Werft herüber.
Bei Blohm & Voss probiert man Elektroden-Schweißen.
Doch die Dämpfe versetzen die Arbeiter in Rauschzustände.

ZWEI Auf dieser Seite des Stroms ein ganz anderer Rausch.
4000 glückliche Gesichter. Ein Traumurlaub beginnt.
Reiseziel: die Insel Madeira.
Ausgewählt in allen Teilen des Reiches,
besteigen die Begünstigten freudestrahlend die „Arbeiter-Schiffe".

EINS Auch der kleine Uwe ist da.

DREI Der kleine Uwe ist da, und mit ihm seine Schulklasse.
Zwischen jubelnden Menschenmassen jubeln auch sie.
Gut ist: Schulfrei.
Nicht so gut: Der Aufsatz, den man hinterher darüber schreiben muss.

EINS Die Schiffe, die ST. LOUIS voran, Botschafter des „Dritten Reiches",
verlassen den Hafen zu den Klängen:

DREI „Muß i denn zum Städtele hinaus".

EINS Die Trompete an Bord antwortet:

ZWEI „Freut euch des Lebens."

EINS Die Reisenden werden zum Bild einer Volksgemeinschaft.
Hinter sich lassen die Traumurlauber in echter Begeisterung
- zu der sie sich ihr Leben lang bekennen werden -
alles bis dahin Gekannte.

ZWEI Sonne, Luxus, wunderbare weite Welt.
Eine derartige Grenzüberschreitung ist ein Zauber.

DREI Selbst im Horror der ausgebrannten Stadt
nach dem Feuersturm der „Operation Gomorrha"
leuchtet die Erinnerung an -

EINS Madeira.

HANSEATEN

DREI Szene in einem Schuppen: Betriebsappell der DAF.
SA, Hakenkreuzfahnen, Gefolgschaft mit deutschem Gruß.
In den hinteren Reihen, hinter Kisten versteckt,
das eine und andere respektlose Nickerchen.

EINS Das Bild ‚Göring im Weißen Haus des Tankschiff-Reeders John T. Essberger' ist unscharf.
Elsa Essberger, neben dem ehemaligen Jagdflieger Göring
an der Tafel sitzend - eine schöne Frau, die eine Harley-Davidson fährt –
verhält sich offen ablehnend gegenüber den Rasse-Ideen der Partei.

ZWEI Im Weißen Haus, dem ehemaligen Landhaus des ‚Südseekönigs'
Godeffroy an der Elbchaussee in Blankenese,
leben drei Kinder aus Elsa Essbergers erster Ehe
mit dem Zigarrenfabrikanten und Jagdflieger Jacob Wolff, einem Juden.
Kein Führerbild hängt im Weißen Haus.

DREI John T. Essberger, ehemaliger Freikorps-Mann,
E.K. I. & II. u. Bay. Verdienstkreuz,
ausserdem: Kriegsverdienstkreuz I. & II.,
kooperiert mit Reedereiagenturen jüdischer Inhaber in Übersee.
Dem Bankhaus M.M. Warburg & Co. bleibt er verbunden.
Argwöhnische Parteigenossen nennen sein Kontor „Judenhaus".

ZWEI 27. November 1933. Brief des NSDAP-Kreisleiters:
„Wir Nationalsozialisten, die wir vom ersten Tage an uns zu der festen Idee durchgerungen haben, dass für jeden Nationalsozialisten die Arbeit rechtlich höher steht als der Besitz, ersehen aus Ihrer Handlungsweise, dass Sie nicht in dieser Überzeugung leben.
Die Tatsache, dass Sie auf einem Ihrer Schiffe nicht deutsche Volksgenossen, sondern Chinesen anheuerten, verpflichtet mich als Kreisleiter, Sie sofort aus unseren Listen zu streichen, da Sie mir den Beweis geben, dass Sie kein Nationalsozialist sind und unserer Bewegung den schwersten Schaden zugefügt haben."

DREI Reichsstatthalter Karl Kaufmann nimmt diesen Ausschluss zurück.
Er formuliert die Hamburger Position:
„Wichtiger ist, wie bringen wir die Wirtschaft in Ordnung
und was machen wir, um das uns auferlegte Bauprogramm durchzuführen?"

EINS Essberger, begeisterter Segler, Hamburger Staatsrat,
wird Mitglied der Partei, Vorsitzender des Verbandes Deutscher Reeder,
Leiter der Reichsverkehrsgruppe Seeschiffahrt.
In einem Grußwort zum 1. Mai schreibt er:

ZWEI „Wir freuen uns, feststellen zu können, dass die schwere Krise
infolge der Maßnahmen der nationalsozialistischen Regierung überwunden ist.
Heil Hitler!"

EINS Am Tisch der Hamburger Staatsräte sitzt auch der Tabakindustrielle
Philipp F. Reemtsma.
Seine Firma unterhält Geschäftsbeziehungen zu jüdischen Unternehmern.
Sein Teilhaber ist Jude, was Göring bekannt ist.

DREI Zigaretten-Sammelbilder der Firma Reemtsma sind äußerst beliebt.
Anfang 1933 besorgt Hitlers Fotograf Hoffmann den Sammelband „Der Kampf
ums Dritte Reich".

ZWEI Für den 30. Januar 1934, Jahrestag der Machtergreifung,
hat Philipp F. Reemtsma Karten gebucht.
Eine Weltreise mit dem Dampfer RESOLUTE ab Venedig.

DREI „Sie kommen doch wieder?", fragt Göring.

EINS Reemtsma, von SA-Kreisen gemobbt, zahlt Göring drei Millionen RM –

ZWEI – angeblich zur Aufforstung des deutschen Waldes –

DREI – und für arme, alte Schauspieler –

EINS – um einen Prozess gegen sein Unternehmen niederzuschlagen.

ZWEI Rudolf Blohm, zusammen mit seinem Bruder Walther Inhaber von
Blohm & Voss, Schiffswerft, Maschinenfabrik, Flugzeugbau, ist ebenfalls Hamburger Staatsrat.
Beide begrüßen die Machtübernahme.

DREI Eine jüdische Mitarbeiterin, die zeitweilig als Botin arbeitet,
spricht Rudolf Blohm an, dass sie Jüdin sei.
Er antwortet:

ZWEI „Ihre Religionszugehörigkeit interessiert mich
in keiner Weise, wenn Sie Ihre Arbeit tun, dann ist alles in Ordnung."
Rudolf Blohm steigt in höchste Ämter der NS-Wirtschaft auf.

EINS Johann Bernhard Rothfos, Träger des EK I,
Inhaber der Kaffee Import Firma Bernhard Rothfos,
Vorsitzender des ‚Vereins der am Caffeehandel beteiligten Firmen',
schaut aus seinem Kontor, in dem kein Führerbild hängt,
auf die Speicherstadt mit Fahnen und Hakenkreuzen.

DREI 1938 tritt Bernhard Rothfos, beeindruckt durch die Erfolge der NSDAP
auf sozialem und wirtschaftlichem Gebiet, in die NSDAP ein.

EINS Freihafen, Speicherstadt.
Eine Welt der Arbeit und der Tradition,
mit fest gefügten, streng reglementierten Standesordnungen.

ZWEI Frotzeleien über Berufstugenden sind beliebt:
„Alle Händler verkaufen die eigene Großmutter, aber die Hamburger liefern auch."

EINS Das NS-Regime wird auch hier begrüßt,
wenngleich nicht seine Begleiterscheinungen:
Staatlicher Dirigismus, Kontingentierung, Parteiborniertheit.

DREI Anekdoten beschreiben launig die Unbedingtheit,
wenn es um das Verhältnis von Moral und Geschäft geht:
„Kaffeehändler Nottebohm ruft seinen Makler zu sich.

ZWEI ‚Klappern Sie den ganzen Markt ab, die Partie muss weg.'

DREI Mittags kommt der Makler zurück, ohne Erfolg.
Nottebohm fragt:

ZWEI ‚Waren Sie auch bei Lassally?'

DREI Der Makler bejaht.

ZWEI ‚Und was hat er gesagt?'

EINS ‚Nottebohm soll mich am A... lecken.'

DREI Nottebohm darauf ganz sachlich:

ZWEI ‚Und wenn ich es tue, nimmt er dann die Partie?'"

CHINESEN

EINS Hafen. Hafenstadt. Kiez.
Große Freiheit mit den Lokalen „Neu-China" und „Cheong Shing".
Gegenüber der St. Josephs-Kirche zweigt die Schmuckstraße ab,
die „Straße der Chinesen".
Zigarrenladen von Fat Hing, Speisewirtschaft „Choi Chop Shuy".
Tabakladen von Wong Lam, Speisewirtschaft von Out Sing.
Unaufhörlich spielt ein Grammophon eine melancholische Platte.

ZWEI Arbeitsbeschaffungsmaßnahmen für Deutsche
haben die Verwendung von chinesischen Seeleuten
auf deutschen Schiffen nicht abschaffen können.

EINS Die chinesischen Wäscher gelten als unabkömmlich.
Einzelne Versuche, „deutsche Plätterinnen" auf den die Tropen passierenden
Linien als Ersatz für chinesische Wäscher einzustellen, scheitern.

DREI „DER DEUTSCHE SEEMANN Schiffahrtszeitschrift der DAF"
nimmt die Chinesen aufs Korn:

ZWEI „Was heißt Gans auf Pidgin-Chinesisch?

DREI ‚Big fellow quak-quak makee go in water'.

ZWEI Ente?

DREI ‚Small fellow quak-quak makee go in water'.

ZWEI Dame am Flügel?

DREI ‚Big-fellow-master-lady makee fightum black boxee, black boxee makee cly'".

EINS Frau Krug, Schmuckstraße 14, Vierter Stock, wird Zeugin einer Razzia.

DREI „Einmal hören wir unten 'Ah', Schrei, und guckten wir aus dem Fenster, da haben sie die ganzen Chinesen aus dem Keller geholt. So, nu' holten sie ja die Juden weg, erst, und dann anschließend die Chinesen."

ZWEI Was heißt: Jemand ist plötzlich gestorben?

DREI ‚By and by he makee die all quick finish together'.

Musik.

„ARISIERUNGEN"

ZWEI Fahrt auf der Staatsyacht GRILLE elbabwärts: Hitler, anlässlich des Stapellaufs des Marineschulschiffs HORST WESSEL, Schwesterschiff der GORCH FOCK –

DREI - wieder ist für den kleinen Uwe ein Aufsatz fällig -

ZWEI macht eine Handbewegung gleich einem Brückenbogen.

EINS Senator Ahrens ist begeistert.
Die Freie und Hansestadt Hamburg kommt ihrem Ziel, sich vom Reich eine dringend benötigte Elbüberquerung bezahlen zu lassen, einen entscheidenden Schritt näher.
Die nächste Ausbaustufe der Reichsautobahn im Rahmen eines geplanten Hamburger Autobahnrings macht auch eine Überquerung der Elbe im Westen der Stadt erforderlich.

ZWEI Eine alte Hamburger Idee - als ‚Führer-Idee' plötzlich realisierbar.
Für das neue Groß-Hamburg entstehen Pläne gigantischer NS-Bauten.
Der ‚Architekt des Elbufers' Konstanty Gutschow erklärt:
„Der eigentliche architektonische Sinn der vom Führer angeregten Neubauten ist es, das Gesicht Hamburgs von der Alster weg zum Elbstrom zu wenden."

DREI Philipp F. Reemtsma, beteiligt an ‚C. Andersen, Hamburg'
- Fischereigesellschaft für tiefgefrorenen Fisch - steuert im Rahmen der Generalbebauungsplanung ein Gutachten bei über die Verlegung des Fischereihafens Hohe Schar.

ZWEI John T. Essberger wartet ab.
1936 hat er das ehemalige Baur'sche Palais an der Palmaille gekauft.
In diesem 1805 im klassizistischen Stil erbauten Wohnhaus
hat die SA gehaust und die Außenfront mit brauner Farbe verschandelt.
Palmaille und Palais liegen mitten im Hitlerschen Elbufer-Planquadrat.

EINS John T. Essberger, dessen Einkünfte aus Gewerbebetrieb
von 56635 RM in 1933 auf 1.069236 RM in 1936 gestiegen sind,
erholt sich von schweren Kämpfen gegen doktrinäre Partei-Gliederungen.

ZWEI Die Verstaatlichung der privaten Handelsflotten Hamburger Reeder kann ebenso abgewehrt werden wie die Einflussnahme sog. ‚politischer Leiter' auf den Schiffsbetrieb.

DREI „ Auf der ‚Scharnhorst' vom Nordd. Llloyd", empört sich Essberger,
„ setzte ein junger Masch.Ass. als Ortsgruppenleiter durch Anschlag am schwarzen Brett seinen Ltd. Ingenieur ab ; auf Hapag-Schiffen ohrfeigten Stewards als politische Leiter ihren Obersteward; Kapitäne wurden von der Gestapo beim Einlaufen in den Hafen auf Grund von Anzeigen politischer Leiter von Bord geholt und verhaftet."

ZWEI Nautik siegt über Politik. Ein Schiff ist kein Parteiorgan.
Dieser Freiraum ist John T. Essbergers Freiraum.

EINS 1936. John T. Essberger erholt sich an Bord der „Antonio Delfino".
Sein Reiseziel: Madeira. Zurück geht es mit D. „Cap Arcona".

DREI Mit dem langsam fliegenden Flugzeug vom Typ Fieseler Storch
überfliegen Zollbeamte den Elbstrom, über den die Bibliothek des jüdischen
Gelehrten Aby Warburg die Stadt verlässt.

EINS Auf dem Strom dümpeln die Schlepper der Reederei
„Fairplay Schleppdampfschiffs-Reederei Richard Borchard GmbH".

ZWEI Lucy Borchard, eine Jüdin, ist die einzige Reederin Europas.
Ihr Motto: „ Das Rechte tun und Unrecht nicht dulden,
sonst wird man mitschuldig."

DREI Drei weitere Reedereien haben jüdische Inhaber:
Blumenfeld, Schindler und Bernstein.

EINS 9. Juni 1937.
Pressekonferenz im Rathaus: Senator Ahrens über die Elb-Planungen.
Besonders das Amerikanische an dem Projekt hat es der Presse angetan.
Das Hamburger Fremdenblatt macht einen großen Artikel auf:
„Hamburg muß einen besonderen Baustil für seine großartigen Bauten am
Hafen schaffen, und kann dabei auch die großartige Wirkung amerikanischer
Wolkenkratzer benutzen."

DREI Zur selben Zeit sitzt der jüdische Reeder Arnold Bernstein, E.K. I,
Inhaber der „Arnold Bernstein Schiffahrtsgesellschaft m.b.H."
und der „Red Star Linie G.m.b.H., Hamburg", in Untersuchungshaft.

ZWEI Mr. Kollmar, Banker aus New York,
Vertreter der Chemical Bank & Trust Company, New York,
die an den Bernstein-Linien mit beträchtlichem Kapital beteiligt ist,
besucht Arnold Bernstein in diesen Junitagen in der Haft.

EINS Mr. Kollmar weiß: Kapital- und Geschäftsbeziehungen
verlaufen an gänzlich anderen Linien als öffentliche politische Fronten.

ZWEI Die Situation ist, was Geld angeht, sehr einfach,
und kompliziert in der Frage: Wie ans Geld rankommen?

DREI Die Schiffe des jüdischen Reeders, unter der Hakenkreuzflagge,
boykottiert von der jüdischen Anti-Nazi-Liga, New York,
fahren mit amerikanischer Kapital-Beteiligung
auf Devisenablieferung für die Deutsche Reichsbank,
ohne Kapital-Dienste einhalten zu können, solange der Eigner, Bernstein, sitzt
und einen Verkauf vehement ablehnt.

EINS K: „Arno, das Haus brennt jetzt.
Das größte Interesse auf deutscher Seite besteht darin,
die Linie unter deutscher Flagge zu halten bzw. zu arisieren.
Die Anteile gehören aber noch uns, der Chemicalbank.

ZWEI B: Wenn sich die Banken auf den Standpunkt stellen „Kasse",
Koll, dann bin ich verloren.

EINS K: Göring, Arno, ist der einzige, der was tun kann für Bernstein.
Ich habe unsere Lage folgendermaßen klargemacht:
Wir sind amerikanische Großbank, deren Aktivität im Bereich
der Groß-Stadt New York liegt, also in einem Gebiet,
das reichlich 30–35 % jüdisch ist.
Arno, wenn die Chemicalbank den Juden Bernstein fallen lässt,
dann heißt es drüben, die Chembank macht gemeinschaftliche Sachen
mit den Nazis, und das andere können Sie sich ja denken.
Dann werden wir drüben einen großen Rückschlag erleben,
weil unsere Judenkundschaft abspringt.

ZWEI B: Koll, es hängt alles davon ab, wie Sie mit der Regierung auseinander
kommen.
Wenn nicht, dann bin ich glatt vernichtet.

EINS K: Arno, warum wollen Sie sich mit dem Lauseladen weiter belasten?
Im Auslande waren Sie der Nazi und im Inlande der Jude.
In Zukunft würden Sie es noch viel, viel schwerer haben.
Wie ist es, Arno, wollen Sie mir nicht billig die shares verkaufen?"

DREI Das Hanseatische Sondergericht verurteilt den Reeder
Arnold Martin Bernstein ‚Im Namen des Deutschen Volkes!'

zum Zuchthaus wegen ‚Verbrechens gegen das Volksverratsgesetz'
wegen fortgesetzter Nichtanbietung von Devisen.

ZWEI „Fairplay Schleppdampfschiffs-Reederei Richard Borchard GmbH".
Lucy Borchard fragt den ‚Führer der deutschen Schiffahrt',
John T. Essberger, dem die Partei einen zackigen Stapellauf
für seinen Trockenfrachter ELSA ESSBERGER ausrichtet,
um die Bewilligung, auf ihren Schleppern junge Juden auszubilden.

EINS „Haben Sie nicht schon genug Scherereien, Frau Borchard?",
fragt Essberger.

DREI „Oh ja, Herr Staatsrat", antwortet Lucy Borchard, „das ist wahr."

ZWEI Die Genehmigung wird erteilt.

DREI „Eines Tages", schildert Lucy Borchard, „erschienen Männer in Khaki
und hohen Stiefeln am Steinhöft und sagten uns, dass es bis zum Ende des
Jahres keine jüdischen Betriebsführer mehr in Deutschland geben dürfe. Es war
Zeit zu gehen, und wir gingen nach England."

EINS Auch die beiden anderen Reedereien mit jüdischen Eigentümern,
Blumenfeld und Schindler, werden „arisiert".

ZWEI Durch Hilfe von amerikanischen Freunden wird Arnold Bernstein
1939 für 30.000,- $ von seinem Anwalt Dr. Gerd Bucerius freigekauft.

DREI Die Linien, sein Lebenswerk, hat Bernstein verloren.

EINS Die deutsche Schifffahrt gilt als „judenfrei".

ZWEI Die Elbe fließt. Urlauberschiffe verlassen den Hafen.

DREI „Langsam entschwinden die Schiffe den Blicken. Im schwarzen Hintergrund des überzogenen Himmels heben sie sich hell leuchtend ab. Die Witterung ist schlechter geworden, und ein leichter Regen rieselt unablässig hernieder."

Musik.

AUSWANDERUNGEN

DREI Der Fotograf Hans Engelmeyer, Spezialist für Fernwehbilder,
Bordfotograf auf Passagierschiffen des Norddeutschen Lloyd,
fotografiert die Reichen, Schönen und Berühmten seiner Zeit.
Den Dichter Gerhart Hauptmann.
Den Rennfahrer Bernd Rosemeyer.
Die Schauspielerin Lilian Harvey auf der Reise nach New York.

EINS Nach dem Motto „Alles festhalten mit der Leica"
porträtiert er niederdeutsche Häfen, den Pulsschlag ihrer Arbeit, ihre Strenge
und Romantik.

ZWEI Wunderschöne Bilder wunderschöner Ocean-Liner.

DREI An Bord des Ostasien-Schnelldampfers POTSDAM,
Blohm & Voss Baunummer 497, schreibt der Fotograf
am 23. Januar 1938 aus Singapur an seine Frau:

ZWEI „Es ist nichts los. Die Hinreise ist fast toter Betrieb.
Haben schon viele Passagiere, aber fast alles Juden.
Ein Bombengeschäft wird das auch wohl noch nicht."

EINS Unter den Passagieren des Tropenschiffs sind viele jüdische Emigranten.
„Schiffahrt tut Not", der Werbespruch des Lloyd, hat hier einen anderen Klang.
Wer noch Geld hat, hält es zusammen.

ZWEI „Reichsfluchtsteuer". „Judenvermögensabgabe".
„Golddiskonto-Abschlag."
„Strafverfügungen."
Etlichen Emigranten bleibt nichts mehr von ihrem Vermögen.

DREI Hapag und Lloyd stellen sich ein auf das Geschäft mit der Flucht.
Inserieren Angebote an jüdische Auswanderer in großen Tageszeitungen.
Emigranten werden ein wichtiger Kundenkreis.
Die Hälfte der Passagiere auf den seit 1933 meist ausgebuchten Ostasien-
und Australien-Routen sind Flüchtlinge.

EINS August 1938 geht auch die jüdische Familie des Bankhauses Warburg.

ZWEI Am 20. Juni 1938 wird in der Oberfinanzbehörde eine blaue Akte mit dem Titel „Sicherungsverfahren Julius Asch" angelegt.
Die erste Eintragung lautet: „Julius Asch verlässt die Fa. Chs. [Charles] Lavy & Co. Am 30.6. – sofort gesamtes Vermögen sichern!"

DREI Das traditionsreiche jüdische Handelsunternehmen, dem der Kaufmann Julius Asch vorsteht, wird ‚arisiert'.

EINS Am 26. Oktober 1938 beantragt Julius Asch für sich und seine Frau die Ausreise nach London. Das Schiff soll am 10.12.1938 auslaufen.

DREI Am 28. Oktober 1938 werden etwa 1000 Juden vom Bahnhof Altona zur polnischen Grenze abgeschoben.

ZWEI Am 3. November 1938 wird ein Kaufvertrag ausgefertigt.
„Heute erwirbt der Reeder und Staatsrat John Leonard Theodor Essberger, Elbchaussee 34, von Julius Asch, vertreten durch H. J. Wrage, Blankenese, vier Grundstücke und ein Wohnhaus Nr. 30 in Dockenhuden."

DREI Am 21. November taxiert der vereidigte und öffentlich bestellte Versteigerer Heinrich Schopmann die als Umzugsgut aufgeführten Gegenstände im Haus Elbchaussee 30.

EINS 12. Januar 1939. Eisschollen auf der Elbe.
Eine Eislandschaft am Ufer.
Blankeneser Jungs mit Peekhaken stochern nach Strandgut.
Im Eis liegt der Körper des jüdischen Kaufmanns Julius Asch.
Der Hamburger Bürger hat seinem Leben ein Ende gesetzt.

ZWEI Im April 1939 wird eine merkwürdige Genehmigung erteilt:
Die Ausreise jüdischer Flüchtlinge ausgerechnet mit der ST. LOUIS, einem der größten und luxuriösesten Dampfer des Reichs.

EINS In Deutschland gibt es bereits sechs große KZ.

ZWEI Will man nach dem verheerenden Eindruck der so genannten „Reichskristallnacht" dem Ausland demonstrieren, dass man Juden im Luxus ziehen lässt?

DREI 899 jüdische Flüchtlinge, aus allen Teilen des Reichs, erhalten den Berechtigungsschein für eine Fahrkarte.
Destination: Havanna, Kuba.
Wartesaal zur Immigration in die USA.

ZWEI Ungefähr 300 dieser Flüchtlinge waren in einem KZ.

EINS „Letzter Tag in Hamburg, um 1 Uhr stehen wir bereits zur letzten Prüfung der Papiere, Revision von Handgepäck und Pässen, Devisenkontrolle, in den Räumen der Hapag (im Stadtteil Veddel). Vor der Halle Autobusse; es geht in halbstündiger Fahrt zum Hafen."

DREI Am 13. Mai 1939 um 20 Uhr legt die St. Louis mit Schlepperhilfe vom Nordkai des Kaiser-Wilhelm-Hafens ab.
Die Bordkapelle spielt, wie üblich, „Muß i denn, muß i denn".

EINS Doch der Kai ist leer, niemand winkt zum Abschied.

ZWEI Mit sich nehmen die Reisenden Bilder einer untergegangenen Zeit mit deutscher Identität.
Porträts der Schulklasse, Aufnahmen als Soldat im Ersten Weltkrieg,
Fotos der Häuser, Freunde.
Urkunden, Dokumente, Zeitungsausschnitte.

ZWEI Draußen auf See: Schönes Wetter, reine Luft.

DREI Kapitän Gustav Schröder notiert:
„Selbst kummervolle Eindrücke des Lebens an Land verblassen schnell auf See und werden zu Träumen."

EINS Der Wechsel ist fast nicht zum Aushalten.
Eben noch Terror und Todesangst,
jetzt „Schmorstück in Burgunder, Ananas-Eis."
Allerfeinstes Hotel, Schiffspool, Kino, Maskenball.
Deutsche Stewards der Hapag, mehrheitlich im Besitz des NS-Staates, machen den jüdischen Flüchtlingen das Leben so angenehm wie möglich.

ZWEI In Fassungslosigkeit und Erleichterung vergehen die Tage.

DREI Kinder spielen das Spiel „Juden haben keinen Zutritt".
Vor einer Barriere aus Stühlen stehen zwei Jungs
mit strenger Amtsmiene und verhören alle, die hindurch wollen.
Ein kleiner Berliner will auch.
„Bist du Jude?"
„Ja", sagte der Kleine leise.
„Juden haben keinen Zutritt!", weisen ihn die Jungs ab.
„Ach", sagt der kleine Berliner, „ick bin doch bloß'n janz kleener."

EINS Der weitere Verlauf der 33tägigen Passage entwickelt sich
unter Beobachtung durch die Weltpresse zu einer tragischen Irrfahrt.
Weder das korrupte Regime in Kuba
noch die an ihren Einwanderungsquoten festhaltenden USA
nehmen die Flüchtlinge auf.

DREI Nach dramatischen Vorgängen verdanken es die Flüchtlinge
vor allem dem humanen Mut des Kapitän Schröder,
dass sie schließlich in Antwerpen an Land gehen können.

EINS Nicht weit genug für die SS.
Für einige der ST. LOUIS-Flüchtlinge wird Auschwitz die letzte Station.

ZWEI Aus Sicht der NS-Propaganda ist die Aktion ein riesiger Flop.
Für die sich in prekärer finanzieller Situation befindliche Hapag
- normale Seereisen sind 1939 kaum noch gefragt –
entwickelt sich die ST. LOUIS zur Goldgrube.

EINS Die Möglichkeit, gerade jetzt eine Vergnügungsfahrt
auf diesem Schiff zu erleben, lockt das amerikanische Publikum.
Die nächsten drei Kreuzfahrten, u.a. in die Karibik,
sind restlos ausgebucht.

DREI Am anderen Ende der Welt treffen James Wolf und sein Bruder Donat,
von den bekannten ‚Gebrüdern Wolf, Komisches Trio',
Stars auch beim "Hafenkonzert", der beliebtesten Radiosendung,
an Bord der SELANDIA in Shanghai ein.
Der Stadtteil Hongkew nimmt über 25000 Emigranten auf.

STAPELLÄUFE

ZWEI Stapelläufe, Stapelläufe, Stapelläufe.
Jedesmal jubelt inmitten der tosenden Menge der kleine Uwe.
ADIMRAL HIPPER, schwerer Kreuzer, ROBERT LEY, KdF.
Und wenn Hitler, dann auch Hafen.
Der kleine Uwe sieht nichts, was nicht gut ist für den Aufsatz.

EINS Die Werftarbeiter bei Blohm & Voss sehen den ‚Führer'.
Obligatorische Heil-Rufe.
Tausende von Armen sind hochgereckt.
Das Schlachtschiff F wird auf den Namen BISMARCK getauft.

DREI Die Rechnung könnte hanseatischer nicht sein:
„Blohm & Voss
Rechnung für Kriegsmarinewerft Wilhelmshaven
Gegenstand Baunummer 509 Schlachtschiff BISMARCK
Der Baupreis beträgt RM 71.642.000.-"

ZWEI In der Menge steht der Handwerker August Landmesser.
Demonstrativ verschränkt er die Arme über der Brust.
Die Vermutung, er gehöre der Widerstandsgruppe
kommunistischer Arbeiter an, trügt.
Zustimmung und Ablehnung zum Regime
verlaufen an seltsam abknickenden Linien.

EINS Die verschränkten Arme bedeuten einen kleinen Widerstand aus Liebe.
Obwohl 1931 der NSDAP beigetreten,
verliebt sich August Landmesser in Irma, ein jüdisches Mädchen,
und hat zwei Kinder mit ihr.
Wegen „Rassenschande" verurteilt,
verbüßt er seine Strafe in der Strafabteilung der Werft.

DREI Auch bei der Baunummer 511 hat der kleine Uwe gejubelt,
der „EUROPA des Arbeiters", dem neuen KdF-Traumschiff,
elfenbeinweiß, hochmodern, WILHELM GUSTLOFF.

ZWEI Aus den Fenstern des ehemaligen Baur'schen Palais an der Palmaille
ist die WILHELM GUSTLOFF beim Vorbeifahren so schön anzusehen.
Jetzt, wo sich abzeichnet, dass Hitlers Gau-Ufer wohl so bald nicht realisiert
wird, lässt John T. Essberger das Gebäude restaurieren und weiß streichen.

DREI Der ehemalige Hapag-Dampfer WÜRTTEMBERG, bei Blohm & Voss zur
schwimmenden Walöl-Kocherei umgerüstet, fährt vorbei.
Die „Erste Deutsche Walfang-Gesellschaft m.b.H.",
in enger Zusammenarbeit mit dem Henkel-Konzern, Düsseldorf,
schließt die „nationale Fettlücke".

ZWEI Die DAF stellt fest: „Die deutsche Hochseefischerei wird genügend
wetterhartes Menschenmaterial stellen können, um den deutschen Walfang über
die ersten Kinderkrankheiten hinwegzubringen."

DREI Vom Flugzeugwerk Finkenwerder am neuen Mühlenberger Loch
startet der Aufklärer Ha 141. Weitere Modelle folgen.

EINS Pfingstmontag, 29. Mai 1939.
Die WILHELM GUSTLOFF kehrt zurück aus Spanien.
Die Kapelle der Luftwaffe spielt
„In der Heimat gibt's ein Wiedersehen".
An Bord Einheiten des Luftwaffen-Flak-Regiments 88 der ‚Legion Condor'.

ZWEI Nicht nur der Name der Stadt Guernica bleibt mit der ‚Legion'
verbunden.

DREI An diesem Tag, schließlich geht's um Flieger, ist auch Göring da.
Diesmal sieht der kleine Uwe gut und schreibt wahrheitsgemäß,
dass der dicke Mann stark geschminkt ist und Lippenstift trägt.
Der Aufsatz wird sehr übel genommen.

ZWEI Die Flugblätter, die Arbeiter heimlich im Baakenhafen verteilt haben,
in denen zur Solidarität mit der spanischen Republik
und zum Widerstand aufgerufen wird, sind längst verweht.

EINS Mit einem kalten Büfett im Rathaus nach der Oper
„Die Entführung aus dem Serail" von Wolfgang Amadeus Mozart - zur selben
Zeit bauen Häftlinge aus dem KZ Sachsenhausen das Lager Neuengamme auf -
enden die Festveranstaltungen zum 750. Hafengeburtstag.

DREI New York, Ende dieses Sommers.
Die BREMEN, Flaggschiff des Norddeutschen Lloyd,
verlässt unter den Klängen der Nationalhymne und des Horst-Wessel-Liedes
ohne Passagiere den New Yorker Hafen.
Die Besatzung steht mit zum Hitler-Gruß erhobenem Arm an Deck.
Ein Tag später, am 1. September, die BREMEN ist auf hoher See,
stellt Kapitän Ahrens den Funkverkehr ein,
lässt das Schiff grau anstreichen und völlig verdunkeln.

ZWEI Radio-Ansprache. Hitler erklärt den Krieg.
Bei Blohm & Voss steht der ganze Betrieb versammelt, ohne dass irgendein
Ausdruck des Einverständnisses oder der Freude laut wird.

EINS Bis Kriegsende werden 238 U-Boote fertig gestellt.

DREI Die ersten Schüsse des 2. Weltkriegs fallen von einem Schiff,
dem Linienschiff SCHLESWIG-HOLSTEIN
in der Danziger Bucht.

ZWEI 104 chinesische Seeleute vom Hapag-Dampfer LÜNEBURG
und dem NDL-Dampfer NECKAR werden in den noch erhaltenen Passagierkammern der ausgebrannten RELIANCE interniert.
Sie gehören keiner Feindnation an, gelten aber dennoch als Sicherheitsrisiko.

EINS Kreuzer und Panzerschiffe, wie die ADMIRAL GRAF SPEE,
haben durch moderne Ölbefeuerung einen großen Aktionsradius.
John T. Essbergers Tankerflotte, die größte in Deutschland, stellt die Versorgung
sicher.

DREI Sichergestellt ist auch die Versorgung der Front.
Der Krieg wird nicht scheitern an fehlenden Zigaretten oder dem Mangel
an Kaffee.

ZWEI Früchte kommen nicht mehr aus Übersee.
In den Fruchtschuppen 10 der Hamburger Hafen- und Lagerhaus Gesellschaft,
Baakenbrücke 2, werden am 16. Mai 1940 551 Roma und Sinti eingesperrt,
bevor sie mit Zügen der Reichsbahn über die Elbbrücken nach Auschwitz
deportiert werden.

EINS Dieselben Elbbrücken, über die Zyklon B-Gas
Der Fa. Tesch und Stabenow vom Messberghof
in die Gaskammern von Auschwitz gebracht werden wird.

ZWEI Im Juni 1940 wird das KZ Neuengamme selbständig.
Von den fast 110.000 Häftlingen werden am Ende
über 55.000 gestorben sein.

Musik.

„JUDENKISTEN"

EINS „Judenkisten", Lift-Vans, Hausrat in einer Kiste
von der Größe eines Möbelwagens, sind im Hafen oft zu sehen.
Der Zoll hat reichlich zu tun.

ZWEI „Ablieferschein Nr. 740 für den Auktionator.
Name des Eigentümers: Dr. Heinrich Israel S.
A. 1 Stück Möbellift: Signatur/Nr.: „Merkur" 1006
Gesamtkollizahl: 1 Lift   Gewicht: 3100.- kg.
Lagerort: Togokai"

DREI „Ablieferschein für den Auktionator Nr. 821.
Name des Eigentümers: Oskar Israel T., Berlin
1 Stück Möbellift   Signatur: New York 2719   Gewicht: 3680 kg. Lagerort:
Kaischuppen 32"

EINS Spediteure: „Heinrich W. Pries, Sparr, Züst & Bachmeier,
Schönsee & Co., Kühne & Nagel.
Schenker &Co. ab Togokai und Schuppen 51."

DREI „1 Kiste ab Maiwald &Cons., Speicherstadt, Alter Wandrahm 12."

ZWEI An vielen Orten in der Speicherstadt werden „Judenkisten" gelagert.
Bernhard Rothfos, Bevollmächtigter der Fa. Eduscho, Bremen,
die für den Versand in größerem Umfange Tafelschokolade benötigt,
erwirbt 1938 die durch eine Hamburger Großbank angebotene
Firma Aronsohn, Reese & Wichmann aus den Händen des damaligen jüdischen
Inhabers und beteiligt sich selbst an diesem Unternehmen mit 50 %.

DREI Gemeinsamer Vermieter der kleinen Lagergeschäfte und des größten
Kaffeehändlers ist die Hamburger Hafen- und Lagerhausgesellschaft,
vor 1939 Hamburger Freihafen-Lagerhausgesellschaft
mit Sitz St. Annen 1, Linie 14, Station Messberg.

BILD ZWANGSARBEIT

EINS 1940. Joachim de la Camp, Präses der Hamburger Industrie - und Handelskammer:

DREI „Wo wir jetzt von Übersee abgeschlossen sind,
müssen wir die Rohstoffe des Ostens für unsere Wirtschaft erschließen.
Die Bereitwilligkeit für die Ostarbeit, von der Kammer durch eine besondere
Beratungsstelle gefördert, hat in den weitesten Teilen der Hamburger Kaufmannschaft Platz gegriffen."

ZWEI „Man zwang uns, zur Arbeit nach Deutschland zu fahren.
Die, die aus der West-Ukraine stammen, bekamen einen Ausweis
und konnten sich frei in der Stadt bewegen.
Ich habe bei Blohm und Voss gelernt, die Lehrzeit betrug sechs Monate.
Ich arbeitete als Elektroschweißer in den U-Booten."

EINS „Als Ergebnis des deutschen Einmarschs in der Ukraine, im April 1942,
und der damit verbundenen Gefangenschaft, kamen wir nach Hamburg.
Zu Fuß führte man uns zum Schuppen 43.
Aus Metall schnitten wir irgendwelche Ersatzteile, für die Lüftungsanlagen der
U-Boote."

ZWEI „Ich kam zu den Hafen-Lastträgern im Hamburger Hafen. Sandtor-Kai. Polizei war es, die uns bewachte, alte Männer in solch schöner blauer Uniform."

EINS Im Sommer 1942 ziehen viele der Polizisten die blauen Uniformen aus. Das Lied, mit dem sie nach Polen fahren, bevor sie in großer Zahl Juden erschießen:

DREI „Aus Hamburg sind wir ausmarschiert,
Alster und Elbe ahoi!
In Polen sind wir einquartiert,
Heimat, wir bleiben dir treu!
Und klingt durch die Straßen unser Schritt,
Dann marschiert in uns die Heimat mit.
Heimat, wir schwören dir Liebe aufs neu,
Hamburg, wir bleiben dir treu!"

ZWEI Anfangs werden die Arbeitskräfte rücksichtslos ausgebeutet, wird ihre Existenz auf niedrigstem Niveau erhalten.

EINS „Nun bin ich Nr. 37853 und fahre in einem Kommando
von mehr als 1000 Leuten in den Hafen.
Wir wohnten in umzäunten Hafen-Lagerhäusern, genauer gesagt,
wir schliefen dort, und morgens brachte man uns auf Kähnen
nach Hamburg, um dort in einer ehemaligen Ölraffinerie zu arbeiten,
bis in den Knien in Fett, Paraffin-Öl.
Gearbeitet wurde von 6 Uhr morgens bis in die tiefe Dunkelheit hinein.
Unser Lager schmolz zusammen.
Jeden Tag 3 – 4 Tote.
Hunger und Durchfall – sie tranken Wasser aus der Elbe.
Durst quälte sie alle, besonders nach den Rationen gesalzener Fischpaste.
Zu dieser Zeit starben von 500 Menschen die Hälfte.
Das war für die Nazis unrentabel, mußten sie doch für jeden Häftling bezahlen."

DREI Als deutlich wird, dass Arbeitskräfte nicht mehr beliebig zu beschaffen sind, werden Essenszulagen bewilligt und der Besuch in eigens geschaffenen Bordellen.

EINS Ab 1941 werden sechs entsprechende Baracken eingerichtet:
Alsterdorf, Moorfleet, Neuhof, Harburg, Waltershof, Finkenwerder.

ZWEI Präses Joachim de la Camp:
„Im Gegensatz zum vorigen Sommer steht man heute auf dem Standpunkt,
die russischen Arbeitskräfte zum Vorteil der deutschen Wirtschaft
möglichst pfleglich zu behandeln."

EINS „Für eine gute Arbeit gab es für uns zusätzliche Essensmarken,
für eine zusätzliche Portion Suppe.
Es gab ein Laib Brot für vier Personen für einen ganzen Tag.
Samstags gab es Zucker."

DREI April 1941.
Für Hochbrücke, Wolkenkratzer, Gauhochhaus und Volkshalle
werden keine Klinker mehr gebraucht.
Rüstungs- und Versorgungsbetriebe benötigen Arbeitskräfte.

ZWEI Erster großer Transport polnischer Häftlinge von Auschwitz nach
Neuengamme.
Zur Belustigung der SS findet ein Fußballspiel statt:
„Auschwitz" gegen „Neuengamme".
Die Häftlinge der Mannschaft „Auschwitz" gewinnen.

HAPAG LLOYD

EINS 27. Mai 1941. Die BISMARCK, Stolz der deutschen Kriegsflotte, sinkt.
Bei Bekanntwerden des Untergangs nimmt Direktor F.
in seinem Büro bei Blohm & Voss das Führerbild von der Wand.
Dem SS-Mann Holm, der sehr oft in Marschstiefeln auf der Werft erscheint, sagt
er: „Herr Holm, wir haben hier kein Hochwasser".

ZWEI September 1941. Völlige Flaute der Passagierschifffahrt.
Hapag und Norddeutscher Lloyd werden reprivatisiert.
Philipp F. Reemtsma erhält die Aktienpakete beider Gesellschaften zum
Nennwert von je 30 Mio. RM.
Der Kurswert liegt bei 216 Mio. RM.

DREI Zu den weiteren Teilhabern gehört Bernhard Rothfos, Kaffeeimporteur.

ZWEI Die renommiertesten deutschen Linien für'n Appel und 'n Ei.

DREI Hermann Reemtsma, Philipps Bruder, übernimmt zum gleichen Zeitpunkt die Reichsanteile am Kapital der Deutschen Afrika-Linien – zusammen mit John T. Essberger.

EINS Zur selben Zeit fängt der kleine Uwe an, Geschäfte zu machen.
Beim Tausch von Zigarettenbildchen lernt er, wie die Börse tickt:

ZWEI Für eine ‚Marlene Dietrich' musst du zehn ‚Leni Riefenstahl' hinblättern.

DREI 15. März 1942. John T. Essberger, der ehemalige Freikorps-Mann, hält eine Rede vor Soldaten der Marinenachrichtenabteilung.

EINS „Wir müssen durchhalten, um zu siegen.
Kein Kampf ohne Opfer.
Und auf den Opfern und den Waffen ruht der Staat.
Das ist soldatische Haltung.
Die Vorsehung gab uns in diesem schwersten Schicksalskampf
einen Mann als Leiter der Geschicke der Nation,
wie ihn die Welt in jedem Jahrtausend nur einmal erlebt.
Wir halten ihm die Treue und setzen uns ein
für die nationalsozialistische Idee, deren Schöpfer er ist.
Sieg Heil!"

DREI Die Elbe fließt.
Die Front raucht.

ZWEI „Das Steigen meiner Einkünfte", erklärt Philipp F. Reemtsma, „ist auf den erhöhten Cigarettenkonsum zurückzuführen."

HOLLÄNDISCHES JUDENGUT

DREI „Es muß 1942 gewesen sein, daß plötzlich diese einfachen Frauen
auf der Veddel zu mir in die Bücherei kamen und sagten:
‚Fräulein Rosenbaum, Fräulein Rosenbaum, wissen Sie eigentlich,
daß man im Hafen sich ganz preiswert einkleiden und Hausrat kaufen kann?'
Ich sag: Wieso?"

ZWEI Wieso?

EINS Wieso?

ZWEI „Der Beigeordnete für die Sozialverwaltung der Hansestadt Hamburg.
An den Herrn Reichsstatthalter   Betrifft: Holländisches Judengut.
Am 15.9.42 wurde mir fernmündlich mitgeteilt,
daß 2000 - 4000 Einrichtungen gebrauchter Möbel,
im allgemeinen aus dem Besitz wohlhabender Juden, nach Hamburg kämen.
Das Löschen der Kähne erfolgt am Schuppen 25 der Hafen- und Lagerhaus-AG.
Mit dem Verkauf ist die Fa. Schlüter beauftragt worden."

DREI ‚Ja, Fräulein Rosenbaum', sagten die Frauen,
‚da kommen Leichter aus Holland -

ZWEI - da kommen Leichter aus Holland -

EINS - da kommen Leichter aus Holland -

DREI - und die sind voll mit Geschirr und Kleidung und Teppichen
und Möbeln, und wir haben schon gekauft.

ZWEI - und wir haben schon gekauft.

EINS - und wir haben schon gekauft.
Ich hab echte Teppiche in der Wohnung und ich trag 'n Persianer,
und ich bin nicht die einzige, es sind auch andere Frauen
und andere Familien, die da gekauft haben.'

DREI Und dann hab ich gesagt:
Ich weiß nicht, woher diese Sachen kommen.
Ich wußte es natürlich."

ZWEI „Allein für die Aufbereitung des Inhalts des ersten Kahns
ist eine Raumfläche von 2500 qm nötig.
Der Versteigerer Schlüter steht vor fast unlösbaren Schwierigkeiten, das bestätigt die Inaugenscheinnahme der in den Zoohallen aufgestapelten Mengen.
gez. Martini, Senator"

DREI „Teppiche und Pelze in der Veddel.
Da gab es keinen Teppich, da gab es keinen Pelz.
Und das hatten die Frauen plötzlich.
Was ich erinnere, sind Persianer. Schwarze.
Frauen in schwarzen Persianern und großen Hüten mitten zwischen den Bombentrümmern."

ZWEI Die Zeitschrift „DER SEEMANN" der DAF
druckt Witze und Döntjes,
während Hamburg schon längst unter Bombenabwurf liegt.

EINS „Ein Fremder kommt nach Hamburg und hört auf dem Hopfenmarkt
das Glockenspiel der Nikolaikirche:
‚Ein feste Burg ist unser Gott'.
Er findet das schön und feierlich.
Da meint ein Hamburger Hafenarbeiter:
„Das is noch gar nix.
Was meinen Sie, wenn ein Senator totgeblieben ist,
dann spielen alle Glocken vierzehn Tage lang:
‚Nun danket alle Gott.'"

Musik.

BOMBARDIERUNGEN

DREI In der schwülen Hochsommernacht auf den 28. Juli 1943
steht die Temperatur zwischen 20 und 30 Grad.
Ein wunderbarer Sommer verwöhnt die Hansestadt.

ZWEI Mit den Vätern, die Fronturlaub haben, fahren Familien an den Hafen.
Und die Elbe fließt.

DREI Um Mitternacht wird aus dem nie ganz blauen Himmel
ein kochend rotes Flammenmeer.

EINS Nachdem Coventry ‚coventrisiert' worden ist,
wird Hamburg ‚hamburgisiert'.

ZWEI Am Tag fliegt die US-AirForce Angriffe gegen Industrieanlagen,
nachts bombardiert die britische RAF Wohngebiete.

DREI Bei minimalem creep-back werfen Jimmy, Tim und Geoff von der
35. ‚Pfadfinder'-Squadron zusammen mit 734 anderen Bomberteams aus
4300 m Höhe, ungeachtet der „Wilde-Sau"-Abwehrtaktik des deutschen Majors
Hermann, 2.329 t Weltende ab.

ZWEI Der ‚maximale Gebrauch des Feuers' verändert jede bisherige Vorstellung vom Äußersten in der Welt.

DREI Die „Operation Gomorrha" erzeugt einen kilometerhohen Kamin,
Zehntausende Menschen zerfallen zu Asche, zerschmelzen, verkochen.
Auch die Nikolaikirche brennt aus.
Vom Turm der Hauptkirche St. Katharinen leuchtet das Wort ‚Gloria'.
Kaffeeleute stehen in den Trümmern der Speicherstadt.
Die Kontore sind weg, die Höflichkeit steht allein.

EINS Die Männer der Batterie leichter Fla-Geschütze nahe Blohm & Voss
schauen auf Rauch, Verwesung und Unrat.

DREI „Es regnete Phosphor vom Himmel.
Meine Geschütze rissen aus den Verankerungen und verschwanden,
als die Decken brannten, in der Tiefe.

Von den Schiffen ragten nur Masten und Schornsteine aus dem Wasser,
selbst die Dückdalben brannten in der braunen Brühe,
die mit Treibgut bedeckt war ...

ZWEI An diesem folgenden Sonntag hat kein Hamburger die Sonne gesehen,
während sie andernorts einen Sommertag vergoldete ..."

EINS Tausende von obdachlos Gewordenen wechseln auf Elbschiffe.

ZWEI Links der Elbe erheben sich dicke Qualmpilze über brennenden
Öltanks.

DREI Im Baakenhafen schwappt das Wasser der Elbe
gegen umgestürzte Krane und unentwirrbares Stahlgewirr.

ZWEI Zögernd zunächst und aus allen Himmelsrichtungen
kehren 1000 Arbeiter aus der brennenden Stadt zurück zu den U-Booten.
Ohne Möglichkeit zu zögern, kommen Zwangsarbeiter und Häftlinge.

EINS „Na und wie Hamburg damals aussah, das kann man sich vorstellen.
Der Tod drohte uns gleichermaßen,
so den Deutschen wie auch uns, denn die da flogen,
ließen Bomben ab, sie sahen nicht, sie sahen uns nicht, ganz einfach.
Und wir hier gemeinsam haben die Hölle durchlebt.
So war das!"

CHINESENAKTION

ZWEI Nach dem japanischen Angriff auf Pearl Harbour erklärt China
am 9. Dezember 1941 dem Deutschen Reich den Krieg.
Chinesische Seeleute, die Dienst auf britischen Kriegsschiffen leisten
und von deutschen Schiffen aufgebracht werden, werden auf Schiffen im
Hamburger Hafen interniert.

DREI 13. Mai 1944:

EINS Frau Wong, eine Deutsche, ist mit ihrem Bekannten im Restaurant ‚Pacific' am Hans-Albers-Platz zum ‚Ohne-Marken-Essen'.
Plötzlich stürmt ein mit Maschinenpistolen bewaffneter Gestapo-Trupp in das von einem Chinesen betriebene Lokal.
Alle asiatisch aussehenden Männer werden festgenommen und auf die Straße geführt.
Draußen warten bereits andere Chinesen, die aus den umliegenden Straßen St. Pauli's hierher getrieben werden.
Unter Schlägen geht es zur Davidswache auf der Reeperbahn.

DREI Lina Magdalena D., wohnhaft Hamburger Berg:
„Ich sah meinen Verlobten Chong Tin Lam,
wie man ihn blutüberströmt in den Toilettenraum führte.
Über das Kind meines Verlobten äußerte sich der Gestapo-Beamte,
dass man dasselbe gegen die Wand schmeißen müsse, so dass die Gedärme herauskämen.
Ich wurde festgenommen und dem AL Wilhelmsburg zugeführt.
Eine Aufseherin dieses Lagers sagte zu mir:
„Na, Sie Chinesenliebchen, von Ihren Freunden sind schon ein ganz Teil verreckt."

ZWEI Das AEL Wilhelmsburg, an der Straße Langer Morgen.
Man lässt Häftlinge im Kreis rennen und nennt es ‚Horner Rennbahn'.

EINS Der Lagerälteste, ein Krimineller, fordert Goldzähne
als Gegengabe für ein bisschen Essen.
Schließlich willigt der Chinese ein, und der Lagerälteste bricht ihm
die Goldkronen mitsamt den Zähnen aus.

DREI Ende der ‚Chinesenstraße'.

DESSAUER UFER

ZWEI Im Hamburger Hafen gibt es fast 20 Außenlager des KZ Neuengamme.

DREI „Es wurde uns die Kleidung abgenommen und wir erhielten gestreifte Häftlingskleidung.
Sie wurde mit gelber Ölfarbe markiert (x-Form).
Es wurde uns die „Autobahn" geschnitten
(Streifen über den Mittelscheitel)."

EINS „Mein Kamerad gab mir Pferdeschmalz und ich habe gedacht: Essen oder nicht.
Wir hatten Kartoffeln bekommen und dieses Pferd
hatte zwischen den Trümmern gelegen.
Ich war bei der Deutschen Werft und Blohm & Voss.
Wir gingen durch einen Tunnel unter der Elbe.
Wir hatten Kreuze mit Phosphor auf dem Rücken.
Damit alle Arbeiter auf den Docks wissen, daß wir Häftlinge sind.
Das wurde mit einem Kreuz gekennzeichnet.
In der Nacht haben wir wie Johanneswürmchen ausgesehen, das Phosphor leuchtete.
Es reflektierte in der Nacht.
Und wenn wir in der U-Boot Halle waren und es gab nachts Fliegerangriffe, mußten wir mit der SS gehen."

DREI Die Häftlinge, zu Skeletten abgemagert, beseitigen Luftangriffsschäden und führen sonstige schwere Arbeiten aus.

EINS „Du kommst in einen Keller, und dort sitzt alles voll Vertrockneter.
Bei solch einer Temperatur schmilzt das ganze Fett aus dem Menschen heraus und es bleiben nur Haut und Knochen.
Wenn du ihn anrührst, dann zerfällt er zu Staub."

ZWEI „In dem Kanal trieben dort Leichen.
Die SS-Leute umstellten das ganze Viertel, und wir arbeiteten da.
Wir begannen die Straßen zu säubern, damit Verkehr möglich wäre.
Die Häuser waren eingestürzt und hatten mit ihren Trümmern die Straßen versperrt."

EINS „Ich erinnere mich an einen Moment, als wir Leichen hervorzogen.
Damals zeigten sie uns den Kinofilm ‚Morgen beginnt das Leben'.
Dort wurde von einem Soldaten erzählt, der an der Front war.
Er verabschiedete sich von seiner Frau. Sie hatte keine Arbeit.
Aber sie hatte eine schöne Stimme.
Sie ging ins Theater und sang dem Direktor ein Lied vor.
Man nahm sie in die Truppe auf.
Sie fuhren alle an die Front, um aufzutreten.
Sie sang im Hospital.
Aber da lag gerade ihr Mann.
Sie kommt hervor und singt,
aber jener mit verbundenem Arm schaut zu.
Ich kann mich an diesen Film erinnern.
Dort war noch ein Lied ‚Wenn du auf Urlaub kommst'.
Ich habe dieses Lied lange im Gedächtnis behalten.
Er aber sagt zu seinem Freund: ‚Das ist meine Frau'.
So ein interessanter Film war das.
Mehrere Male haben sie ihn uns gezeigt.
Das war im Jahre 44.
Bis dahin habe ich zugesehen, es irgendwie zu schaffen,
nicht ins Krematorium zu kommen.
Aber an den Film und das Lied kann ich mich sogar erinnern."

ZWEI „Mit einem Schiff brachte man uns in das Hamburg-Dessau-Ufer-Lager,
wo zu unserer Ankunftszeit schon 2-3000 Menschen waren.
In unserer Gruppe waren 1500, diese ganze Masse drängten sie in einem Raum zusammen.
Wegen des Essens mußte man in den Keller gehen.
Auf einer steilen, engen Treppe mußte man sich anstellen, wo sich die Menschen im wahrsten Sinne des Wortes erdrückten.
Viele blieben liegen, von der Masse zertreten."

DREI Die Elbe fließt.
Hafenarbeiter schauen über den Fluss, der träge dahinfließt.
Auf der anderen Seite steigen Mädchen ins Wasser, um zu schwimmen.
Wachmannschaft steht am Ufer.
Die Mädchen tragen Kleider, die mit einem Kreuz versehen sind,
und haben eine Nummer im Unterarm eintätowiert.

EINS Am 14. Juli 1944 wurden 2000 Frauen, die als „arbeitsfähig" galten, von Auschwitz in den Freihafen Hamburg gebracht.

DREI „Wir wurden in einem großen Lagerhaus am Amerika-Kai untergebracht. Wir standen am Ufer der Elbe, welche träge dahinfloß."

„Ein feiner Regenschleier setzte sich auf unsere kahl geschorenen Schädel und spärlich gekleideten Schultern.
Es hieß Arbeit oder Tod.
Wir waren 500 Frauen unterschiedlichen Alters,
die jüngste gerade vierzehn, die älteste um die fünfzig
und alle waren wir hoffnungslose, geschlagene Kreaturen."

Musik.

LETZTE TAGE

ZWEI Rudolf Blohm notiert: „Den Begriff ‚Innenstadt' gibt es nicht mehr. Die neue Begriffsbestimmung ist: ‚Innerhalb der Ringbahn.'"

EINS Die Ansicht, eine Stadt von Deutschen zu sein, löst sich auf.
Eine immense Zahl verschleppter Zwangsarbeiter und KZ-Gefangener
prägt neben den Trümmern das Stadtbild.

DREI „Tagesangriff von Süden aus der Sonne heraus.
Die als Wohnschiff der Kriegsmarine bei der Deutschen Werft liegende SIERRA CORDOBA brennt aus."

EINS „Der Polizeipräsident Hamburg, den 25. Februar 1945
Geheim! Schadensmeldung 190. Angriff.
Wetter: Bedeckt, trocken.
Erster Bombenabwurf: 12.28 Uhr

Letzter Bombenabwurf: 12.47 Uhr
ZWEI Motorsegler „Martha Wolter"   DREI   leicht beschädigt
ZWEI Schlepper „Gonius"   DREI   gesunken
ZWEI Motorbarkasse „Togo"   DREI   gesunken
ZWEI Schlepper „HEW Neuhof"   DREI   leicht beschädigt
ZWEI Dampfer „Hauke Tjell"   DREI   gesunken
ZWEI Schlepper „Harry"   DREI   gesunken."

EINS „Alarm auf der Werft!
Wie Schatten huschten die Arbeiter in die Schutzräume.
Tausende von ihnen schluckte Elbe 17, das Dock."

ZWEI Der Dichter Hans Leip hat sein „Lied im Schutt" geschrieben.
In zehn Kreideskizzen dokumentiert er die Trümmerlandschaft.

EINS Mitglieder des kommunistischen Widerstands bei Blohm & Voss,
der von ihnen so genannten ‚Knochenmühle' sind hingerichtet.

DREI Jonny Stüwe, Walter Reder, Kurt Vorpahl, Hans Hornberger,
Willi Schneider, Robert Anasch, Erich Heinz, Oskar Knaak,
Heinz Pries, Georg Hoffmann, Otto Möller und weitere.

ZWEI Staatsrat Rudolf Blohm schreibt ein Telegramm:

EINS „Admiral östliche Ostsee   27.11.44.
Lieber Herr Brandi!
Daß Sie die höchste deutsche Tapferkeitsauszeichnung erhalten haben, hat uns
alle mit ungeheurer Freude erfüllt.
Herzlichen Glückwunsch!
Ob Sie Ihre letzten Erfolge noch mit einem B & V-Boot errungen haben, wissen
wir nicht. Es würde uns die Befriedigung geben, dass auch Arbeit und Material
den Ansprüchen entsprochen und sich bewährt haben.
In der Hoffnung, Sie gelegentlich einmal wieder hier in Hamburg zu sehen,
Heil Hitler!
Ihr Rudolf Blohm."

ZWEI Drei Wochen später hat in dieser wirklichen Unwirklichkeit
ein Film Premiere: „Große Freiheit Nr. 7".
Wegen Mangel an Heldentum ist der Film fürs Reichsgebiet verboten.
Im Film steht der blonde Hamburger Jung' Hans Albers auf der Barkasse
und singt:

EINS „Wir sünd Hamborger Kedelklopper,
wir arbeit' dröbn' bi Blohm –"

DREI Am 30. Januar 1945, dem Jahrestag der Machtergreifung,
wird das ehemalige „Kraft durch Freude"- Schiff
WILHELM GUSTLOFF durch Torpedotreffer
des sowjetischen U-Bootes S 13 versenkt.
9343 Flüchtlinge, darunter 3000 Kinder, finden den Tod.

ZWEI Sonntag Mittag. 11.3.1945
Am Sonntag „Lätare" wird die Hauptkirche St. Michaelis getroffen.
Blohm & Voss verliert das Dock IV, den 250-t-Drehkran
und den Laufkran in der Schiffbauhalle V.

EINS 7000 ausgebombte Familien von Werftangehörigen
leben in Notunterkünften, in Baracken auf dem Heiligengeistfeld
und im Museum für Hamburgische Geschichte.

ZWEI Trotz allem liefert Blohm & Voss in den ersten vier Monaten des Jahres
bis zum Kriegsende noch siebzehn U-Boote des Typs XXI
an die Kriegsmarine.

DREI „Tagangriff.
Mittagstunden des 30.3.1945 (Karfreitag). Bewölktes Wetter.
Etwa 4200 Sprengbomben und 1800 Flüssigkeits-Brandbomben fallen."

EINS Nach Liegezeiten als „Wohnschiffe" der Kriegsmarine dienen
Passagierschiffe wie CAP ARCONA, HAMBURG, HANSA, DEUTSCHLAND,
POTSDAM und Frachtschiffe wie MOLTKEFELS, LAPPLAND, VEGA,
GÖTTINGEN als Flüchtlingsschiffe.

ZWEI Über zwei Millionen Flüchtlinge werden aus den Ostgebieten
über die Ostsee evakuiert.

DREI John T. Essbergers Schiffe fahren Rettungseinsätze.
Die Reederei Essberger steht an der Spitze.

EINS 20. April 1945.
Das KZ Neuengamme ist mit 14.000 Häftlingen belegt.

ZWEI „Maitage, sonnige aber kühle, und Mitte Mai sogar frostige. Viele Häftlinge arbeiteten draußen, wie ich auch, es erfroren Wangen und Münder."

DREI Nach Verhandlungen mit dem schwedischen Roten Kreuz werden Häftlinge in Güterzügen nach Lübeck transportiert.

ZWEI Die Einschiffung erfolgt auf das ehemalige „Kraft durch Freude"- Schiff CAP ARCONA und die Frachtschiffe ATHEN und THIELBEK.

DREI Am 3. Mai 1945 werden die Schiffe durch die RAF bombardiert. Etwa 7.000 Häftlinge kommen um.

ZWEI „Die Cap Arcona kenterte und ragte wie stehend aus dem Wasser. Sie schwamm wie eine gigantische Fackel."

EINS Von 39.000 U-Bootfahrern der Kriegsmarine wurden 32.000 getötet; von 820 Booten wurden 718 vernichtet.

ZWEI Am 3. Mai rückt das XII. Korps unter Gen.Ltn. Ritchie in Hamburg ein, in dem es mit einem Schlag keine Nazis mehr gibt.

DREI Der erste Jeep fährt sofort vor das Werfttor von Blohm & Voss. Der wachhabende Brandmeister der Werksfeuerwehr grüßt mit hochgerecktem Arm und „Heil Hitler". Der britische Sergeant ist erfreut, einen richtigen Nazi erwischt zu haben, aber ein Oberingenieur winkt ab: „Der Mann ist kein Nazi, er ist besoffen."

EINS Die Akte der britischen Besatzungsmacht vermerkt über John T. Essberger:
„One of the representatives of the 3rd Reich, he has enriched himself tremendously.
E. is regarded as one of the biggest profiteers during the nazi regime."

NAVIGATION

Musik.

DREI „Am Ende konnte man die Sonne, einen roten Kreis, konnte man ohne abgedunkeltes Glas normal schauen."

ZWEI Rauchpilze, wulstige Schatten, große grüne Fliegen.

EINS Im Strom Leichen, Ballen und Kisten, Bretter.

ZWEI Zerschmetterte Krane, geborstene Helgen.
Schornsteine oder Masten von fast 3000 Schiffswracks ragen aus dem Wasser.

EINS Schuppen und Speicher verbrannt.

ZWEI Das Tor zur Welt: keine Welt drinnen, keine Welt draußen.

DREI Der Fotograf Hans Engelmeyer, Chronist der Schiffsfaszination, ist beigesetzt auf dem Friedhof St. Pierre in Marseille.

EINS Glocken Hamburger Kirchen liegen im Freihafen.

ZWEI Das Herz der Stadt, Ort der großen Ströme, Menschenströme, Warenströme, Bilderströme, hat nie aufgehört zu schlagen.

DREI Die Stadt der Hanseaten hat während des „Dritten Reiches" nie aufgehört, effizienteste Großstadt zu sein.

EINS Von dem Dichter des Meeres Gorch Fock stammen die Worte: „Etwas Unfassbares, Unergründliches, Unbeschreibliches ist der Hafen von Hamburg."
Für den Hafen jener Jahre trifft dieser Satz jedenfalls zu.

ZWEI Die Hakenkreuzflagge weht nicht mehr von deutschen Schiffen.
Der Krieg hat ein Ende.

Der Krieg hat immer ein Ende, aber nie eine Lösung.
Eindeutig sind nur die Opfer.
Ihnen gehört das Recht auf bleibende Erinnerung.

EINS Alle die, deren Namen nicht mehr zu finden sind.
Und Pawel Pawlenko. Miron Tschernoglasow. Laszlo Kohn.

ZWEI Károly Baranyai. Tadeusz Zaganiacz. Baidak und Chitajlow.

DREI Liza Neumanowa. Ruth Elias. Caecilie Landau.
Anastasja Podobnaja. Und so viele mehr.

Ende Musik.

ZWEI Hafenrundfahrt.
Alles, was Sie hier nun gesehen haben, ist der Hamburger Hafen.

EINS Hafenrundfahrt.
Alles trifft sich zwischen Wasser, Wind und Uhr.
Die Jungen und die Alten, die Bösen und die Braven.

ZWEI Die, die Schiffe haben, und die, die Schiffe brauchen.
Die, die ein Leben haben, und die, die eins suchen.

DREI Hafenrundfahrt.
Der Strom geht und geht und unterscheidet nicht,
was ein Nutzen ist und was ein Traum.

MORGEN UND ABEND DER CHINESEN

**EINS
ZWEI**

Musik.

EINS   Herr Georg Schmuck, Grundbesitzer, den Mond seines Jahrhunderts über sich, besaß einen Garten heimlicher und häufiger Grenzübertritte.
Im wasserreichen Tal zwischen dem Hamburger Berg und der Territorialgrenze zum dänischen Altona stellte sein Grundstück – mit Blick auf die Barockfassade der Katholischen St. Josephkirche - den äußersten Rand des zollfreien Hamburger Staatsgebietes dar.
Ein Palisadenzaun aus Holz, der im Verlauf der Großen Freiheit die Handelsrepublik der Pfeffersäcke vom butterreichen Königreich trennte, erwies sich als ungemein durchlässig für Lottosucht, Schmuggelei, „Töne musikalischer Instrumente und Jubelgetöse froher, im Lebensgenusse begriffener Menschen" in den zahlreichen Gaststätten.
Ein paar Mondauf- und -untergänge später haben die Herren Blohm und Voss ihr ‚Etablissement für den Bau eiserner Schiffe' errichtet. Nebelhörner tönen durch eine rauchige Welt von Dampf und Nieten, schwarze Arbeiterströme kreuzen den Strom der Elbe, und der Garten des Herrn Schmuck verwandelt sich in eine steinerne Schlucht aus vierstöckigen, schmalbrüstigen Mietshäusern.
Hinterhöfe und Terrassen dehnen sich aus. Ein Schuster ohne Schusterkugel, die ein wenig Tageslicht einfängt und umlenkt, nagelt schlecht, so tief liegen manche Keller.
Der Respekt vor Eigentum gibt der dunklen Verbindung zwischen Talstraße und Großer Freiheit ihren Namen : Schmuckstrasse.
Nur wenige weitere Mondumläufe später wird sie auch genannt :
‚Die Straße der Chinesen'.
Die kleinste Chinatown, die eine große Hafenstadt je hatte.

ZWEI   Von der anderen Seite beginnt die Geschichte mit einem Wasserbüffel. Das Arbeitstier des armen Kleinbauern Fok in der chinesischen Provinz Kwantung geht ein, und um sich Geld zu verschaffen, verkauft die Familie einen der noch kleinen Söhne, Fok Kam Sing. Dem Verkauf entgeht Kam Sing mit der Flucht. Eine weite Flucht, mit dem Schiff über das Meer.
So wie Fok Kam Sing suchen auch andere junge Männer ihre eigene Zukunft. Wand Ah Moo, ebenfalls Sohn eines Kleinbauern, geht mit 12 Jahren in die Lehre. Zuerst lernt er Koch und anschließend in Shanghai Wäscher. Und wird dann angemustert auf Schiffen des Norddeutschen Lloyd.
Auch Chen Chi Ling, aus Ningpo, kommt mit einem Schiff des Norddeutschen Lloyd nach Hamburg, 1915 aus Hongkong.
Niemand kann sagen, wie viele Tausend Chinesen seit etwa 1890 in die Freie

Hansestadt kommen.
Am Ende dieser Geschichte, die in eine kleine Seitenstrasse der Erinnerung und des Gedenkens führt, wird nur noch von 165 die Rede sein.

Musik.

EINS Deutschlands transozeanische Handels- und Passagierschiffahrt nach der Katastrophe des 1. Weltkrieges und der revolutionären Streikwelle im Oktober 1919.
Die noch vorhandene Flotte ist veraltet, es fehlt an Arbeitskräften.
Kapitäne der Ostasienlinien klagen über zahlreiche Desertationen.
Der syndikalistisch eingestellte „Seemannsbund" ist bestrebt, den Gedanken der proletarischen Revolution auf die Schiffahrt auszuweiten. „Passive Resistenz" und „Sabotage" sollen einen proletarischen „Guerilakrieg" zum Erfolg führen.

ZWEI In den chinesischen Hafenstädten warten über 100000 Arbeitswillige auf einen Job an Bord der Ocean-Liner. In den Boarding Houses heuern Rekrutierungsagenten junge Männer am liebsten gleich gruppenweise.

EINS Die großen Reedereien wie die Hapag oder der Norddeutsche Lloyd haben viele Gründe, über ihre Heuerbüros in Shanghai Chinesen anzuheuern. Zum einen bezeichnen sie das Verhalten zahlreicher, politisch orientierter deutscher Seeleute als Meuterei mit dem Ziel, „soviel als möglich zu vernichten, also Kapital zu schädigen".
Zum anderen versuchen deutsche Reeder, auch mit technisch veraltetem Schiffsmaterial wieder ins Geschäft zu kommen. Um im Zeitalter des modernen Dieselmotorantriebs noch mit personalintensiven Dampfschiffen über die Runden zu kommen, heißt die Lösung : Chinesen. Billige und willige, tarifvertraglich ungebundene Arbeitskräfte. Tüchtige Gangs, die „ganz unten im Bauch, in der Hölle vor den Feuerungslöchern, in der Maschine und in den Wellentunnels als Stoker, Kohlenschlepper oder Schmierer" den mörderischen Job der ‚schwarzen Teufel' klaglos und fraglos erfüllen."
„Zu zwanzig oder dreißig hausen sie in einem elenden, stickigen Logis im Vor- oder Achterschiff - ausgemergelt, mit rot umränderten Augen, von der Hitze ausgedörrt, müde und elend. Kulis."

ZWEI Der Mediziner Prof. Bernhard Nocht schreibt 1925 ein Gutachten. Grundsätzlich seien weiße Feuerleute in gleicher Weise arbeitsfähig wie ‚farbige', selbst in tropischen Gewässern. Die Reeder widersprechen. Sie berufen sich auf das Gutachten des Reichsgesundheitsamtes, das einen auf „Rasseeigentümlichkeiten beruhenden Unterschied" feststellt. „Aus gesundheitlichen Gründen" sei „die Verwendung farbigen Personals in der deutschen Seefahrt notwendig." Dass es ungleich billiger ist, bleibt unerwähnt.

EINS Landgang und Landnahme. Für beides gibt es in Hamburg eine Adresse : St. Pauli. Für Seeleute im allgemeinen und für Chinesen im speziellen, wie der fabulierende Polizeibeamte Helmut Ebeling zu berichten weiß :

ZWEI „Was tat ein Chinamann, wenn er nach langer Reise in Hamburg landete, wenn er von Fähre 7 die Treppen an der Hafenstraße emporstieg, endlich wieder festen Boden unter den Füßen? Suchte er sein Glück in der Herbertstraße, dieser Straße der tausend Freuden? Ging er in die Kleine Freiheit, in die Marienstraße, wo willige Mädchen nur auf den freundlichen Mann warteten? Nichts von alledem. Er verschwand in irgendeinem Haus in der Schmuckstrasse, die damals fast durchweg von Chinesen bewohnt war, tauchte bei irgendeinem seiner Landsleute unter, die sich in Hamburg seßhaft gemacht hatten: hier eine Wäscherei, dort eine Garküche, oft auch ein Grünkramladen."

EINS „Die Schmuckstraße war Hamburgs ‚Chinatown', das Zentrum der chinesischen Kolonie ; aber auch im übrigen St. Pauli waren die Männer ans dem Land des Lächelns anzutreffen: Hafenstraße, Pinnasberg, Bernhard-Nocht-Strasse, Davidstraße und in den vielen Nebengassen."

ZWEI Für den Polizeibeamten Ebeling bedeutet die allmähliche Ansiedlung chinesischer Seeleute einen Teil der Kriminalgeschichte, der „Schwarzen Chronik", Hamburgs.
Ebeling sammelt Polizeimeldungen, etwa die vom 4. August 1921:

EINS »Der Polizei ist bekannt, daß sich in Hamburg eine Reihe von Opiumhöhlen befindet, in denen nicht nur die in Hamburg zahlreich weilenden Kulis und anderen Chinesen, sondern auch Deutsche sich dem Genuß dieses Giftes hingeben."

ZWEI Vom Oktober 1922 :

EINS „Kriminalisten besuchten Herrn Ko Yen Kow, der im Hause Schmuckstraße 7 eine obskure Kellerkneipe unterhielt. Man beschlagnahmte 19 Dosen mit Opium."

ZWEI Vom Januar 1926 :

EINS „Das Haus Schmuckstraße 7 hatte es auch sonst in sich, denn in der Neujahrsnacht floß Blut in seinen Mauern. In diesem Hause hatte einer der Söhne des Himmels, Ah Wan, im Erdgeschoß einen Zigarrenladen gepachtet. Herr Ah Wan war außerdem noch Besitzer des Kellers, eines aus zwölf Räumen bestehenden Labyrinths. Es wurde Opium geraucht und fleißig dem Glücksspiel gehuldigt. Sie nannten es das „Schiko-Spiel", es war damals sehr in Mode.
In dieser Neujahrsnacht ... fand man einen der sechs Logiergäste, den sehr ehrenwerten Herrn Wong Chu, gegen 2 Uhr morgens mausetot im Spielzimmer auf. Er lag, das Gesicht in einer Blutlache, auf dem Zementfußboden lang ausgestreckt da. Acht Schüsse hatten ihm das Lebenslicht ausgeblasen, ein Messerstich, dicht unter dem linken Auge, hatte ihn gezinkt."

ZWEI „Die Sache", bedauert der Polizeibeamte Ebeling, „blieb unklar. Sie blieb genau so unklar wie der Mord an Chin Yau. Wahrscheinlich hatte Chin Yau als vielseitiger Weltbürger außer dem Betrieb einer Wäscherei, verbunden mit Spielhölle und Rauschgifthöhle, auch noch mit Waffen gehandelt. Auch die Verhaftung eines Mannes aus Bahrenfeld mit dem schönen und echt hamburgischen Spitznamen „Klütje" brachte keinen Erfolg.
[Der Verdächtige] Loh Ah Yuk wies alle Belastungspunkte lächelnd zurück. Inspektor Rehmanns Bemühungen, die „Chinesische Mauer" zu durchstoßen, blieben vergeblich."

Musik.

EINS St. Pauli zwischen den Weltkriegen. Ein enges Quartier von Hafen- und Werftarbeitern mit ihren kinderreichen Familien, Beschäftigten der Amüsierbetriebe und Kriegerwitwen.
1929 bewohnt den Keller des Hauses Schmuckstrasse 7 – das Haus mit der blutigen Neujahrsnacht - immer noch Ah Wan. Helmut Schnell, Sohn des Arbeiters Otto Schnell im 1. Stock, spielt mit den anderen Kindern ‚Kibbelkabbel'.

ZWEI „Da wird eine Kuhle gemacht, da wird ein Holzstock draufgelegt, mit dem auch gespielt wird. Der Kibbel ist ein Holzstück, an den Enden zugespitzt, da wird auf dem einen Ende raufgeschlagen, und man versucht, den im Flug zu treffen, und das gelingt bis zu 2mal, und das mit Reichweiten bis zu 30, 40 Metern."

EINS Der ‚Kibbel' fliegt hoch, Richtung Altona. Die Schmuckstrasse ist unterteilt, preussische Grenze. Altona ist noch preussisch. Die zweite Hälfte der Straße in Richtung katholische Kirche heißt Ferdinandstrasse.
Wenn der Altonaer ‚Udel' – Polizist – kommt, darf er nicht über die Grenze.
Und die Kinder ärgern ihn : „Udel, Udel, Udel!"

ZWEI „Zu Weihnachten", erinnert sich Frau Weyde, die 1931 als Barfrau im ‚Trichter' auf der Reeperbahn arbeitet, „sind die Mädchen immer in die St. Joseph Kirche gegangen. Auch die Zuhälter. Und haben Weihnachtslieder gesungen. War brechend voll immer."

EINS Der Kibbel saust vorbei am Fenster der Witwe Willkowski, des Seemanns Siebert, des Hafenarbeiters Wenzel. Vor dem Hippodrom mit seiner endlosen Fassade schlägt der Kibbel auf.
Gleich wieder hochfedern, anschlagen, schießen. Mit Wucht getroffen, rast er in die Gegenrichtung, zur Talstrasse. Er fliegt vorüber an den Fenstern des Schneiders Schünemann, des Sängers Vitiglio, des Nieters Passehl, des Heizers Kasputtis, der Witwen Simon und Heidebrecht, des Schlachters Buttich.
Im Keller von Nr. 9 schüttelt ein Chinese am Morgen den Kopf :

ZWEI „Immer pickeln, immer pickeln!"

EINS Der Kellner Lankau, Talstrasse 19, Hinterhaus, Aufgang rechts, II. Stock, duckt sich unter dem herantrudelnden Kibbel. In der Schmuck-strasse holt sich der Kellner seine Hemden ab. Tipptopp, pünktlich und billig, so stimmt die Sache.
Die Reeperbahn hat damals noch Klasse, Flair und Stil, ein Kellner hat auszusehen, als müsse er jeden Moment auf die Bühne zum ‚Tanz auf Gold'. Wenn man ausgeht, Wirtschaftskrise hin oder her, liegen goldene oder silberne Zigarettenetuis auf den Tischen. Wenn man ausgeht zwischen Trichter, Lausen, Menke, Liliput, dann schick angezogen, immer Anzug, Schuhe immer blankgeputzt, immer korrekt mit sauberem Oberhemd.
Im Keller von Nr. 9 schüttelt der Chinese am Abend den Kopf :

ZWEI „Immer pickeln, immer pickeln!"

EINS Frau Weyde erinnert sich an die Schmuckstrasse."Vis-à-vis von der Taverne, wie hieß das Lokal, Tante Paula, die hatte so einen Frankfurter Dialekt, die hatte immer Knastalogen da, wenn die aus dem Knast kamen und hatten keine Bleibe, und dann hat sie die so zwei, drei Nächte behalten. Die hatten

ja durch das lange Sitzen was verdient. Und dann war da noch Café Fürst, gleich nach Jahnkes Eck. Von der Großen Freiheit aus war links Jahnkes Eck und dann kam Café Fürst, dann kamen noch ein paar Häuser und dann kam Tante Paula.
Und Jahnkes Ecke, wie hieß er noch, da war einer drin, Bubi Hollmann, und wenn Leute kamen und die Kneipe war schon abgeschlossen, da sagte er auf Platt : ‚Rut, ji Gezumbel, wi hebbt Geld genaug!'"

ZWEI Frau Weyde geht gern dort essen. „Ich mochte gern chinesisch essen, es war scharf. Es standen ja immer die scharfen Gewürze auf dem Tisch, Samba Olek, so eine Art Chilisoße, sehr scharf. Und dann gab's einen Reiswein, das weiß ich noch. Chop Choy, das nicht sehr teuer und sehr gut, genügend Reis, Hühnerfleisch, Schweinefleisch ...
Hingegangen sind da meistens Mädchen von der Strasse, Zuhälter, Unterwelt."

EINS Die Reeperbahn ist eine Kaffeehaus- und Kabarettmeile für die ganze Familie. Der Schriftsteller Kurt Tucholsky besucht 1927 die Große Freiheit.

Musik.

ZWEI „Im chinesischen Restaurant sangen sie beim Tanzen, die ganze Belegschaft, einstimmig und brausend – eine kleine Blonde hatte eine Kehle aus Blech – es klang wie aus einer Kindertrompete.
Im ‚Hippodrom' trabten die Pferde für zwanzig Pfennig, und wenn man eine Mark aufwendete, durfte man sie galoppieren lassen; der Stallmeister drehte sich unentwegt um sich selbst, als stände er auf einer rotierenden Scheibe, und wippte mit der Peitschenschnur, die er manchmal aufknallen ließ ... Es waren nicht nur Nachtbräute da, auch Tagesdamen und Familien mit Schwägerin, Tante und Großmama, denn es war Sonnabend."

EINS „So leid es mir tut:", schreibt Tucholsky weiter, „Sankt Pauli ist sehr brav und fast gut bürgerlich geworden. Der stöhnende Trubel der Inflation ist dahin; und es gibt keine ‚Sailors'mehr, die vier Monate auf dem Meer mit dem Schiffszwieback und den Ratten und dem Kapitän allein waren, und vier salzige Monate lang keine Frau mehr gesehen hatten; und es gibt nicht mehr diese tobenden Nächte und nicht die bunten Verbrechen ...
Sieh die jungen Leute an, die da mit ihren Mädchen Sankt Pauli durchziehen – es ist ganz unleugbar, daß der Sport auch hier Wellen schlägt. Das sind neue

Leute, unromantisch auch sie. Der Schauer vor dem ‚Laster' ist dahin, und die Geheimnisse und vieles andere noch. Kühler sind die Augen, härter die Falten um den Mund, kälter und glatter die Gesichter. Die Polizeirapporte sind nüchterner —."

ZWEI   Ein Polizist in strammer Haltung blickt hinein in die nächtliche Große Freiheit. Vor ihm scheinen die Lichtreklamen der Verlockung auf.
Fast alle Schriftzüge verlaufen vertikal :
Links ‚Ballhaus Rheingold', das ‚Neuchina', der ‚Nachtfalter'.
Rechts ‚Honolulu', ‚Tattersall', ‚Schlachtermax', das ‚Eldorado'.
Frau Weyde arbeitet im „Neuchina" an der Garderobe.

EINS   „Das ‚Neuchina', das war ein großer Laden, oohh, da waren immer Tänzerinnen. Wenn man von der Paul-Roosen-Strasse kommt, linke Seite. Wo das ‚Kolibri' war. Da waren lauter Tischtelefone, und da waren engagierte Tischdamen, die haben sich an die Freier herangemacht und haben sie mit an die Bar gezogen. Oder sie waren eingeladen per Telefon, an die Tische zu kommen, und dann haben sie getrunken.

ZWEI   Im Restaurant und Ballhaus ‚Cheong Shing', wird am 1. Oktober 1929, dem Chinesischen Nationalfeiertag, der Chinesische Verein e.V. gegründet.

EINS   Auf dem Gruppenbild der gut gekleideten Herren, etwa fünfzig Chinesen, ist rechts hinten ein Deutscher zu erkennen. Er ist einer der Inhaber, der auch Kellner macht und alles, und wird auch in den Verein aufgenommen.

ZWEI   Chen Chi Ling, aus Ningpo, der 1915 mit einem Schiff des Norddeutschen Lloyd aus Hongkong gekommen war, wird zum Vorsitzenden gewählt. Er hat das Vertrauen der Reedereien.
Auch sein Sohn Chen Chung Ching kommt nach Hamburg.

EINS   Von seinem Büro in der Kastanienallee aus, zusammen mit seiner Frau und einer deutschen Sekretärin, betreut Chen Chung Ching seine seefahrenden Landsleute. 2 Mark Tagesgeld, 10 Tage Aufenthalt, das ist für einen Seemann viel Zeit.
Bei allem Trubel der Umgebung denken die Vereinsgründer an etwas sehr Ernstes.

ZWEI   „Für Chinesen ist traditionell die Bestattung in der Erde des Heimatortes von großer Bedeutung, und es ist die Hoffnung aller Chinesen, nach dem Tod dort begraben zu werden, so wie die fallenden Blätter des Baumes zu den Wurzeln zurückkehren. Für die in Übersee lebenden Chinesen war die Überführung der Toten aber oft nicht möglich. Aus diesem Grund pachtet der Chinesische Verein 1929 ein 108 Grabstellen umfassendes Gelände auf dem Friedhof Ohlsdorf, auf dem der chinesische Gesandte in Berlin, Chiang Tsuo-Pin, einen Gedenkstein mit der Aufschrift ‚Friedhof für Auslandschinesen' errichtet."

Musik.

EINS 1929 sind in der Schmuckstrasse im Adressverzeichnis der Stadt Hamburg eingetragen :
Haus Nr. 5 -

ZWEI Chanhuang, Ausrüstungsgegenstände.

EINS Haus Nr. 7 -

ZWEI Ah Wan, Ausrüstungsgegenstände.

EINS Haus Nr. 9 -

ZWEI Chang Chow, Ausrüstungsgegenstände.
Out Sing, Wirtschaft.

EINS Haus Nr. 14 -

ZWEI Mustafa Ibrahim, Kaffee Stambul.

EINS Haus Nr. 18 -

ZWEI Chong Jip, Speisewirtschaft.

EINS Der Bäcker Hirsch ist Eigentümer des Hauses Nr. 18. Ein Jude.
Zwischen dem Haus Nr. 7 und dem gegenüber liegenden Haus, der Schüler Helmut Schnell riecht es, ohne es benennen zu können, ziehen Dämpfe nach oben. Unten stehen Säcke mit Pansen vor der Tür, wo die Fliegen herumgeistern. Wenn das Lokal eine neue Lieferung Pansen bekommt, vemeidet Helmut wie die anderen Kinder den Hauseingang als Spielplatz, weil der Geruch zu intensiv ist.

Die Dämpfe riechen ganz anders.

Er schleicht sich ins Hippodrom, verkriecht sich in einer Ecke und zieht zu, wie die Pferde durch den Ring stampfen und atmet durchdringenden Salmiakgeruch, durch die Pferde. Niemand stört sich an den Kindern, da ist Tohowabohu da drin, ein echtes Vergnügungslokal.

Gleich links am Eingang der Katholischen Kirche ist eine Treppe, die hochgeht zu einer Empore. Da oben lässt sich die Kinderbande häuslich nieder, wird zu laut, es zischt ein Zzzzz!, es folgen Drohgebärden und der Rausschmiß.

Gerüche ... Das Desinfektionsmittel ‚Fliet'stinkt infernalisch. Mit den Lieferungen von den Schiffen kommen winzig kleine rote Ameisen. Die Schnell'sche Küche im 1. Stock geht hinten raus zum Hinterhof, und das Fallrohr vom Abwasser und für die Toilette ist im einem Schacht, nur durch Holz abgekleidet, und da krabbeln die Viecher die Etage hoch. Das einzige Insektenvernichtungsmittel, das man damals kennt, ist ‚Fliet', das stinkt eben so atemberaubend, ein Spritzmittel, dafür gibt's extra eine Spritze mit einem Behälter und einer Düse und hinten einer Luftpumpe, da wird gepumpt und die Gegend ausgesprüht, das reicht für ein, zwei Tage. Dann sind die Viecher wieder da, und die Wohnung stinkt wieder die ganze Woche nach ‚Fliet'.

ZWEI Abends flackern Gaslaternen in der Schmuckstrasse. Runde Laternen, Kandelaber, echte Hamburger Laternen. Altona hat eckige.

Vater Schnell ist Radiobastler. Er hat ein Röhrenradio gebaut mit nicht abgeschirmten Röhren, alles muß ganz still sitzen, und lange wird herumgedoktert, bis mal ein Sender reinkommt.

EINS ‚Hallo, hallo, hier ist die Norag!'

ZWEI Norddeutsche Rundfunk AG. Helmut, oh je, bewegt sich, und das Röhrending fängt an zu heulen.

EINS Arbeiterviertel sind rote Quartiere. Auch Vater Schnell ist links eingestellt. Vulcan, Blohm & Voss – auf allem Hamburger Werften ist er wegen gewerkschaftlicher und parteipolitischer Tätigkeit rausgeschmissen worden. Einen Lotteriegewinn vermacht er der Partei, was die gesamte Familie gegen ihn aufbringt.

ZWEI Dieser Geruch zwischen den Häusern. Helmut bleibt er in Erinnerung. Ein strenger Geruch, kein brenzliger Geruch, nicht unbedingt süßlich, eine Art fremder Geruch, ein eigentümlicher Geruch, den kann er nicht beschreiben, irgendwie stickig. Opium.

EINS   Und obwohl die Chinesen immer sehr freundlich zu den Kindern sind, selbst bei ganzen Scharen lärmender Rasselbanden, mahnen Eltern und Nachbarn :

ZWEI   ‚Lasst euch ja nicht in die Keller locken'.

EINS   Kinder wie Krätze-Kalli, autoleere Strassen, Spiele : ‚Hallihallo' oder ‚Liebesball'. Der kleine Hermann Bärthel aus der Talstrasse 45, schräg gegenüber der Schmuckstraße, liebt ‚Liebesball' vor allem wegen Inge.
Genannt ‚Pissbüchsen-Inge'.
Da sitzt man auf der Treppe, und unten steht jemand, der wirft einem einen Ball zu und dann wird ein Name genannt. Dazu muss man kundtun, wie man sich dieser Person gegenüber, einem Jungen oder Mädchen, fühlt. Meistens wird ein Mädchen nach einem Jungen gefragt und ein Junge nach einem Mädchen, und dann gibt's verschiedene Möglichkeiten, den Ball wieder zurückzugeben. Ganz normal zurückgeben, heißt : Für die Woche. Hochwerfen heißt : Große Liebe. Und ganz an sich heruntertrudeln lassen, das ist : Küssen, und das ist das Aufregendste, und wenn Hermann dann den Ball an sich heruntertrudeln läßt, dann wird Inge ganz rot im Gesicht.
Oder ‚Wenn der Kaiser ins Land kommt, möchte er kein Gelb sehen', das ist besonders schön, weil man dann die Person, die Gelb anhat, die muss man dann verdecken, und wenn das dann ein Mädchen ist, das gelb an sich hat, dann muss man die immer sehr intensiv verdecken, und das findet Hermann immer richtig schick.

ZWEI   Im Erdgeschoß des Hauses Talstrasse 45 befindet sich das Bärthel'sche Gesellschaftshaus mit dem Tanzinstitut von Hermann Bärthels Vater. Da gehen viele Leute ein und aus, die dem Leben flott was abgewinnen.
Leute, die boxen können, die von Geschäften leben, die relativ undurchsichtig sind. Auch der Zuhälter Onkel Willi, der 10 Pfg. für Marzipanbrot spendiert. Der Tanzlehrer, nur 1,60 m groß, ist sehr beliebt. Was abends oder nachmittags in den Kursen verdient wird, das wandert abends auf die Reeperbahn.

EINS   Zu den Tanzschülern im Bärthel'schen Institut gehören Chinesen.
Bilder der Zeit, die im Fotoatelier Sonn auf der Reeperbahn 58 - dem Haus von Café Lausen - gemacht werden, zeigen elegante, gut aussehende und smarte Herren, denen man die Mühen des Alltags in keiner Weise ansieht.

ZWEI   Einige Chinesen sprechen Plattdeutsch, recht gut sogar.
           ‚An de Eck von de Steinstraat

steiht n Mädel mit nem Butt.
Se kniept de Been tosamen,
weil se immer mutt.'

EINS Der Tanzlehrer kann dafür einige Sätze Kantonesisch. Es gibt eine gewisse Vertrauensgrundlage, weil es Berührungspunkte in der Interessenlage gibt. Einmal die Frauen. Der Tanzlehrer kennt sie alle, die Frauen, er kennt sie aus persönlicher Bekanntschaft, weil sie bei ihm tanzen. Und dann hat er die richtigen Tänze drauf. Diese modernen Tänze, die anderswo nicht gelehrt werden. Foxtrott und Marsch und Walzer, langsamer Walzer und vielleicht Tango gibt's auch woanders, aber kein Mensch außer dem Tanzlehrer Bärthel bringt den Leuten Charleston bei, Black Bottom oder Shimmy.

Musik.

ZWEI Ein Gruppenbild zeigt 26 junge Menschen, die miteinander Spaß haben. 6 Frauen, 11 deutsche Männer, 9 Chinesen. Deutsche Schlager werden intoniert :

Musik. ,Kannst du küssen, Johanna ?
Kannst du küssen, Johanna, gewiß kann ich das.
Kannst du pfeifen, Johanna, gewiß kann ich das ...'

,In Hamburg, da wartet ein Mädel auf mich,
da klopft mir das Herz gar so fürchterlich'.

ZWEI Deutsche und Chinesen tanzen zum Schlager :

Musik. ,Hallo, ich bin ein Jägersmann'.

EINS Tanzunterricht, Heirat und Ehe. Auch Kam Sing Fok heiratet – wie etliche seiner Landsleute - eine deutsche Frau. Ein Abzug des Verlobungsbildes, im Fotoatelier Sonn auf der Reeperbahn 54 hergestellt, verbleibt bei Hermann Bärthel.

ZWEI Normalität, ein entspanntes Miteinander, Menschen, die über Menschliches zueinander finden, egal, von wo sie auch herkommen, und auch die von Tucholsky angesprochene Sachlichkeit – all das verkauft sich nicht gut für einen Kracher-Artikel. 1932 braucht der Journalist Hans Morgenstern für die

„Niederdeutschen Monatshefte" effektvolles Material.
„Hamburgs Chinesen-Gasse" ist der Titel seines Textes, für den er die Schmuckstrasse aufsucht wie einen Zoo.

EINS   „Schmuckstrasse ... Ein paradoxer Name, denn schmutzig und düster tut sich dieser tiefe Straßenschacht auf. Die monotonen Geraden des Rinnsteins, der Fensterhöhlen und Dachkanten linieren das nüchterne Bild. Aber in den Kellerlöchern dieser hochgeschachtelten, grauzementierten Mietskasernen haust romantisch genug das exotische Volkstum der Chinesen."

ZWEI   Hans Morgenstern geht in den Zoo hinein und sucht nach Merkmalen dieses hausenden Volkstums.

EINS   „In den Kellern der Schmuckstraße hausen mehrere Shipchandlers (Schiffsmakler) und eine 'Chinese seamens employment agency', also ein Heuerbüro. Dann ein Zigarrenladen von Fat Hing und eine Treppe hoch die Speisewirtschaft von Out Sing, wo man zu gegebener Zeit Chinesen beim Essen beobachten kann. Vorn ist der Shop, der Kramladen. — Hier hängen zwar keine Ratten zum Verkauf, wie in unseren Kinderbilderbüchern zu sehen, aber seltsame Speckstreifen (vom Hund?)."

ZWEI   Ganz offen werden deutsche Ressentiments bedient.

EINS   „Zwei bedeutende Chinesen-Lokale existieren bereits auf der 'Großen Freiheit': 'Neu-China' und 'Cheong Shing'. Mit Kabarett und Jazz, mit deutscher Kapelle und deutschem Personal. Chinesische Artisten treten hier nicht auf. Desto mehr wird dem chinesischen Publikum Nacktheit europäischer Weiblichkeit gezeigt, von Chansonetten und Tänzerinnen."

ZWEI   Im Kaffee Stambul, Haus Nr. 14, will Morgenstern in dem türkischen Besitzer einen willigen Informanten gefunden haben.

EINS   „Mit der dieser Rasse eigenen Zähigkeit, Intelligenz und philosophischen Genügsamkeit kommen solche Kleinhändler bald in die Höhe. So erzählt mir Herr Ibrahim Mustafa, der im Gegensatz zu seinen chinesischen Nachbarn so überaus geschwätzige Türkenwirt des 'Kaffee Stambul', ebenfalls in der Schmuckstraße, manchem dieser Keller-Chinesen sei es von außen nicht anzumerken, wieviel Kapital hinter ihm stecke. Bis er dann eines Tages, wenn es eines der großen Restaurants in der 'Großen Freiheit' zu kaufen gilt, 100 000,- Mark und mehr in bar aus dem Ärmel schüttelt. So sagt es Herr Ibrahim, der es ja wissen muß. Daß von den Schiffen Opium eingeschmuggelt und verhandelt wird, ist sicher, wie Herr Ibrahim mir erzählte. Und daß die Chinesen sich Abfälle aus Ölfabriken verschaffen und daraus nach einem nur bekannten Verfahren Kokain und Heroin und andere Rauschgifte extrahieren, ist bekannt."

ZWEI Damit der Schluß des Artikels die richtige Würze bekommt, braucht man mehr als Opium.

EINS „Von Zeit zu Zeit, erzählt Herr Ibrahim, wird in der Schmuckstraße eine chinesische Leiche gefunden. Denn die Chinesen üben unter sich eine geheimnisvolle Feme-Justiz. Weshalb die Hamburger Gerichte mit Verbrechen an und Streitigkeiten zwischen Chinesen so gut wie gar nicht behelligt werden."

ZWEI Vielleicht hat Hans Morgenstern die Schmuckstrasse mehrfach besucht, bevor sich seine Eindrücke derart verdichten.
Out Sing ist im Haus Nr. 9 für das Jahr 1929 im Adressverzeichnis gemeldet.
Fat Hing erscheint erst 1931, und zwar für das Haus Nr. 11.
Vielleicht irrt sich auch das Adressbuch. In literarischer Hinsicht auf jeden Fall.

Musik.

ZWEI Im Straßenbild fallen die Chinesen auf, aber nicht unangenehm. Auch nicht durch irgendwelche Gruppierungen. In ganz normaler Kleidung. Schwarze Jacken, weiße Hemden. Wenn sie sich unterhalten, zum Beispiel auf der Reeperbahn, dann auf chinesisch, und dann fällt das auf, das sind Fremde.

EINS „Helmut, reinkommen!" Wenn da die Schalmeien erklingen und von der Reeperbahn her Marschmusik, und die Kinder sind an der Ecke Talstrasse, dann hört man von überall das Geschrei der Mütter : „Reinkommen, reinkommen, reinkommen!" Dann kommen von der einen Seite die Kommunisten, von der anderen Seite die SPD oder auch die Nazis, je nachdem, und was dann folgt, ist klar. Wenn die aufeinander treffen, gibt's Schlägerei. Und zwar kräftig.

ZWEI Mit der Machtergreifung durch die Nationalsozialisten im Januar 1933 ändert sich vieles auch für St. Pauli. Der von Hans Morgenstern vorweggenommene Sprachgebrauch wird gewissermaßen amtlich.

EINS Das ‚unartgemäße Verhalten' in diesem Quartier, das mit seinen Ganoven, Huren und Bohemiens eine ‚demoralisierende Wirkung' auf die deutsche Volksgemeinschaft ausübt, kommt an den Pranger. In baulicher Hinsicht wird die einstige Hamburger Vorstadt zerschnitten und vom Gängeviertel getrennt. Zur Bekämpfung der gewerbsmäßigen Unzucht wird die Meile des Vergnügens oft und drastisch durchsiebt. Razzien sind an der Tagesordnung. Bis Dezember 1933 werden über 1500 Huren und Stricher verhaftet und aktenkundig gemacht.

ZWEI Bei Menke und Lausen sitzen jetzt auch Braunhemden. In der Großen und in der Kleinen Freiheit hängen Hafenkreuzfahnen. Und : Es liegen keine Säufer mehr in den Rinnsteinen.

EINS Auch im Hafen ändert sich viel. Am 16. November 1933 tagt eine Kommission in Hamburg. Vertreter der Schiffahrtsbehörden, des Verbandes deutscher Reeder, der Seeberufs-genossenschaft, der NSDAP-Abteilung Seefahrt, der Marine-SA, der Hamburg-Amerika-Linie (HAL) und der Reederei John T. Essberger GmbH.
Man diskutiert die Frage, „inwieweit die Beschäftigung Farbiger an Bord deutscher Schiffe" mit der Arbeitsbeschaffung in der Seeschiffahrt „vertretbar ist" und kommt zu der Ansicht, daß in den Tropen „nunmehr an Deck und in der Maschine deutsches Personal zu fahren ist".

ZWEI Wenig später erklären die Seemannämter und der Norddeutsche Lloyd : „Die Auswechselung des chinesischen Heizerpersonals gegen deutsche Maschinenmannschaften war bereits im Dezember 1933 abgeschlossen."

EINS Diese Angabe stimmt nicht ganz. Auf Vorschlag des Gauleiters für Hamburg, Karl Kaufmann, soll der Reeder John T. Essberger in die NSDAP aufgenommen werden.

ZWEI Am 27. November 1933 erhält John T. Essberger einen Brief des NSDAP-Kreisleiters :

EINS „Wir Nationalsozialisten, die wir vom ersten Tage an uns zu der festen Idee durchgerungen haben, dass für jeden Nationalsozialisten die Arbeit rechtlich höher steht als der Besitz, ersehen aus Ihrer Handlungsweise, dass Sie nicht in dieser Überzeugung leben.
Die Tatsache, dass Sie auf einem Ihrer Schiffe nicht deutsche Volksgenossen, sondern Chinesen anheuerten, verpflichtet mich als Kreisleiter, Sie sofort aus

unseren Listen zu streichen, da Sie mir den Beweis geben, dass Sie kein Nationalsozialist sind und unserer Bewegung den schwersten Schaden zugefügt haben."

ZWEI Reichsstatthalter Karl Kaufmann nimmt diesen Ausschluß zurück. Er formuliert : „Wichtiger ist, wie bringen wir die Wirtschaft in Ordnung und was machen wir, um das uns auferlegte Bauprogramm durchzuführen ?"

EINS Pragmatismus auf der einen Seite, politisches Vorurteil und Argwohn auf der anderen Seite prägen die kommenden Jahre.
Auch weiterhin decken Chinesen auf deutschen Schiffen den Grundbedarf an Waschleuten. „Ab 1937 greifen deutsche Reedereien verstärkt auf chinesisches Decks- und Maschinenpersonal zu. Der gravierende Arbeitskräftemangel nach der Überwindung der Beschäftigungskrise bringt es mit sich, daß der NDL und die Hapag teilweise sogar auf ihren Motorschiffen chinesische Besatzungen einzusetzen beginnen."

ZWEI Die deutsche Passagierschiffahrt erlebt eine deutliche Umsatzsteigerung. Vor allem Amerikaner verfahren auf deutschen Luxuslinern ihre festgehaltenen Devisen. Und dann ist da noch das profitable Geschäft mit der jüdischen Emigration, u.a. nach Shanghai. Viele Hamburger Juden fliehen nach China. Auch für diese Ostasienlinie werden Arbeitskräfte benötigt.

Musik.

EINS Kam Sing Fok ist Boxfan. Er besucht den Polizei-Sport-Verein, ist eine Zeit lang mit dem Boxer Willi Koberg befreundet, kennt die Boxgrößen Hein ten Hoff und Herbert Nürnberg. Auch ins Kino geht Kam Sing Fok gern.

ZWEI Seit 1932 ist Kam Sing Fok im Haus Nr. 7 in der Schmuckstrasse gemeldet. Im Keller eben des Herrn Ah Wan, der dem Polizeibeamten Helmut Ebeling so besonders aufgefallen ist.

EINS Der Polizei-Inspektor Ebeling wohnt zu dieser Zeit in der Bernhard-Nocht-Str. 68, 2. Stock, über den Witwen Hesse und Neale im 1. Stock, neben Maurermeister Buchholz und unter der Witwe Zachau.

ZWEI Auch 1934 ist Kam Sing Fok unter dieser Adresse eingetragen. Außerdem ein Herr Wong, Chang, Händler.
Das Kaffee Stambul von Herrn Mustafa Ibrahim existiert noch, doch die Familie Schnell ist weggezogen. Die Verwandtschaft hat ein Ultimatum gestellt, Vater Schnell geht dem Broterwerb jetzt in einem anderen Stadtteil nach.

EINS 1935, erinnern sich seine Söhne, hat Kam Sing Fok in der Schmuckstrasse ein Lokal. Es gibt einen Plattenspieler und viel chinesische Musik, die seine drei Söhne – echte St. Paulianer – nicht so sehr mögen. Sie werden von der Mutter erzogen, den Vater sehen sie eher selten.
Sie sind Hamburger Jungs, Maggi zum Essen muss sein, sie spielen mit Kartoffel-Martha und Bonsche-Bodo, gehen gern zu Knopf, dem ältesten Kino Europas. Es gibt reichlich Klopperei zwischen Banden mit bis zu 100 Kindern, etwa Hafenstrasse gegen Bismarckbande. Der Zweitälteste, wegen seines Aussehens von den Kindern ‚Zigeuner' genannt, hat eine Schleuder, wenn er auftaucht, heißt es : „Der Zigeuner kommt, der Zigeuner kommt!" Er bringt es später im NS-Jungvolk bis zum Jungzugführer.

ZWEI Die Söhne Kam Sing Foks kennen auch Chen Chung Ching, den Vorsitzenden des Chinesischen Vereins. Sie kennen ihn als Onkel Max, der ein großes Auto hat mit Standarten, in dem sie manchmal mitfahren dürfen.

EINS Café Menke, Café Lausen, da wird Tango getanzt. Auch Chen Chung Ching ist dabei. Seine beiden Söhne erinnern sich, dass er sehr gern tanzte. „Und plattdeutsch konnte er auch. Die Hafenarbeiter sprachen plattdeutsch."
Chen Chung Ching geht nachmittags gern zu Lausen oder Menke, wie die Seeleute von den Schiffen. Die haben wenig gespart, damals. Muß nur einer sagen : Komm mit, da sind junge Mädchen, das ist schon verführerisch.

ZWEI 1935 kommt Chong Tin Lam aus Kanton nach Hamburg, um die Gaststätte seines Onkels am Hamburger Berg zu übernehmen.

EINS 1935 betritt Harald von der Osten zum ersten Mal die Schmuckstrasse. Der 12jährige Schüler der Schule Königstrasse hat sich mit seiner Mutter und seiner Schwester im Lokal des Herrn Wong Ching Luk zum Mittagessen verabredet. Der Koch von Herrn Wong heißt Ah Hui, und der Kellner Lau Fuk Kau. Lau Fuk Kau, auch er heiratet eine deutsche Frau, wird demnächst den Keller unter dem Kaffee Stambul beziehen. Er studiert Malerei an der Hochschule für Bildende Kunst am Lerchenfeld und verdient sich sein Geld im Lokal des Herrn Wong.

ZWEI Das Lokal von Herrn Wong besteht aus zwei Garsträumen, ein größerer am Eingang, man muss zwei oder drei Stufen runtergehen. Und links dahinter ist ein kleinerer Raum, auf der rechten Seite, hinter einem Gang, geht's zur Toilette und links zur Küche. Die Chinesen, meistens Heizer und Wäscher, die dort hinkommen, von den Schiffen, gehen, wenn ein Weißer diesen großen Raum betritt, sofort nach hinten, um die Weißen nicht zu belästigen. Der Schüler Harald schaut ihnen beim Mah-Jongg-Spielen zu. Bis Mutter und Schwester kommen, macht Harald seine Schularbeiten, und die Chinesen schauen ihm über die Schulter, sehr interessiert.

EINS Haralds Schwester ist mit ihren Studienkollegen schön öfter in die Schmuckstrasse gegangen. „Mein Gott, Kind", hat die Mutter gerufen, „in dieses finsterste St. Pauli, da kannst du doch nicht hingehen!"
Und dann geht man doch hin und ist hellauf begeistert. In die Küche kann man hineinschauen und den Koch Ah Hui sehen, wie er selbst Nudeln macht und das Essen zubereitet, und die Küche ist so sauber, dass man vom Fußboden essen kann.

ZWEI Wie der Kellner Lau Fuk Kau studiert auch Haralds Schwester Malerei am Lerchenfeld. Mitte der 30er Jahre entdeckt eine studentische Künstlerszene die Straße der Chinesen, isst dort gut und preiswert, verbringt dort die Abende, skizziert, zeichnet, diskutiert, trinkt kalten Tee. Herr Wong hat keine Alkohol-Konzession, also gibt es kalten Tee. Merkwürdig, dass er wie Kognak schmeckt.

EINS Mit einer Studienkollegin zusammen malt Haralds Schwester die Vorlage für das offizielle Plakat der Olympiade 1936 in Berlin. Zu sehen ist ein weißer Sprinter in expressiver Haltung. Die Vorlage, und das wird nie erwähnt, ist eine Fotografie des schwarzen Läufers Jesse Owens.

ZWEI 1936 muß Cheng Yie Wei aus Kanton Deutschland verlassen.
Ein sehr gut aussehender Mann, sehr schick, gut angezogen und sauber.
Seine Frau, eine Deutsche, hat einen Brief direkt an Adolf Hitler geschrieben.
Es nützt nichts, es besteht Heiratsverbot.

EINS Die Tochter, sie ist im Israelitischen Krankenhaus in der Eckernförder Straße geboren, ist drei Jahre alt. Nach China möchte die Mutter nicht, da kennt sie ja keinen. Die Tochter bewahrt das Verlobungsfoto der Eltern auf. In der Hamburger Flut Jahre später kommt es weg.

ZWEI 1936 erscheint auch der Roman ‚Begegnung auf der Landstrasse' von Alfons Zech. Die Handlung wird für das Lesepublikum des 3. Reichs, dem noch einmal die schlimmen Jahre der zügellosen Republik vors Auge geführt werden sollen, zurückverlegt nach 1928/29.

EINS „Die Nachkriegsjahre hatten St. Pauli zu einem Dorado des Vergnügens, aber auch zu einem Dorado des Lasters werden lassen. Die nachfolgende Inflationszeit hat hier ihr dankbarstes Objekt gefunden. Wer das Elend vergessen wollte, flüchtete nach St. Pauli. Dort fand er alles!"

ZWEI Wirrungen der Liebe. Zwei junge Paare verlieren und finden sich in St. Pauli. Und vor allem : In der Schmuckstrasse.

EINS „Chinesen sind ein eigenartiges Kapitel von St. Pauli", schreibt Zech. „Wenn man später einmal die Geschichte der Nachkriegsjahre von St. Pauli schreiben wird, werden sie auf einem besonderen Blatt stehen."

ZWEI „Man kann diesen Chinesen trauen ? fragt Thomas Arlan."

EINS Kommissar Brinkmann antwortet :

ZWEI „Gewiß und wieder nicht. Es gibt ehrliche, arbeitsame Geschäftsleute darunter, die nur ihren Geschäften nachgehen, Geld sparen wollen, um in die Heimat zurückkehren zu können. Es gibt aber auch welche darunter, denen jedes Mittel recht ist, um Geld zu verdienen. Rauschgifthandel, Spielhöllen, Schmuggel sind die besonderen Spezialitäten unsere gelben Freunde aus dem Fernen Osten."

EINS Auch dieser Roman nimmt von der Wirklichkeit des Zusammenlebens, des Arbeitsalltags, des Sports, der Kinderspiele und einsetzender Diskriminierung keine Notiz. Seit 1933 wird John Cheng Shiang aus Kanton, Wäscher, Schmuckstr. 18, Keller, des öfteren von der Gestapo festgenommen. Dagegen findet sich alles, was der Polizeibeamte Helmut Ebeling an kriminellen Vorgängen in den Akten gesammelt hat, im Roman zusammen gestrickt wieder.

ZWEI „Veronika rennt wie gehetzt die Talstrasse hinunter, bis sie keuchend und mit schmerzenden Lungen die Schmuckstrasse erreicht.
Eine sanfte, weiche Stimme gleitet auf sie zu, melodisch klingt sie und behutsam : ‚Kommen Sie, Fräulein ...'
Die Luft ist schwer, und ein fremder, nie gekannter Duft, voll Süße dringt auf sie ein und umschmeichelt sie."

EINS „Max kaut erregt an seiner Unterlippe, als er die Schmuckstrasse erreicht, die schlecht beleuchtet vor ihm liegt. Die chinesischen Schriftzeichen an den Türen kennt er schon, er hat schon manchen Reeperbahnbummel gemacht und weiß, daß hier die Chinesen wohnen.
Natürlich wohnen hier auch andere Leute, Arbeiter und Familien, deren Männer den schweren Dienst im Hafen tun. Die Chinesen aber sind ein Teil für sich und schließen sich ab, halten zusammen wie Pech und Schwefel und lächeln freundlich, wenn man sie etwas fragt.
Doch hinter diesem Lächeln, das wie eine Maske vor ihrem wirklichen Gesicht und ihren Gedanken sitzt, steht Asien mit all den nie gelüfteten Geheimnissen, und niemand hat das Rätsel dieses Lächelns, das den Kindern schon eigen ist, lösen können."

ZWEI Der Ah Wan der Polizeimeldungen aus den 20er Jahren heißt hier Liu Chun : Hinter der Maske des ehrbaren Wäschereibesitzers ein Opiumschmuggler, Spielbankbesitzer, Leiter eines weit verzweigten Rauschgifthandels und nun auch noch Mädchenhändler.
Die Leiche im Keller fehlt nicht. Aus acht Schüssen und einem Messerstich sind neun Messerstiche geworden. Der Mann aus Bahrenfeld mit dem schönen und echt hamburgischen Spitznamen „Klütje" findet sich wieder als Kleinkrimineller ‚Polenhans'. Aus Inspektor Rehmann wird ‚Kommissar Brinkmann'.

EINS Und genau wie der echte Inspektor Rehmann kommt auch der Roman-Kommissar Brinkmann trotz aller Verhöre mit verschiedenen Dolmetschern durch die Chinesische Mauer nicht durch. Das Kapitel schließt :

ZWEI „Am anderen Morgen schon, in aller Frühe, wird [Kommissar] Brinkmann aus dem Untersuchungsgefängnis angerufen.
[Der verdächtige Chinese]Law ist tot !
Er hat sich in der Nacht in seiner Zelle erhängt.
Law lächelt im Tode spöttisch vor sich hin.
Die Wahrheit nehme ich mit mir, Herr Kommissar !,
so deutet Brinkmann dieses Lächeln."

EINS In der Wirklichkeit des Jahres 1936, vor dem Hintergrund verschärfter Devisenbestimmungen, werden chinesische Gastwirte und Kleinhändler zunehmend ein Thema für die Behörden.

ZWEI Die von Haus zu Haus gehenden „Kofferchinesen" werden zu Zielobjekten der Gestapo, die „eine Art Ring"vor sich zu haben meint. Zolldienststellen, die sich vor allem mit ‚Arisierungsmaßnahmen' befassen, sehen illegale Devisenschiebereien in chinesischer Hand.

EINS Ein Ermittlungsbericht über einen chinesischen Kleinhändler liest sich schon beinahe wie ein Roman :

ZWEI „Er ist ein Teil einer über ganz Groß-Deutschland verzweigten, organisatorisch genauestens ausgerichteten Bande, die sich nicht scheut, Devisen auf die raffinierteste Art und Weise aufzutreiben, um von Deutschland aus den Kampf der Komintern in Ostasien zu finanzieren."

EINS Anna Theresia Hirsch, Schmuckstrasse 18, die Frau des Bäckers, die eine Brothandlung betreibt, erhält 1936 ein Verbot.

ZWEI „Mir wurde seinerzeit verboten, an Chinesen weiter zu vermieten, weil mein Mann Jude war." Während der Zeit des 3. Reiches niemals die Hakenkreuzfahne hissen.

EINS Am 25. Januar 1938 unterzeichnet der Chef des der Sicherheitspolizei und des SD, Reinhard Heydrich, einen Erlass, der die Errichtung der „Zentralstelle für Chinesen" im Reichskriminalpolizeiamt in Berlin verkündet.

ZWEI „Die paß-, ausländer-, melde- und gewerbepolizeilichen Bestimmungen sind gegenüber Chinesen, vornehmlich gegenüber chinesischen Händlern, besonders scharf anzuwenden. Selbst bei den geringsten Verstößen gegen diese Bestimmungen haben Bestrafung und Reichsverweisung zu erfolgen." „Chinesen, die mit deutschen Frauen zusammenleben oder mit ihnen uneheliche Kinder erzeugt haben", sind nach Verweigerung einer weiteren Aufenthaltserlaubnis aus dem Reichsgebiet auszuweisen.

EINS Im September 1938 ist die Gestapo bestrebt, den chinesischen Gastwirt des Lokals Schmuckstrasse 18 auszuweisen. Es ist Herr Wong, bei dem Harald von der Osten bis zum Tod seiner Mutter in diesem Jahr nach der Schule des öfteren Mittag gegessen hat.

ZWEI Die Gestapo wirft Herrn Wong „Rassevermischung" vor. Auch der Kellner und Maler Lau Fuk Kau lebt mit einer deutschen Frau zusammen.

EINS Das Ausmaß der Kontrolle nimmt zu. An der Razzia am 13. Oktober 1938 in der Schmuckstraße nehmen ein Oberzollinspektor, mehrere Zollinspektoren, fünf Zollsekretäre und insgesamt 16 Gestapobeamte teil. 69 chinesische Männer, 10 ohne gültige Papiere, werden zur Vernehmung ins Stadthaus gebracht.

ZWEI "Wong ist angewiesen, in zwei Monaten das Reichsgebiet zu verlassen, weil er mit einer deutschblütigen Frau in wilder Ehe lebt."
Im Adressverzeichnis des Jahres 1941 ist für sein Kellerlokal ein anderer Name eingetragen : Kam Sing Fok.

Musik.

ZWEI In den Jahren 1933 bis 1939 brummt es auf der Reeperbahn. Es ist richtig was los, die Große Freiheit ist brechend voll. Die weiße Flotte der KdF-Schiffe – Kraft durch Freude – der DAF – Deutsche Arbeitsfront – legt von den Landungsbrücken ab. Und wie könnte man einen Traumurlaub auf See mit Destination Madeira besser beginnen als mit einem ausführlichen Bummel über die berühmte Reeperbahn ?

EINS Einheiten der Legion Condor, die aus dem spanischen Bürgerkrieg zurückkehren, müssen passenderweise nicht mehr ins ‚Alcazar' gehen. Es heißt eingedeutscht ‚Allotria'. Man munkelt, dass sich ein jüdischer Arzt nebenan ins Treppenhaus gestürzt haben soll.

ZWEI Erich Walter Hanisch, geb. am 19.8.1903 in Berlin, gelernter Orthopäde, ist Polizeibeamter. Im Juli 1937 tritt er in die NSDAP ein. Bei der Gestapo Hamburg ist Hanisch zunächst in verschiedenen Abteilungen informatorisch tätig, später bei der Hauptkartei. Seine Dienststelle befindet sich im Stadthaus. Kam Sing Fok kennt Erich Hanisch.

EINS Auch seine Söhne erinnern sich an Erich Hanisch. Irgendwie mittelgroß. Gelegentlich kommt Hanisch in die Wohnung der Eltern.

ZWEI Anna-Maria Bewernick ist seit 1937 in der Speisewirtschaft des Chinesen Woo Lie Kien, Schmuckstraße 9, Erdgeschoss, als Angestellte beschäftigt. Sie ist 22 Jahre alt. Sie sagt : „Ich war Wirtschafterin von Woo Lie Kien und habe alle geschäftlichen sowie privaten Angelegenheiten erledigt."

EINS Anna-Maria Bewernick geht in der Schmuckstrasse zur Arbeit. Die kleine Lieselotte spielt in der Schmuckstrasse. Die Mädchen schlagen keine Kibbel.

Sie machen Kreisspiele oder schlagen Purzelbäume an den Stangen vor den Kellern. Und schauen hinunter in die Fenster und finden es witzig, was die Chinesen machen. Im Keller von Nr. 9 schüttelt der Chinese den Kopf : „Immer pickeln, immer pickeln!"

ZWEI Immer bügeln, immer bügeln. Oder, wie man in Hamburg sagt, immer am Plätten.

EINS Geplättet ist die deutsche Öffentlichkeit, auch auf St. Pauli, durch den Beginn des 2. Weltkrieges am 1. September 1939. Mit diesem Datum besteht Tanzverbot auf der Meile.

ZWEI 104 chinesische Seeleute vom Hapag-Dampfer LÜNEBURG und dem NDL-Dampfer NECKAR werden in den noch erhaltenen Passagierkammern der ausgebrannten RELIANCE interniert.
Sie gehören zu diesem Zeitpunkt keiner Feindnation an, gelten aber dennoch als Sicherheitsrisiko.

EINS Pso Kong Zee, aus Chokiang, fährt dagegen noch bei der Hapag auf dem Dampfer PREUSSEN.

ZWEI Am 20.8.39 – bereits 10 Tage vor Beginn des Krieges - wird seitens der Hamburger Gestapo und Kripo ein Kommando zusammengestellt mit dem Reiseziel Oppeln. Nach Ausbruch des Polenfeldzuges geht dieses Kommando geschlossen, und zwar am 3.9., über die Grenze ins polnische Wielun.

EINS Erich Hanisch trägt jetzt die Uniform eines ‚SS-Staffelhauptscharführers'. Mit seiner Beförderung zum Sekretär ändert sich diese Bezeichnung dann in ‚Staffel-Sturmscharführer'.

ZWEI Der Hamburger Gestapobeamte Hanisch erinnert sich an Polen :

EINS „Wielun ist ein kleinerer Ort in der Nähe der Grenze. Dort hatten wir die Aufgabe, sämtliches Aktenmaterial, was in der polnischen Verwaltung gefertigt worden war, sicherzustellen. Ich bin in Wielun etwa 6 Wochen tätig gewesen. Anschließend kam ich mit einem Teil der Beamten nach Kielce, und zwar zu der dortigen Dienststelle der Gestapo und der Kripo."

ZWEI In Polen, in der Nähe der jüdischen Ghettos, beginnt die Lehrzeit des SS-Staffelhauptscharführers Hanisch.

EINS Seine Frau erinnert sich : „Mein Mann hatte 18 jüdische Hausangestellte. Weiteres hat er mir nicht erzählt, da er immer die Auffassung vertrat : ‚Dienst ist Dienst und Schnaps ist Schnaps' und ‚Frauen dürfen sich nicht dazwischen stecken !'"

ZWEI Angesichts der deutschen Kriegserfolge wird das Tanzverbot 1940 etwas gelockert, um ab Juli 1941 wieder umso strenger eingehalten zu werden.
Nach dem japanischen Angriff auf Pearl Harbor erklärt die chinesische Nationalregierung unter Chiang Kai-Shek dem Deutschen Reich den Krieg und bricht die diplomatischen Beziehungen ab. Die Flagge wird niedergeholt, das Generalkonsulat geschlossen. Die Chinesen in Hamburg verlieren den diplomatischen Schutz. Die meisten Reedereien stellen den Verkehr ein, viele chinesische Seeleute werden arbeitslos. Der Großteil der Hamburger Chinesen beginnt, nach Hause zurückzukehren.

EINS Chen Chung-Ching, der Vorsitzende des chinesischen Vereins, der auch ein Seemannsbüro betreibt, bittet den Norddeutschen Lloyd, die Hapag und andere Reedereien um Hilfe. Chinesen, die Deutschland verlassen, fahren mit dem Zug nach Triest in Italien, von dort weiter mit dem Schiff nach China.

ZWEI Die, die bleiben, leben überwiegend mit deutschen Frauen zusammen.

EINS Diplomatische Rücksichtnahmen gegenüber China – bis 1937 wichtigster Handelspartner des Deutschen Reiches in Asien - sind nicht mehr erforderlich und spielen im Verlauf des Krieges kaum noch eine Rolle.
Der Fall einer jungen Deutschen, die 1941 ein Kind von einem Chinesen erwartet, gibt der Zeitschrift ‚Neues Volk' den Anlaß, Rassenschande zu brandmarken : „Eine Heirat zwischen einer Deutschen und einem Chinesen kommt nicht in Betracht."

ZWEI Durch den Umgang mit Chinesen sieht die Gestapo die weibliche Ehre der deutschen Frau verletzt. Eine dieser ‚Chinesen-Dirnen' wird einer Hure gleichgesetzt.

EINS „In Wahrheit hat die Angeklagte einen recht unsoliden Lebenswandel geführt. Sie ist mit einem Chinesen verlobt. In ihrer Wohnung treiben sich Chinesen und andere Leute herum, mit denen sie geschlechtlich verkehrt und von denen sie Geschenke erhält."

ZWEI Die deutsche Frau, die den chinesische Händler Liang heiraten will, wird als „geschlechtskrank" der Gesundheitsbehörde übergeben.
Der Staatsanwalt beim Landgericht Hamburg teilte dem zuständigen Standesamt den Abschluss der Aufgebotssache mit: Die Frau „ist nach Befund der Gesundheitsbehörde geschlechtskrank, dem Abendroth- Krankenhaus überwiesen, im Anschluß wird sie in das Frauen-KZ. überführt. Die Angelegenheit hat somit ihre Erledigung gefunden."

EINS Elfriede Krug, die als Kind eines deutschen Seemanns in den 20er Jahren in der Schmuckstraße, direkt im „Chinesenviertel", aufwächst, erwartet 1938 von einem Chinesen ein Kind. Der Arzt rät dringlich, die Sache unbedingt zu verschweigen . Sie bringt das Kind daraufhin heimlich im Schlafzimmer ihrer Eltern in der Schmuckstraße zur Welt. In den Folgejahren heißt es immer: ‚Was wollt ihr mit dem Bastard?'" Frau Krug geht nicht mehr zum Amt, versteckt sich. Freunde sagen ihr : ‚'Da ist ein grüner Zettel an deiner Akte.'"

ZWEI „22. Okt. 1942
    Der Polizeipräsident
Herrn Kam Sing Fok erteile ich hiermit die Erlaubnis zum Betriebe einer Speisewirtschaft mit Ausschank von alkoholfreien Getränken für die Räume Schmuckstraße 7, Hocherdgeschoß und zwar für die 4 Speiseräume.
Gründe :
Der Herr Reichsstatthalter hat eine Ausnahme von der Sperrverordnung vom 30.3.1940 bewilligt. Die Erlaubnis konnte daher erteilt werden."

EINS Einer der Gründe für diese Bewilligung kann sein : In Kam Sing Fok's Lokal in der Schmuckstrasse essen zahlreiche französische Fremdarbeiter. Es gibt dort auch eine Französin, Edith, die gut deutsch spricht, als Bedienung.

ZWEI Ein anderer Grund kann sein : Chinesische Seeleute, die auf britischen Handelsschiffen gefahren und festgenommen sind, werden interniert.
Das Oberkommando der Marine überstellt im Frühjahr 1942 eine Gruppe von 165 chinesischen Seeleuten an das Arbeitsamt Hamburg zum „Arbeitseinsatz", also zur Zwangsarbeit, die sie in Wäschereien und in der Binnenschifffahrt verrichten müssen.

EINS Andere dieser Seeleute werden in chinesischen Lokalen in Hamburg beschäftigt und wohnen bei ihren Landsleuten. Ling Ah Tee etwa arbeitet als Kellner im Restaurant von Herrn Wong.

ZWEI Im Feuersturm des Sommers 1943 gehen große Teile der Stadt unter. Ebenso wie den Zwangsarbeitern ist es auch den Chinesen untersagt, bei Angriffen Luftschutzbunker aufzusuchen.

EINS Frau Krug erinnert den Bunker an der Reeperbahn : „... die durften nicht mal im Treppenhaus, die mußten im Eingang stehen. Wenn wir kamen, ne, ich mit meiner Mama am Arm, mit meinem Bruder, den Klaus und mein Kind, nich`, dann schrieen sie ‚Elfriede, hilf uns doch!' Die durften nicht, da sind die ganzen Luftminen gefallen. Ja, das war schlimm!"

ZWEI Erich Hanisch ist bis zum Herbst 1943 in Krakau beschäftigt als Verwalter der Akten des Referates IV N, des Nachrichtendienstes der Gestapo. Das Referat IV N hat die Aufgabe, durch ortsansässige V-Männer Erkundigungen politischer Art einzuziehen und Übergriffe festzustellen.

EINS „Im Oktober 1943 kam ich dann nach Hamburg zurück und war im Referat IV 1 c tätig, das mit der Überprüfung von Ausländern beschäftigt war, die mit ordnungsmässigen Pässen vor und während des Krieges nach Deutschland gekommen waren. Darüberhinaus hatte ich die Überwachung des möglichen Geschlechtsverkehrs zwischen Ausländern und Deutschen. Mit der Fremdarbeiterüberwachung hatte ich nichts zu tun.
Die Überwachung des verbotenen Geschlechtsverkehrs bezog sich allerdings auch auf die Fremdarbeiter."

ZWEI In Polen hat Erich Hanisch die jüdischen Ghettos und die Praxis der Deportationen kennen gelernt.

EINS „Als ich im Jahre 1943 zurückkehrte, traten die Juden kaum noch in Erscheinung. Mir war natürlich bekannt, dass in fast allen größeren Städten des Ostens jüdische Ghettos bestanden, So war auch ein jüdisches Ghetto in Kielce, meinem Einsatzort. Im Jahre 1942 fand aus dem Kielcer Ghetto eine große Aussiedlungsaktion statt. So wurden in Kielce zu diesem Zeitpunkt aus dem Ghetto etwa 11.000 Juden zusammengestellt und mit unbestimmtem Ziel nach dem Osten abtransportiert."

ZWEI Chen Chung Ching, der Vorsitzende des ChinesischenVereins, der vielen seiner Landsleute bei der Ausreise geholfen hat, will 1943 auch selbst Deutschland verlassen. Mit der Eisenbahn fährt er über Polen nach Sibirien. Zu Fuß geht es weiter.

EINS Es dauert 3 Monate, bis er China erreicht.

ZWEI Hamburg liegt unter dem Bombenfeuer der Alliierten.

EINS 1943 sind in der Schmuckstrasse im Adressverzeichnis der Stadt Hamburg eingetragen :
Haus Nr. 5 -

ZWEI Für den Keller kein Eintrag.

EINS Haus Nr. 7 -

ZWEI Für den Keller kein Eintrag.

EINS Haus Nr. 9 -

ZWEI Für den Keller kein Eintrag.
Im Erdgeschoß : Woo Lie Kien, Gaststätte

EINS Haus Nr. 14 -

ZWEI Mustafa Ibrahim, Wirtschaft.
Im 3. Stock : Frl. A. Bewernick.

EINS Haus Nr. 18 -

ZWEI Für den Keller : Fock, Kamsing, Speisewirtschaft.
Im Hause des jüdischen Brothändlers Hirsch.

EINS Das Haus Schmuckstrasse 7, als einziges in der Strasse, ist durch einen Bombentreffer zerstört. Kam Sing Fok hat ein anderes Lokal bezogen.

ZWEI Auch das Haus Talstrasse 45 mit dem Bärthel'schen Tanzinstitut wird getroffen. Getanzt wird schon lange nicht mehr.
Hermann Bärthel erinnert sich :

EINS „In der Talstrasse war ich da, als das Haus weg war. Das hat irgendwie einen Volltreffer gekriegt, das war ein großer Trümmerberg, am nächsten Tag war ich da, und das weiß ich allerdings sehr genau, meine Tante stand auf diesem Trümmerberg, die Nationalsozialistin, ‚und wir werden doch siegen!', schrie sie immer in die Gegend, auf dem Trümmerberg. Da war nichts, da war kein Stein mehr aufeinander, es war auch nichts zu finden an irgendwelchem Hausrat. Wie die da hochgekommen ist, ist mir heute noch ein Rätsel, sie stand oben drauf wie die Freiheitsstatue, ‚und wir werden doch siegen!' Meine Mutter und ich standen unten. Meine Mutter war fassungslos. Das war 1944."

ZWEI Der in seiner „Schwarzen Chronik Hamburgs" so launig formulierende Polizeibeamte Ebeling verfällt für diese Jahre in einen auffallend knappen, zurückhaltenden Ton.

EINS „Die Zeiten wurden schlecht für die gelben Söhne des Himmels. Zu ihnen gesellte sich im Laufe der Kriegsjahre eine immer stärker werdende Gruppe solcher Landsleute, die als Besatzungsmitglieder versenkter englischer Schiffe in deutsche Internierung geraten waren. Diese durften sich in Hamburg niederlassen und bei ihren hier ansässigen Landsleuten Wohnung nehmen.
Es ist leicht einzusehen, dass diese Internierten von ihrem Schicksal nicht sehr begeistert waren und alles versuchten, wieder in ihre Heimat zu gelangen.
Als Mittels- und Vertrauensmann fungierte in Hamburg Chong Tin Lam, der am Hamburger Berg auf St. Pauli eine Gaststätte betrieb. Das war den Hamburger Behörden und auch der Gestapo bekannt.
Als nun Ende Februar 1944 die Gestapo noch erfuhr, dass eine Anzahl der ausgereisten Chinesen wieder in englische Dienst eingetreten war, war dieser Umstand ganz und gar nicht nach ihrer Mütze. Kommissar Schweim, dem die Chinesen ohnehin unheimlich waren und der sie im Verdacht hatte, für die Westmächte zu spionieren, beschloß ein Exempel zu statuieren. Für den 13. Mai ordnete er die Festnahme aller in Hamburg wohnhaften Chinesen an. In einer großen Aktion wurden unter Hinzuziehung der Schutz- und Kriminalpolizei in den frühen Morgenstunden dieses Tages etwa 130 Chinesen festgenommen und in das Gefängnis Fuhlsbüttel gebracht. Chong Tin Lam und einige andere wurden nicht gerade liebevoll behandelt. Was Schweim freilich zu erfahren gehofft hatte, dass nämlich eine organisierte Abwanderung in „Feinddienste" bestehe, konnte er trotz monatelanger Vernehmungen der Festgenommenen nicht erreichen. Die es hätten beweisen können, befanden sich in Sicherheit, und die es wussten, hatten allen Grund zu schweigen."

ZWEI Dem Roman des Alfons Zech schreibt die Gestapo ein Art spiegelverkehrtes Nachwort und zugleich eine mörderische Fortsetzung.
Nach den Imaginationen des Fremden, des Exotischen und des Undurchschaubaren steigern sich die NS-Geheimpolizisten in ein Feindbild des kriminellen, rasseschänderischen, artfremden Gegners hinein, der für den Gestapo-Kommis-

sar Schweim erklärtermaßen ‚unheimlich' ist.

EINS Einer der Söhne Kam Sing Foks ist Lehrling auf der Stülcken-Werft. Dort beobachtet er, wie KZ-Häftlinge auf schlimmste Weise misshandelt werden. Er ahnt nicht, was den Chinesen bevorsteht.

ZWEI Das Ehepaar Wong schildert die Geschehnisse dieses Tages, die sie im chinesischen Restaurant am Wilhelmsplatz, dem heutigen Hans-Albers-Platz, erleben:

EINS „Plötzlich stürmte ein mit Maschinenpistolen bewaffneter GestapoTrupp in das von einem Chinesen betriebene Lokal. Alle asiatisch aussehenden Männer wurden festgenommen und auf die Straße geführt. Draußen warteten bereits andere Chinesen, die aus den umliegenden Straßen St. Pauli`s hierhergetrieben wurden. Unter Schlägen ging es zur Davidswache auf der Reeperbahn."

ZWEI Es habe ein ‚großes Hallo' auf der Reeperbahn gegeben, so Frau Wong. Eine Frau mit Kinderwagen, die sich über diese Aktion aufregte, indem sie rief: ‚Warum behandelt ihr sie so? Die haben doch nichts getan', wurde ebenfalls abgeführt.

EINS „Von der Polizeiwache ging es zum Untersuchungsgefängnis am KarlMuckPlatz.
Hier wurden die Chinesen mit dem Gesicht zur Wand aufgestellt, und ihnen die Pässe und Wertsachen, vor allem Devisen abgenommen. Nach einiger Zeit wurden sie auf Lastwagen in das Gestapogefängnis Fuhlsbüttel gebracht."

ZWEI Der jüngste Sohn Kam Sing Foks kehrt am 13. Mai 1944 von der Schule in die Schmuckstrasse zurück. Eine Grenze existiert nicht mehr, Altona ist in Großhamburg aufgegangen.
Dennoch kommt er nicht weiter.

EINS Der Gestapobeamte Erich Hanisch - „Schnaps ist Schnaps, Dienst ist Dienst"- wird einige Zeit später die Ereignisse des 13. Mai, die sogenannte „Chinesenaktion", so zusammenfassen :
„Ich war der sachbearbeitende Beamte der Gestapo-Aktion gegen die in Hamburg lebenden Chinesen am 13. Mai 1944.
Bezüglich des Anlasses der ganzen gegen die Chinesen gestarteten Aktion führe ich folgendes aus :
Ungefähr im Februar/März 1944 wurde mir von Kommissar Schweim die Mel-

dung einer V-Person übergeben, in der es hieß, dass chinesische Staatsangehörige, die mit Feindschiffen von der deutschen Marine aufgebracht und einem Internierungslager zugeführt wurden, sich jetzt bemühen, in die Heimat zurückzukehren. Tatsache soll jedoch sein, dass die Chinesen bis zur Türkei kommen, von dort von dem chinesischen Konsul an den englischen Konsul verwiesen werden, ob sie die Absicht haben, wieder in englische Dienste zu treten. Aufgrund dieser Meldung erklärte mir Kommissar Schweim, dass ich die Vorbereitungen für die Festnahme sämtlicher in Hamburg weilenden Chinesen treffen soll.
Der Tag der Aktion [wurde] auf den 13. Mai 1944 festgesetzt. Die Einteilung und Absperrung wurden von Kommissar Schweim mit den betr. Kommandoführers besprochen und geregelt. Die Weiterbearbeitung und Vernehmung der Chinesen wurde mir übertragen."

ZWEI Der gelernte Orthopäde Erich Hanisch, aus Polen mit der Methodik vertraut, Ghettos zu räumen, beginnt die „Weiterbearbeitung der Chinesen" in Form der ‚verschärften Vernehmungsweise'.
Anna Maria Bewernick – das Frl. A. Bewernick aus der Schmuckstr. 14 - sagt aus :

EINS „Ich war seit 1937 in der Speisewirtschaft des Chinesen Woo Lie Kin als Angestellte, Schmuckstraße 9, beschäftigt gewesen. Die Chinesen wurden bei Kriegsbeginn anfangs interniert, soweit sie auf englischen Schiffen beschäftigt waren. Die in Hamburg lebenden Chinesen wurden von der Internierung befreit, standen aber unter Aufsicht der Gestapo. – Im Mai 1944 wurden im Geschäft meines Chefs Haussuchungen durchgeführt. Mein Chef sollte verhaftet werden, er lag aber zu diesem Zeitpunkt im Krankenhaus. Das Geschäft wurde geschlossen und die Barmittel usw. beschlagnahmt. Ich erhielt von Hanisch den Auftrag, mich zur Verfügung der Gestapo zu halten und mich täglich auf der Davidwache zu melden.   Hanisch verhörte mich. Er warf mir vor, ich hätte zu den Chinesen Beziehungen unterhalten und hätte dadurch das deutsche Blut geschändet. Des weiteren wollte er von mir wissen, welche Beziehungen die Chinesen zum Ausland unterhalten und ob sie Versammlungen oder ähnliches abgehalten hätten. Da ich in dieser Hinsicht keine Aussagen machen konnte, wurde ich von Hanisch verhaftet und nach Fuhlbüttel überführt. Ich musste in einer Zelle warten. Trotzdem ich von dem Kalfaktor einen Radiokopfhörer erhalten hatte, den ich mir aufgesetzt hatte, hörte ich aus dem Nebenraum, in dem Hanisch den Chinesen Chong Tin Lam vernahm, die Schmerzensschreie des Chinesen, der in brutaler Weise von Hanisch geschlagen wurde. Als ich die Zelle, in der Hanisch die Vernehmung durchführte, betrat, merkte ich, dass die

Wände mit Blut bespritzt waren.
Hinzufügen möchte ich, dass meiner Ansicht nach der Chinese Woo Lie Kin durch Hanisch buchstäblich zu Tode geprügelt wurde. Er wurde in Fuhlsbüttel so geschlagen, dass er sofort in das Krankenhaus Barmbek eingeliefert werden musste. Eine Bekannte, Frau Strauch, wurde nicht vorgelassen, und als er dann gestorben war, teilte man ihr mit, dass die Leiche so schwere Verletzungen aufwies, dass sie sie nicht mehr sehen könne.
Hanisch erklärte mir am Schluß der letzten Vernehmung, dass mein Leben verwirkt sei und dass er jetzt veranlassen werde, dass ich in ein KZ käme. Ich bin dann auch nach Ravensbrück überführt worden. Auf meinem Schutzhaftbefehl stand: 'Beziehungen zu reichsfeindlichen und artfremden Ausländern'.
Mir wurde vorgeworfen, ich wäre entartet, und mein Blut wäre nicht mehr rein, weil ich eine Fehlgeburt durch einen Chinesen gehabt hätte, das aber gar nicht stimmte."

ZWEI Chong Tin Lam, geb. 14.7.07 in Kanton/China, wohnhaft : Hamburg, Hamburger Berg 15, sagt aus :
„Hanisch schüttelte mich und drückte mich gegen eine Wand in so roher Form, dass seine eigene Armbanduhr dabei vom Arm fiel. Dann schickte er einen Wachtmeister, um sich einen Gummiknüppel holen zu lassen. Mit diesem Gummiknüppel schlug mich Hanisch so lange ins Gesicht, an den Kopf und übrige Körperteile, bis ich das Bewusstsein verlor und zu Boden fiel. Nachdem ich zu Boden gefallen war, riß Hanisch mich wieder hoch, um mich erneut mit dem Gummiknüppel zu misshandeln. Hanisch verlangte von mir, dass ich zugebe, mit chinesischen Landsleuten illegale Versammlungen abgehalten zu haben. Letzteres traf nicht zu und wollte Hanisch dieses Geständnis offensichtlich erpressen. Ich hatte nur ehem. Internierten chinesischen Landsleuten gegen eine entsprechende Vergütung Aufnahme gewährt.
Ich wurde in Fuhlsbüttel etwa 4 Monate in einer kalten Zelle im Keller des Gefängnisses gefangen gehalten. Von Fuhlsbüttel wurde ich ins KZ nach Kiel geschickt."

EINS Lina Magdalena Donatius, sagt aus :
„Ich bin die Verlobte von Herrn Chong Tin Lam. Ich bin Augenzeuge der durch die Gestapo eingeleiteten Chinesenaktion im Mai 1944 gewesen.
Später sah ich meinen Verlobten, wie man ihn blutüberströmt in den Toilettenraum führte, um sich dort abzuwaschen. Dann wurde ich Hanisch vorgeführt. Anläßlich meiner Vernehmung wurde mir vorgehalten, wie ich mit „einem Chinesen, einem Bastard zusammenleben könne."
Man appellierte an mein Bewußtsein als deutsche Frau, für die es unwürdig sei,

mit einem Chinesen zusammen zu leben und ähnliches." Über das Kind meines Verlobten äußerte sich Hanisch, daß man dasselbe gegen die Wand schmeißen müsse, so daß die Gedärme herauskämen. Hanisch fragte mich, ob mir bekannt gewesen wäre, daß Chong Tin Lam Versammlungen geleitet und gewußt hätte, daß einige der internierten Chinesen anstatt nach China zurück nach England gefahren seien. Hanisch hatte mir versprochen, wenn ich dieses aussagen würde, mich auf freiem Fuß zu belassen. Dieses konnte ich nicht, da die Angaben des Hanisch auch nicht stimmten."

ZWEI 165 Chinesen werden verhaftet, monatelang im Gefängnis Fuhlsbüttel ohne Gerichtsbeschluss festgehalten und misshandelt.

EINS Chen Shiang John aus Kwantung :

ZWEI „Auch ich wurde am 13. Mai 1944 durch die Gestapo verhaftet. Der Gestapobeamte Hanisch hat mich in roher Weise mit einem Gummiknüppel misshandelt. Er schlug mich derartig an den Kopf, dass ich meine sämtlichen Zähne verlor."

EINS Poon Chum Ynew aus Tschekiang :

ZWEI „Auch ich wurde anlässlich der Chinesenaktion im Mai 1944 verhaftet. In Fuhlsbüttel wurde ich durch den vernehmenden Gestapobeamten Hanisch mit der sowohl mit der flachen Hand als auch mit der Faust und später mit einem Hocker grausam mißhandelt. Hanisch hat mich derartig zugerichtet, daß ich mehrere Tage nichts essen konnte."

EINS Wong San Nang aus Kanton :

ZWEI „Anlässlich der Chinesenaktion im Mai 1944 wurde ich ohne Angabe von Gründen und ohne daß ein Gerichtsverfahren stattfand, verhaftet und den Gefängnis Fuhlsbüttel zugeführt. Bei der Vernehmung hat mich der Gestapobeamter Hanisch in roher Weise mit der Faust mehrfach an den Kopf geschlagen. Bei jeder Frage, die mir Hanisch stellte, schlug er gleichzeitig mit der Faust auf mich ein."

ZWEI Auch Kam Sing Fok, der Hanisch kennt, wird verhaftet und inhaftiert. Gelegentlich begleitet er die Verhöre als Dolmetscher.

EINS Werner Fok bringt häufiger Essen nach Fuhlsbüttel. Einmal wird er von

einem Wachmann angschrieen, woraufhin er sagt, dass er dies mit der Einwilligung Hanischs macht.
Die Vernehmungen gehen weiter. Chai Liong aus Kwangtung sagt aus :

ZWEI „Auch ich wurde anlässlich der Chinesenaktion verhaftet und ohne Gerichtsverfahren dem Gefängnis Fuhlsbüttel zugeführt. Hanisch hat mich nicht geschlagen, aber ein Wachtmeister Paul (genannt langer Paul)."

EINS Vom langen Paul geht es im Herbst 1944 für etwa 70 Chinesen zum Langen Morgen. Ins Arbeitserziehungslager Wilhelmsburg an der Straße Langer Morgen.

ZWEI Der Deutschen Lina Donatius ergeht es wie den Chinesen :

EINS „Ich wurde dem Arbeitslager Wilhelmsburg zugeführt.
Eine Aufseherin dieses Lagers sagte höhnisch zu mir, „na, Sie Chinesenliebchen, von Ihren Freunden sind schon ein ganz Teil verreckt."

ZWEI „Die Frau, die dieses sagte, war die Oberaufseherin."

EINS Chen Shiang John berichtet :

ZWEI „Ich habe im Lager beobachtet, dass viele meiner Kameraden an diesen Folgen, einer schlechten Ernährung und harter Arbeit starben. Auch die Schwerkranken mussten mit zur Arbeit geschleppt werden und bekamen keine ärztliche Hilfe. An den Folgen dieser grausamen Methode sind meine Landsleute gestorben."

EINS Tang Shi-Kai aus Chekian berichtet :

ZWEI „In Wilhelmsburg mußte ich schwer arbeiten mit unzureichender Verpflegung. An den Folgen dieser Behandlung sind verschiedene meiner Kameraden gestorben. Selbst schwerkranke Landsleute mußten mit zur Arbeit geschleppt werden, bekamen nichts zu Essen. Der Kamerad, dessen Name mir entfallen ist, wurde so heftig geschlagen, daß er am nächsten Morgen verstarb."

EINS Chin Kuei Hsien berichtet :

ZWEI „Wir mußten um 5 Uhr aufstehen, tranken unseren Kaffee und waren dann auf Appell. Wir mußten ungef. eine Stunde auf dem Platz stehen. Um 7

Uhr fing die Arbeit an. Wir arbeiteten in einer Fabrik in Wilhelmsburg. Es war eine Oel Raffinerie, die gebombt war und wo wir den Schutt beseitigen mußten."

EINS Chin Kuei Hsien wohnt im Lager mit 20 bis 30 Häftlingen in einer Baracke und muß Bombenschäden aufräumen helfen, Steine tragen, Eisenträger befördern und sonstige schwere Arbeit verrichten.
Das Essen ist sehr schlecht, er verliert erheblich an Gewicht.

ZWEI Gelegentlichwird er geschlagen und gestoßen. Manchmal gegen die Rippen, manchmal in den Bauch, ins Gesäß usw.

EINS Josef Sommerfeld, Kommandant des AEL von Juli 1944 bis Februar 1945, bestätigt :

ZWEI „Die Chinesen waren bei Ölfirmen tätig."

EINS In der Regel war der Aufenthalt im AEL auf 56 Tage beschränkt.

ZWEI „Herr Hanisch von der Gestapo wusste sich zu helfen. Das Arbeitserziehungslager wurde frei nach Schiller umgetauft in 'Anhaltelager', und das 'Anhaltelager' rechtfertigte eine unbegrenzte Zeit der 'Anhaltung'."
Gerd Beschütz, als Deutscher jüdischer Herkunft zum Arbeitsdienst verurteilt, erinnert sich :

EINS „Das ist ja eigentlich eine schlimme Geschichte, denn andere Ausländer sind ja vielleicht auch interniert worden, aber doch nicht in dem Maße gequält worden wie die Chinesen. Das habe ich ja nun mit eigenen Augen gesehen, wie die vom Langen Morgen zu irgendeiner Arbeit durch die Rhenania Ossag geführt wurden, getrieben wurden, geprügelt und gedroschen von ukrainischer SS. Das waren freiwillige SS-Leute, wahrscheinlich hatten die besseres Leben dadurch, dass sie zur SS gingen. Die hatten diese Fellmützen auf, wie die Russen sie auch trugen, mit dem Totenkopf da vorne dran, und SS-Uniform, und die schlugen erbarmungslos auf die Chinesen ein.
Da kam morgens dieser Zug durch, und auch, soweit ich erinnere, Deutsche waren auch dabei, die sogenannten ‚Arbeitsunwilligen'.
Ich erinnere noch, es war Winter, es muß so in den ersten Tagen des Jahres 45 gewesen sein, da kamen die durch, diese Gruppe, und es war einer dabei, der war schon krank, und die durften ja nicht im Lager bleiben, wenn sie sich schlecht fühlten oder krank waren, die mussten mit zur Arbeit und zwei andere

griffen ihm unter die Arme und schleiften ihn mit, und abends lag der Mann auf der Schottschen Karre und war tot. Das weiß ich noch sehr gut. Das war gespenstisch, in der Wintersonne, es war wirklich, wie man sich Sibirien vorstellte. Wo die hingingen zur Arbeit, das weiß ich nicht, aber sie mussten sicher einen ganz langen Weg laufen."

ZWEI Zum Spaß der Wachleute läßt man Häftlinge im Kreis rennen und nennt es ‚Horner Rennbahn'. Der Lagerälteste, ein Krimineller, fordert Goldzähne als Gegengabe für ein bißchen Essen. Schließlich willigt der Chinese ein, und der Lagerälteste bricht ihm die Goldkronen mitsamt den Zähnen aus.

Musik.

EINS Nach der Befreiung im Mai 1945 und dem Ende des Nazi-Regimes ist nichts mehr, wie es einmal war. Nachweislich sind 17 der etwa 165 Chinesen im Lager Wilhelmsburg umgekommen.
Nur etwa dreißig Chinesen wohnen nach dem Krieg noch in Hamburg, und um 1950 gibt es nur fünf China-Restaurants. Gelähmt durch die Kriegsereignisse ruhen die Aktivitäten des Chinesischen Vereins, und der Friedhof beginnt zu verwahrlosen.

ZWEI 1947 wird vom britischen Special Department I des Kriminalamtes Hamburg eine Ermittlung gegen Erich Hanisch eingeleitet.

EINS „Ich bin beschuldigt worden", gibt Hanisch zu Protokoll, „in der Amtsausübung Übergriffe getätigt zu haben. Vorgeworfen werden mir Judenerschießungen, Judenverhaftungen und ähnliche Dinge, die ich aber durch Gegenbeweis zu entkräften beabsichtige."
In Bezug auf die Chinesen gibt er nur zu, mit der flachen Hand geohrfeigt zu haben. Am 23. Juni 1948 soll er von einer polnischen Kommission für die Auslieferung an Polen abgeholt werden. Im Wissen, was das für ihn bedeutet, kommt er der Auslieferung zuvor und erhängt sich an diesem Tag in seiner Zelle. Auch er nimmt seine Wahrheit mit sich.

ZWEI Anträge auf Anerkennung der politischen Verfolgung der Chinesen durch das NS-Regime und auf Wiedergutmachung werden gestellt.

EINS Wiedergutmachung auch in materieller Hinsicht. Der ehemalige Seemann Wand Ah Moo sagt aus :
„Meine Gaststätte Thalstrasse 18 mußte ich auf Befehl der Gestapo an den Ortsgruppenleiter Richter für den Bruchteil des tatsächlichen Wertes verkaufen. In den letzten Jahren wurden wir sehr oft durch die Gestapo und Parteimitglieder verfolgt und zurückgesetzt."

ZWEI Auch Choy King hat einen Antrag gestellt. Am 10.10.1960 bekommt er ein Schreiben :
„Es ist festgestellt worden, daß die damalige Verhaftungsaktion der Gestapo gegen Personen chinesischer Abkunft nicht aus Gründen einer etwaigen politischen Gegnerschaft gegen den Nationalsozialismus oder aus Gründen der Rasse erfolgte, sondern deshalb, weil vermutet wurde, daß die Chinesen über die Türkei nach England fliehen wollten, um dort gegen Deutschland Dienste auf dem Festland oder auf englischen Schiffen zu leisten, ferner weil vermutet wurde, dass die Chinesen Geld horteten und gegen die Devisenvorschriften verstießen. Aus diesem Grunde können diese Ansprüche nicht nach den Wiedergutmachungsgesetzen für rassisch und weltanschaulich Verfolgte entschädigt werden. Daß dies und nicht Verfolgungsgründe der Wiedergutmachungsgesetze für rassisch und weltanschaulich Verfolgte Anlaß für die Aktion der Gestapo waren, ist in dem rechtskräftig gewordenen Ablehnungsbeschluß des Amtes vom 14.12.1950 festgestellt, der in der gleichliegenden Haftentschädigungssache Tin Lam Chong -Wg.1497 07-5- ergangen ist."

EINS Für die junge Bundesrepublik Deutschland, Rechtsstaat und Rechtsnachfolgerin des 3. Reiches, ist die ‚Chinesenaktion'„keine NS-Verfolgungsmaßnahme".

ZWEI „Mangels einer rassischen Verfolgungstendenz kann somit von einer nationalsozialistischen Verfolgungsmassnahme nicht gesprochen werden, so dass der Anspruch des Klägers auf Gewährung von Haftentschädigung nicht begründet ist."

EINS Haftentschädigungen und Wiedergutmachungen werden abgelehnt. Die Klage wird abgewiesen mit der schon zynischen Begründung : Die Chinesenaktion „war in ihrer Form typisch nationalsozialistisch; sie war dieses aber nicht in ihrer Richtung."
Die zuständigen Gerichte der Stadt Hamburg haben sich die vorgeschobene Argumentation der Gestapo zu eigen gemacht.

ZWEI Vom Wasserbüffel in China zur Schmuckstrasse in Hamburg-St. Pauli. Vom Ozean in den Keller. Vom Plätten zum Tanzen. Vom Morgen zum Abend. Von der Hoffnung in den Tod.

EINS Auf der Landkarte des Gedenkens stellt die Schmuckstrasse, die „Chinesen-Strasse", nur eine kleine Seitenstrasse des Erinnerns dar.

ZWEI Dennoch darf sie nicht fehlen.

EINS Zuletzt stellen wir uns vor, daß Herr Georg Schmuck wieder auf die barocke Kirchenfassade schaut. Ein Grünstreifen zieht sich dort entlang, wo sich einmal sein Garten befunden hat. Auch in diesem so ganz anderen Jahrhundert zeigt sich, daß Gras über jede Stadt, aber nicht über jede Geschichte wächst.
Und der Mond kugelt sich.

Musik.

DER HANNOVERSCHE BAHNHOF

KLEINER APFELBAUM

„Ich wurde geboren, ich habe gelebt und ich bin ausgewandert..."
Ich wurde geboren, ich habe gelebt und ich wurde deportiert.

Dreieck zwischen Hafen und Stadt.
Alte Güterfreiladegleise.
Verwitterte Rammböcke. Verrostete Weichen.
Zerfallende Lagerschuppen. Rampen mit Kantenschutz.
Kopfsteinpflaster. Schwellen, Kraut und Gras.

Umschlaghalle, blau. Ziegelgebäude, rot.
Transporte der Gegenwart.

Entfernung am heutigen Tage - ein paar Schritte.
Hinter einem Drahtzaun, abseits - ein kleiner Apfelbaum.

Paradies, Erkenntnis, Vertreibung.
Nur über die Vertreibung und den Apfelbaum
können wir mit Gewissheit sprechen.

Musik

AMERIKA

„Ich wurde geboren, ich habe gelebt und ich bin ausgewandert...
In den Feiertagen [in Polotzk], als wir den Auszug [Israels] aus Ägypten
feierten, uns froh und dankbar fühlten, als wäre es gerade passiert, erinnerten
uns unsere ehrenwerten Nachbarn, dass Russland ein zweites Ägypten war.
Mit der Lüge über den Mord an Christenkindern würde es losgehen, und die
wodkabesoffene Menge würde die Juden mit Messern und Äxten angreifen,
sie töten oder foltern und ihre Häuser niederbrennen.
Dies nannte man ein ‚Pogrom'.
Oft hörten wir, dass der Pogrom von einem Priester angeführt wurde, der vor
dem Mob ein Kreuz trug.

In meinen angstvollen Phantasien, wenn ich in dunklen Ecken mich versteckte,
sah ich das Kreuz, das grausame Kreuz. ...

„Wir erreichten [den Hannoverschen Bahnhof in] Hamburg eines frühen Morgens [1894], nach einer langen Nacht in den überfüllten Wagen."

Mit Angst, Sehnsucht, Heimweh im Herzen wartet die 13jährige russische Jüdin
Mirja Weltmann aus dem weißrussischen Polotzk, einem jiddischen Schtetl,
in den Baracken des Amerika-Kais an der Veddel
auf die Passage in eine neue Welt,
wo sie den Namen Mary Antin annimmt.

„Wir kamen als letzte dran. Und fanden uns – wir fünf erschreckten Pilger
aus Polotzk – auf dem Deck, Oj, eines großen Dampfschiffes
auf den fremden großen Wassern des Ozeans dahintreiben."

Musik

HANNOVERSCHER BAHNHOF

Bahnhof – Betriebsstelle mit mindestens einer Weiche,
wo Züge beginnen, enden, ausweichen oder wenden.
Doppelköpfig : Fabrikhalle zum offenen Land, Grand Hotel zur Stadt.
Empfangsgebäude. Vier große Wartesäle, 1. bis 4. Klasse.
Ein Dach aus Glas und Eisen, wie ein Kirchenschiff über den Gleisen.
Rauchende Lokomotiven, archaische Kraft moderner Maschinen.

Erster Name : Venloer Bahnhof. Venlo in den Niederlanden, erstes Ziel.
Fünf Gleise kommen aus dem imposanten Bahnhofsgebäude heraus.

Zweiter Name : Pariser Bahnhof. Paris, zweites Ziel.
Drei Gleise gehen auf eine Drehscheibe. Hamburg reist.

Dritter Name : Hannoverscher Bahnhof. Alle Ziele ab hier.

Musik

Bahnhof – Ort der Kommunikation und der Exkommunikation.
Bis zu 27 Sonderzüge täglich bringen Auswanderer.
Überfüllte Bahnsteige. Irgendwo : Mirja Weltmann, das Mejdele aus Polotzk.
Schilder in polnischer und russischer Sprache weisen den Emigranten den Transitweg.
Das eindrucksvolle Hauptportal, im Zuschnitt eines Stadttores mit fünf Eingängen, vielleicht hat sie einen Blick darauf werfen können.
Die Stimme des noch unsichtbaren Ozeans hat sie sofort vernommen.

Zug der Zeit – Zeit der Züge.
Derselbe Bahnhof. Eine andere Zeit. Eine andere junge Frau.
Martha W., eine deutsche Sintizza, 19 Jahre alt.

„Im Mai haben sie uns alle abgeholt.
Ganz in der Nähe, ein paar Schritte entfernt, mussten wir in Güterwaggons ... einsteigen [am Hannoverschen Bahnhof].
Erzählt haben sie uns, dass wir nach Polen kommen, dass wir da ein Häuschen kriegen."

Zug der Zeit – Zeit der Züge.
Passagen zum Verlassen der Welt. Weichen sind gestellt.

Zug der Zeit – Zeit der Züge.
„Das war doch eine Zeit", erinnert sich ein Ladehofvorsteher in Deutschland, „wo wir hinfahren konnten, wo wir wollten."
Die im Sommersonnenlicht warmrot aufleuchtenden Züge
fahren aus der Halle – wie ein Kirchenschiff über den Gleisen –
ab hier über jede bisher bekannte menschliche Grenze.

Musik

Hannoverscher Bahnhof in Hamburg, Tor zur Welt.
Letzte denkbare Namen nach seinen letzten tatsächlichen Zielorten :
Minsker Bahnhof, Rigaer Bahnhof, Lodzer Bahnhof,
Theresienstädter Bahnhof, Auschwitzer Bahnhof.

1940

Reichsbahnkalender 1940.
Schwerpunktthema : „Auslandsverkehr trotz Krieg".

20. Mai 1940. Ein Sonderzug am Hannoverschen Bahnhof.
Aktion der Hamburger Gestapo : „Betrifft : Bekämpfung der Zigeunerplage".
Zu den „in das Generalgouvernement [Belzec in Polen] umgesiedelte[n] Zigeuner[n], die vorher in Hamburg wohnhaft waren", gehören etwa 1000 Personen, darunter Martha W.
Fotos. Fingerabdrücke. Fußtritte.

Fahrt in den ‚Osten', jene Gegend,
in der Entwertung und Verwertung der Menschen zusammenfallen sollen.

   Musik

Hugo, Liddi, Paul, Hortense, Rigo, Amanda, Peppi, Albert, Maria, Josef, Walter, Erika, Rudi, Robert, Ella, Jonas, Sophie auch Adelheid, Moni, Lajana, Romani, Elli, Phlippine, Bruno, Reinhold, Gottfried, Rigoletto, Amandus ...

Erster Apfel von dem kleinen Apfelbaum,
ein paar Schritte abseits vom Hannoverschen Bahnhof.
Er gibt am heutigen Tage die Erinnerung weiter an diese erste Passage
und bekräftigt die Erkenntnis, dass sich die Kälte derer annimmt,
die in die Kälte geworfen werden.

1941

Reichsbahnkalender 1941.
Schwerpunktthema : „Die großdeutsche Aufgabe der Reichsbahn".

Dokument. „Geheime Staatspolizei Staatspolizeileitstelle Hamburg Einschreiben!
Ihre Evakuierung aus Groß-Hamburg wird hiermit befohlen."

Fünf Sammelstellen. Öffentlich sichtbar. Öffentlich bekannt.
Moorweidenstraße 36. Hartungsstr. 9 – 11. Volksschule Schanzenstrasse.
Beneckestraße 2, 4 und 6 [‚Judenhaus']. Talmud-Tora-Schule Grindelhof.

„Und dann hieß [es] mitten in der Nacht wieder,
wir müssten jetzt zum Hannoverschen Bahnhof.
Es war vorn ein Personenzug,
und hinten waren zwei oder drei Gepäckwagen angespannt."

‚Da'. Ein Sonderzug, gekennzeichnet :
Judentransport - außerhalb Polens zusammengestellt = Da (Abkürzung für David).

Dokument : „Geheime Staatspolizei   Staatspolizeileitstelle Hamburg
Tgb. Nr. II B 2 – 4941 / 41   Hamburg, den 21. Oktober 1941
Betrifft : Evakuierung der Juden aus Hamburg

Namentliche Liste
der eintausend Juden, die am 25.10.1941 aus Hamburg nach Litzmannstadt [
Lodz] evakuiert werden. Die Namen der Juden, die nicht mit dem Transportzug
kommen, werden durchgestrichen.
Der Zug fährt am [Sonnabend] 25.10.1941 um 10.10 Uhr ab Hamburg,
Hannoverscher Bahnhof, und soll fahrplanmässig am 26.10.1941 um 11 Uhr
in Litzmannstadt eintreffen.
I.A. [Kriminalkommissar SS-Hauptsturmführer Claus] Göttsche"

Im Herbst 1941 finden, vom Hannoverschen Bahnhof abgehend,
gefilmt und abfotografiert, vier Deportationen Hamburger Juden statt :

Am Sonnabend, 25.10.1941 nach Lodz, 1034 Personen, zu Tode kommen 1016,
am Sonnabend, 8.11.1941 nach Minsk, 968 Personen, zu Tode kommen 952,
am Dienstag, 18.11.1941 nach Minsk, 407 Personen, zu Tode kommen 403,

am Sonnabend, 6.12.41 nach Riga, 753 Personen, zu Tode kommen 726.
„Deutsches Kursbuch. Fahrpreise :
Die Einheitssätze betragen für 1 Kilometer in Personenzügen : 3. Klasse 4,0 Rpf.
Kinder vom vollendeten 4. bis zum vollendeten 10. Lebensjahre werden
zum halben Preise befördert. Kinder bis zum vollendeten 4. Lebensjahre,
für die kein besonderer Platz beansprucht wird, werden frei befördert."
Bei Beförderung von mindestens 400 Personen : 50 % Mengenrabatt pro Zug.

Fahrkarten für die einfache Fahrt :
Hamburg – Lodz, 770 km, pro erw. Person 15,40 RM.
Hamburg – Minsk, 1400 km, pro erw. Person 28,00 RM.
Hamburg – Riga, 920 km, pro erw. Person 18, 40 RM.

„Sonderkonto W" der „Reichsvereinigung der Juden in Deutschland".
Durch Abgaben auf dieses Konto zahlen die Opfer ihren Abtransport selbst.

In einem der Wagen sitzt die 16 jährige Cecilie Landau :
„Die Waggons waren überfüllt, stickig und heiß.
Uns gegenüber saß ein älteres Ehepaar.
Sie hielten sich während der ganzen Reise bei der Hand, still und schweigsam.
Nach etwa eineinhalb Tage Fahrtzeit ... plötzlich Bremsgeräusche ...
Wir blinzelten in die grelle Mittagssonne.
‚Raus, beeilt euch. Dies ist das Ende eurer Reise.'"
„Das ältere Paar ... Sie hießen Julie und Julius.
Immer wieder erzählte mir [Julie] von ihrem Sohn Dan, der 1939 mit dem Schiff
Orinoco aus Deutschland geflohen war. Julie malte sich aus, dass sie und Julius ihn
[in New York] treffen und gemeinsam den Broadway hinuntergehen würden..."

In Lodz, „Europas größte Schneiderwerkstatt" für Wehrmachtsuniformen,
gibt es keinen ‚Broadway', aber Hunger, Seuchen, vereiste Strassen.

Musik

„Den dürren, zerlumpten Fuhrmann, der die Toten im Ghetto einsammelte,
sah man jeden Tag. Auf seinem wackligen, kleinen schwarzen Wagen sitzend,
von einem alten, dünnen und schon klapprigen Pferd gezogen,
fuhr er Strasse für Strasse ab."

Haus für Haus, Strasse für Strasse. Bahnhof für Bahnhof. Zeitplan nach Fahrplan.

Der zweite Deportationszug [Dokument] „fährt am [Sonnabend] 8.11.1941
um 10.52 Uhr ab Hannöverscher Bahnhof und soll fahrplanmäßig am 10.11.1941
in Minsk eintreffen."

Gepäckkontrolle. Eine Zeichnung zeigt die Umstände.
Im Vordergrund sichtbar zwei Frauen, ein Mädchen, ein Koffer.
Ein Zettel ist aufgeklebt. Der Name darauf : ‚Florentine Bieber'.

Der dritte Deportationszug verlässt den Hannoverschen Bahnhof
am Dienstag, 18. 11.1941 in Richtung Minsk.
Mit ihm : Florentine Bieber, 31 Jahre alt.

Der vierte Zug, am Sonnabend, 6.12.1941, geht in Richtung Riga.

Lodz, genannt Litzmannstadt. Minsk. Riga.
Jüdische Schtetl. Jüdische Ghettos. Für deutsche Juden unfassbar, ein Schock.

Riga.
Auch die Hamburger Juden sind getäuscht worden.
‚Pioniere, kolonisatorische Aufbaukräfte in den neu besetzten Ostgebieten' –
was sie wirklich räumen, sind die blutigen Überreste derjenigen,
in deren Wohnungen sie gepresst werden.

Minsk.
Abend des 11. November. Der Hamburger Transport kommt an.
Weil es schon dunkel ist, müssen die Menschen bis zum nächsten Tag im Zug
bleiben. Im "Hamburger Lager" sind die Juden aus Hamburg und Frankfurt
untergebracht.
Nach sieben Wochen im Ghetto ist die Hälfte der Männer schwer krank.
Im Mai 1943 wird das gesamte Ghetto "liquidiert".

Lodz.
In Chelmno, etwa 60 km von Lodz entfernt, stehen drei Gaswagen.
„An den Wänden [im Keller] war zu lesen: "Diesen Ort wird kein Lebender
verlassen."
„Als es absolut still war, fuhr der Lastwagen fort."

Ein Totengesang in jiddischer Sprache bedient sich eines Abzählreimes.
„Tsen brider zenen mir geven,
hobn mir gehandelt mit layn.
eyner iz geshtorben,
zenen mir geblibn nayn.
yidl mitn fidl, Mojshe mitn bas,
shpilt zhe mir a lidl,
men firt undz in dem gaz."

Hamburg. Rechnung :
Firma „Richard Flumm   Installationen. Gas. Wasser. Dacharbeiten. Elektr. Licht.
Rechnung für den Oberfinanz-Präsidenten
Folgende Gasherde losgenommen und Leitungen gedichtet, Gasuhren abgestellt :
Rosenkranz, Isestr. 54   [Lodz]   Nussbaum, Rutschbahn 15 [Minsk]
Würzburg, Dillstr. 20   [Minsk]   Zechlinsky, Hansastr. 57   [Minsk]
Fromme, Haynstr. 7   [Minsk]   Heymann, Logestieg 4   [Lodz]
Freundlich, Bellealliancestr. 60 [Lodz]   Hirschberg, Bogenstr. 25   [Minsk]"

Hamburg. Liste :   „Fernsprechamt 2
Verzeichnis der jüdischen Fernsprechteilnehmer, die infolge ihrer Evakuierung
nach Polen ihre letzten Fernsprechgebühren nicht bezahlt haben.

Name	Vorname	Letzte Wohnung	Anschluß	Unbezahlter Betrag	Dazu 4 v.H. Zinsen
Dr. Flörsheim	Arthur, Israel	Grindelhof 17 II 8.11.41 nach Minsk	448018	18	80
Herrmann	Elisabeth Sara	Rappstr. 10 25.10.41 nach Lodz	554506	6	55
Rhein	Grete, Sara	Krohnskamp 3 6.12.41 nach Riga	523643	16	00
Spiro	Felix Is.	Lenhartzstr. 3 8.11.41 nach Minsk	524498	8	35
Dr. Besser	Max Israel	Bogenstr. 15 7.11.41 Suizid	448218	23	50"

Dokument. „Amtsgericht Abteilung 74
(Testaments- und Nachlaßsachen)   Hamburg, 6. November 1941

An das Finanzamt Dammtor
In den Nachlaßsachen der Jüdinnen Olga Sara Kaufmann und Anna Sara Blumenfeld, beide wohnhaft Isekai 15, teilt der Polizeipräsident dem Gericht mit, daß ihr Nachlaß durch Erlaß des Reichssicherheitshauptamtes vom 1. Oktober 1941 zugunsten des Reiches eingezogen und das Finanzamt Hamburg-Dammtor als Einziehungsbehörde bestimmt worden sei.
Die beiden Jüdinnen haben am 24. Oktober 1941 Selbstmord begangen, um sich der Evakuierung zu entziehen.
Ausgefertigt :   Unterschrift   Urkundsbeamter der Geschäftsstelle"

Zweiter Apfel von dem kleinen Apfelbaum,
ein paar Schritte abseits vom Hannoverschen Bahnhof.
Er gibt am heutigen Tage die Erinnerung weiter an Julius und Julie Cohn,
Florentine Bieber, Olga Kaufmann, Anna Blumenfeld,
den dürren, zerlumpten Fuhrmann, an Hunger, Entsetzen und exakte Fahrpläne.
Außerdem die Erkenntnis, dass reale Züge
durch Landschaften der Auslöschung fahren können,
nicht nur der Körper, sondern auch der Seelen.

Musik

1942

Reichsbahnkalender 1942.
Schwerpunktthema : „Deutsche Eisenbahner, Helfer der Heimat, Helfer der Front!"

Bahnhof – Ort der Kommunikation und der Exkommunikation.
Im hellen Licht des Tages, hinter der dampfenden Lok der Baureihe 40,
verlassen die Wagen den abgelegenen Güterbahnhof –
mit der Halle wie ein Kirchenschiff.

Im Juli 1942 finden, vom Hannoverschen Bahnhof abgehend, drei Deportationen Hamburger Juden statt :
Am Sonnabend, 11.7.1942 nach Auschwitz, 300 Personen, zu Tode kommen 292,
am Mittwoch, 15.7.1942 nach Theresienstadt, 926 Personen, zu Tode kommen 882,
am Sonntag, 19.7.1942 nach Theresienstadt, 771 Personen, zu Tode kommen 669.
Fahrkarten für die einfache Fahrt :

Hamburg – Theresienstadt, 750 km, pro erw. Person 15,00 RM.
Hamburg – Auschwitz, 1100 km, pro erw. Person 22,00 RM.

Sonderzug, Sonnabend, 11.7.1942. Zielort Auschwitz in Polen.
Sommer. Am Bahnsteig 'ist was los'. Filme werden gedreht. Fotos geschossen.
Chaja Rywa Balck, 46 Jahre alt, gehört zu denen, die in die Welt der Entwertung überstellt werden.

Brief einer Hamburgerin an den Steueramtmann der 'Dienststelle für die Verwertung eingezogenen Vermögens, Gorch Fock Wall 11, I. Stock, Zimmer 32a'.

„Gertrud v. Thun   Hbg. 1.9.42
Sehr geehrter Herr Jordan !
Erlaube mir hiermit zwecks Anfrage über die Wohnung der Jüdin Balk in Ohlstedt Lottbekerweg 24 (Einzelhaus). ... ob es wohl gestattet wäre einen Tausch vorzunehmen. Meine Wohnung befindet sich in Barmbek Kranichweg 13 II.
Da ich mit meinen Jungen gerne in Ohlstedt in der Nähe meiner Eltern wohnen möchte ... Heil Hitler"

Am Bahnhof 'ist was los'. Sonderzug, Mittwoch, 15.7.1942. Zielort Theresienstadt.
Johanna Wolff, 67 Jahre, steht auf dem Bahnsteig.

Amtliches Schreiben.
„Der Oberfinanzpräsident Hamburg   Hamburg, den 17. August 1942
Vermögensverwaltungsstelle   Rödingsmarkt 83
Aktenzeichen J. 6/895
An   Gerichtsvollzieheramt
                                                 Hamburg 36   Drehbahn 36

Betrifft : Versteigerungsauftrag
Ich beauftrage Sie hiermit, die zugunsten des Deutschen Reichs 1 Stck. Eßlöffel
(800 Silber) der Jüdin   Wolff, Johanna Sara
wohnhaft gewesen in Hamburg
                            Fricke Straße Nr. 24
in freiwilliger Versteigerung zu verkaufen.
                                            Im Auftrag ...."

Protokoll.

„Bobsien   Gerichtsvollzieher   Hamburg, den 25. August 1942
Zeit und Ort der Versteigerung sind unter allgemeiner Bezeichnung der zu versteigernden Sachen durch Veröffentlichung im hiesigen „Hamburger Tageblatt" öffentlich bekannt gemacht worden.
Nachdem sich eine Anzahl kauflustiger Personen eingefunden hatte, wurde mit der Versteigerung verfahren wie folgt :
1   silb. Dessertlöffel   [Käufer] Blank   [Zuschlag] 4.- RM"

„Versteigerungsabrechnung   1,95 RM
werden auf das Postscheckkonto der Oberfinanzkasse Hamburg Nr. 11656 überwiesen.

Hamburg, den 10. September 1942
Bobsien   Gerichtsvollzieher"

Entwertung und Verwertung.
So wird auch dieser Silberlöffel ein Teil des Geschäftes zwischen Staat und Volk.

Musik

Sonntag, 19.7.1942. Caroline Horwitz, 85 Jahre alt, steht auf dem Bahnsteig. In der Tasche hat sie einen ‚Heimeinkaufvertrag', ihre Alterssicherheit.

Terezin, alte Garnison der Donaumonarchie, 60 km nördlich von Prag. ‚Kurort, elegantes Hotel, großzügiger Park, Ruhe und Versorgung im Alter' : Für dieses Versprechen werden viele ‚Heimeinkaufverträge' unterschrieben und mit den gesamten restlichen Ersparnissen bezahlt.

Theresienstadt, ‚Alterghetto'.
Nach der Ankunft im Bahnhof Bauschowitz, mit 50 kg schwerem Gepäck, auf dem zweieinhalb Kilometer langen Fußmarsch in die ‚Hamburger Kaserne', brechen für Caroline Horwitz ebenso wie für Hedwig Alexander, 64 Jahre alt, aus Blankenese, alle Erwartungen auf grausame Weise zusammen.

Theresienstadt – anders als Lodz, Minsk, Riga – bedeutet nicht nur Täuschung vor der Abreise, sondern Täuschung auch am Ziel.
Ein Ghetto als Schaubühne für die Welt, ein Ort ‚Als ob' vor dem endgültigen Ende, eine große, zynische Freiheit mit ‚Freizeitgestaltung'.

Ein jäh inspirierter Ort der Künste, wo jede Rolle mehrfach besetzt ist, weil aus einem Streichquartett sehr schnell ein Streichtrio wird.

Am Vorabend seines Abtransports, vor dem schiefen Lächeln des Leiters Amt IV B 4 (Judenangelegenheiten und Räumung) im Amt IV (Gestapo) des RSHA, ‚Judenreferent' Adolf Eichmann, singt der Chor Verdis Requiem als eigene Totenmesse.

Vor dem Weitertransport nach Auschwitz läßt die SS Postkarten schreiben. Diese Postkarten, höchstens dreißig Worte in Druckbuchstaben, werden, vordatiert, zu verschiedenen Zeiten abgeschickt, um den Eindruck zu erwecken, dass die Deportierten noch leben.
Monate später treffen in Theresienstadt die Grüße der Ermordeten ein.

Musik

Aussage. „Mir fällt ein, daß ich mich mit einigen Juden auf deutsch unterhielt. Dabei stellte ich sogar noch fest, daß mein Gesprächspartner aus Hamburg stammte."

Hamburg. Sonntag, den 21.Juni 1942, 6.00 Uhr morgens.
Das Hamburger Polizeibataillon 101 wird in Hamburg-Sternschanze verladen und fährt am Hannoverschen Bahnhof vorbei durch bis Zamocz (Polen).
Am Montag, den 13.7.42, erschießen die 512 Polizisten im Ort Joséfow 1500 polnische Juden.
Joséfow hat keinen Anschluß an das Eisenbahnnetz, daher ist ein Transport der Opfer in ein Vernichtungslager nicht möglich.

Vor den geräumten Ghettos in Polen treffen die Hamburger Polizisten auf deportierte Juden und Jüdinnen aus Hamburg.

Aussage. „Mir fällt an dieser Stelle ein, daß ich in Komarowka eine Jüdin aus Hamburg getroffen habe.
Mit dieser Frau war ich in ein Gespräch gekommen, in dessen Verlauf sie mir auf den Kopf zusagte, daß ich Hamburger sei.
Auf meine Frage, woher sie dieses wisse, erklärte sie mir, daß sie selbst aus Hamburg stamme und Besitzerin des Millerntor-Kinos gewesen sei."

Rosa Hirschel, 57 Jahre alt.
1941 vom Hannoverschen Bahnhof aus nach Lodz deportiert.

An den Enden der Welt, in der Geographie der Auslöschung, bekommt auch Hamburg, das Tor zur Welt, mehr als nur einen Eintrag.

Dokument. „Geheime Staatspolizei   Staatspolizeileitstelle Hamburg
                                         Hamburg, den 4.11.1942
An den Herrn Oberfinanzpräsidenten in Hamburg
Betrifft : Einziehung von Vermögenswerten
Die in der anliegenden Liste aufgeführten Juden haben Selbstmord begangen, nachdem ihnen ein Evakuierungsbefehl zugestellt worden ist."

Ihrer Deportation Widerstand geleistet haben

<u>vorgesehen für den Transport 11.7.42 nach Auschwitz</u>

Name	Geburtsdatum	Alter	Datum
Burchard, Edg. Isr.	06.7.79	63 Jahre	10.7.42
Isenberg, Lieselotte S.	22.12.06	35 Jahre	10.7.42
Weinberg, Eduard Israel	18.11.76	65 Jahre	10.7.42
Lieber, Helene S., geb. Müller	14.8.98	44 Jahre	11.7.42
Böttcher, Anna S., geb. Stock	24.6.84	58 Jahre	11.7.42

<u>vorgesehen für den Transport 15.7.1942 nach Theresienstadt</u>

Name	Geburtsdatum	Alter	Datum
Brückmann, Eugenie S., geb. Seckel	29.8.68	74 Jahre	14.7.42
David, Elfriede S., geb. Perutz	25.1.84	58 Jahre	14.7.42
Embden, Katharina S.	09.12.77	64 Jahre	14.7.42
Hirsch, Robert Osr.	30.8.63	78 Jahre	14.7.42
Kronach, John Isr.	05.8.74	68 Jahre	14.7.42
Levy, Anna S.	30.5.64	77 Jahre	15.7.42
Oppenheim, Bertha S., geb. Koppel	14.5.67	74 Jahre	15.7.42

<u>vorgesehen für den Transport 19.7.1942 nach Theresienstadt</u>

Name	Geburtsdatum	Alter	Datum
Cohn, Emma S.	01.7.71	70 Jahre	16.7.42
Fontheim, Iwan Isr.	01.11.61	81 Jahre	16.7.42
Schümann, Selma S., geb. Cohn	09.5.76	65 Jahre	17.7.42
Ekert, Maximilian Israel	22.2.67	64 Jahre	18.7.42
Hess, Luise S., geb. Mecklenburg	06.10.72	70 Jahre	18.7.42
Ascher, Emilie S.	20.8.58	84 Jahre	19.7.42

Dokument. „OFP Hamburg   Hamburg, August 1942

Niederschrift über die am 8. August 1942 stattgefundene Besprechung.
Die Wohnungen der im Juli 1942 evakuierten Juden müssen beschleunigt
geräumt werden.
An dieser Besprechung nahmen teil :   Frieda Elsas, Versteigerer
Louis Krohn,   ‚'   H. Landjunk,   ‚'
G. Lüder,   ‚'   Ruchmann,   ‚'
Carl F. Schlüter, ‚'   Schopmann,   ‚'
Der Versteigerer Landjunk erklärte sich sofort im Namen des Fachverbandes
und mit Zustimmung der anwesenden Versteigerer mit der vorgeschlagenen Ver-
steigerung an Ort und Stelle [in den jeweiligen Wohnungen] einverstanden."

Etwa 100.000 Hamburger Haushalte versorgen sich mit ehemaligem jüdischen
Besitz. Zusätzlich zum Inhalt Hamburger Wohnungen gelangen insgesamt
2.699 Eisenbahnwaggons mit dem Besitz deportierter französischer Juden nach
Hamburg. Nach der Entladung – wahrscheinlich am Hannoverschen Bahnhof –
werden die Gegenstände an die Bevölkerung versteigert.

Musik

Dritter Apfel von dem kleinen Apfelbaum,
ein paar Schritte abseits vom Hannoverschen Bahnhof.
Er gibt am heutigen Tage zum einen die Erinnerung weiter an Caroline Horwitz,
die 1944 in Theresienstadt gestorben ist, und Hedwig Alexander.
Als zweite Erinnerung ein Theresienstädter Kindermärchen :
„Es war einmal ein König, und der hatte Hunger.
Er ging zum Schalter [der Essensausgabe] und sagte : ‚Zweimal !'
Das ist das ganze Märchen.
Außerdem bestätigt er die Erkenntnis, dass manche Postkarten auch uns noch
nach sehr vielen Jahren erreichen.

1943

Reichsbahnkalender 1943.
Schwerpunktthema : „Räder müssen rollen für den Sieg!"

Im Jahr 1943 finden, abgehend vom Hannoverschen Bahnhof,
sieben Deportationen Hamburger Juden statt :

am Freitag, 12.2.1943 nach Auschwitz, 24 Personen, zu Tode kommen 21,
am Mittwoch, 24.2.1943 nach Theresienstadt, 24 Personen, zu Tode kommen 21,
am Mittwoch, 10.3.1943 nach Theresienstadt, 50 Personen, zu Tode kommen 38,
am Mittwoch, 24.3.1943 nach Theresienstadt, 24 Personen, zu Tode kommen 21,
am Mittwoch, 5.5.1943 nach Theresienstadt, 51 Personen, zu Tode kommen 32,
am Mittwoch, 9.6.1943 nach Theresienstadt, 80 Personen, zu Tode kommen 66,
am Mittwoch, 23.6.1943 nach Theresienstadt, 109 Personen, zu Tode kommen 91.

Eine Deportationsliste von Roma und Sinti mit der Überschrift
„Am [Donnerstag] 11.3.1943 in das KL. Auschwitz eingewiesene zig. Personen"
verzeichnet über 500 Namen.

Räder rollen. Die Züge bringen Zwangsarbeiter aus dem Osten nach Westen.
Im permanenten ‚Wagenumlauf' fahren sie als ‚Sonderzüge Da' zurück in den
Osten. Ghettos, Durchgangs- und Todeslager werden pausenlos angefahren.
Das Kursbuch des Todes, in den Worten Eichmanns „eine Wissenschaft für
sich", versäumt keinen Transport.
Fahrplankonferenzen tagen regelmäßig. Sie dauern fünf bis sechs Tage.

Reichsbahndirektion Hamburg. Dienststelle „33".
Eine Flut von Telefonaten und Telegrammen versucht,
alle möglichen Störungen und Stockungen, vor allem kriegsbedingt, zu regeln.

Lang und elend sind die Züge. Die Reisegeschwindigkeit ist langsam.
50 Stunden oder mehr unterwegs in verplombten, vergitterten Wagen,
zu Beginn der Deportationen 1000 Menschen pro Zug, Ende 1942 schon 2000,
manchmal bis zu 5000 auf kürzeren Strecken,
ohne Wasser und Nahrung, ohne Toilette,
im Sommer der Hitze, im Winter der Kälte ausgesetzt,
da sterben viele Menschen.

Schon auf der Fahrt gilt, was am Ende der Reise gelten soll :
„Wir leben den Tag. Wir leben die Stunde. Wir leben den Augenblick."

Mittwoch, 23.6.1943. Ein Monat vor dem Hamburger Feuersturm.
Wieder ein Mittwoch. Wieder ein Transport. Wieder Hannoverscher Bahnhof.
Wieder Theresienstadt. Käthe Starke erinnert sich :
„Nein – aus unserm Transport nach Theresienstadt fing niemand an zu schreien.
Uns trat auch keiner in den Rücken, wie ich es elf Monate zuvor noch im Hof der
Schule an der Sternschanze gesehen hatte, wenn die Alten nicht schnell genug
die hohen Klapptritte an den Mannschaftswagen der Polizei erklimmen konnten.
Der Chef des Judendezernats der geheimen Staatspolizei, Staatspolizeileitstelle
Hamburg, ‚Herr' Göttsche, der uns mit seinem Stab das Abschiedsgeleit gab,
zeigte sich mehrere Nuancen undienstlicher als gewöhnlich.
Keine Filmkameras surrten, keine umgehängten Photo-Apparate machten Privataufnahmen von hübschen Helferinnen, von Elendsgestalten auf dem Bahnsteig oder von Tragbahren mit sterbenden Greisen.
Es war ja vergleichsweise auch gar nichts los heute.
Ein kleiner Transport von 180 Seelen nur."

Am Zielbahnhof gilt der letzte Vers des jiddischen Abzählreims :
„Ayn bruder nor bin ihk geblibn,
mit vem zol ikh veynen ?
di andere hot men derhaget,
tsi gedenkt ir zeyer nehmen ?
Yidl mitn fidl, Mojshe mitn bas,
hert mayn letst lidl,
men firt mikh oykh tsum gaz."

Hamburg, 8. August 1943. Hannoverscher Bahnhof. Nach dem Feuersturm.
Pflegebedürftige aus den Alsterdorfer Anstalten werden in Tötungsanstalten
verbracht. 128 Kinder und Männer in die „Heil- und Pflegeanstalt Eichberg" im
Rheingau, über Eltville, Bahnstation Hattenheim.
Für viele geht es weiter nördlich in die Anstalt Hadamar. 113 Männer in die
„Heil- und Pflegeanstalt Mainkofen", je eine Bahnstation entfernt von Plattling
und Deggendorf.
228 Frauen und Mädchen nach Wien, in die Landes-Heil- und Pflegeanstalt
für Geistes- und Nervenkranke „Am Steinhof". Mit angeschlossener Fachabteilung "Wiener Städtische Nervenklinik für Kinder" am Spiegelgrund.

Musik

1944

Reichsbahnkalender 1944.
Erscheint nicht.

Abgehend vom Hannoverschen Bahnhof - die Halle wie ein Kirchenschiff, nicht mehr unversehrt - finden 1944 zwei Deportationen statt :
Eine Liste mit der Überschrift „Am [Dienstag] 18.4.1944 in KL. Auschwitz eingewiesene zig. Personen" verzeichnet 28 Namen, davon 21 Kinder im Alter von ein bis 15 Jahren.

Mittwoch, 19.4.1943 nach Theresienstadt, 61 Personen, zu Tode kommen 20.

Dokument der Gestapo :
„Aus dem Ghetto Theresienstadt werden zunächst folgende Judentransporte nach Auschwitz abgewickelt : DA 101 am 20.1. mit 2000 Juden. – DA 103 am 23.1. mit 2000 Juden. – DA 105 am 26.1. mit 1000 Juden. – Fahrplanmäßiges Eintreffen in Auschwitz am jeweils darauffolgenden Tag um 12.48 Uhr."

„Deutsches Kursbuch   Jahresfahrplan 1944/45
Gültig vom 3. Juli 1944 an bis auf weiteres, Teil 6   Generalgouvernement
Fahrplan für die Strecke 532e, Krakau – Auschwitz.   68,2 km,
[Reguläre Fahrtzeit] 2 Std. 44 min. [Regulärer] Halt in Krakau Plaszow, Krakau Podgorze, Krakau Bonarka, Krakau Borek Falocki, Swaszowice, Skawina, Wloikie Drogl, Jaskowice, Brzeznica, Ryczow, Spytkowice, Zator, Przcolszow, Dwory, Auschwitz."

Die Gleisanlagen des Auschwitzer Bahnhofs umfassen 44 Gleise, etwa 3,2 km lang. Das große Bahnhofsschild ‚Auschwitz' ist allen Durchfahrenden sichtbar. Die Glasfenster in diesem Gebiet sind mit einem bläulichen Film bedeckt, süßlicher Geruch erfüllt die Wohnungen, Rauch verschattet das Tageslicht.

Etwas entfernt gibt ein kleines Wäldchen, hohe Kiefern und Birken.
Die Stelle heißt Brzezinky (poln. Brzoza, Birke), was dem ganzen Lager den Namen ‚Birkenau' gibt.

Mit dem Sonderzug am Dienstag, 18. April 1944, abgehend vom Hannoverschen Bahnhof, kommt die achtjährige Else Schmidt nach Auschwitz.

„Ich hatte so einen Schock. Schrecklich. Es gibt ja kein Wort dafür, um das zu beschreiben. Und ich war ja noch ein Kind."

Bis Juni 1944 fahren die Züge in Auschwitz I auf einer eigenen Rampe ein.
Die Selektion für die Gaskammern findet dort statt.
Im Juni 1944 wird das Abzweiggleis vom Auschwitzer Bahnhof nach Birkenau fertig gestellt. Im Lager passiert es das Haupttor und führt zwischen den Abschnitten B I und B II – dort wird eine komplette Entladerampe mit vier Gleisen gebaut – vor die Krematorien I und II.
Ein ununterbrochener Tag- und Nachtturnus nutzt dieses Abzweiggleis.
Von Birkenau bis zum Auschwitzer Bahnhof stehen Züge in langen Reihen.

Die Züge bestehen aus 50 – 60 Viehwagen.
Die Menschen, die noch am Leben sind, werden unter Gebrüll herausgetrieben.
Innerhalb kürzester Zeit geschieht ihre Verwandlung vom Menschen zu dem, was die ‚Idee der Auslöschung' aus ihnen macht.

"Vergeßt nie, was die mit mir machen", ruft ein Mann auf dem Weg zur Hinrichtung.
Roter Himmel über einer schwarzen Landschaft aus Offenbarungen und Rätseln.
Landschaft der Entwertung, Landschaft der Verwertung.

Dokument : „Geheime Staatspolizei   Staatspolizeileitstelle Hamburg
Hamburg, den 21. Februar 1944 Betrifft : Lagergut der Jüdin Sophie Sara Simon
Ihr Schreiben habe ich an den Oberfinanzpräsidenten Hamburg weiter geleitet.
Von dort wird über die Koffer und die Bettstelle der Jüdin Simon verfügt werden.
i.A. Göttsche"

Sophie Simon, deportiert am 24.3. 1943 vom Hannoverschen Bahnhof nach Theresienstadt, kommt am 16.10.44 in Auschwitz zu Tode.

Räder rollen.
Der ‚Wagenumlauf' bringt die Hinterlassenschaften der Opfer ins Reich zurück.
Vom 1. Dezember 1944 bis zum 15. Januar 1945 werden 92022 Kinderanzüge und Kinderwäsche, 192652 Frauenkleider, 222269 Stück Männeranzüge und Männerwäsche an die Bürgermeister verschiedener Städte für den Gebrauch der Zivilbevölkerung überstellt.
Die geschorenen Haare vergaster Frauen finden Verwendung als Spinnstoff für die Herstellung von Strümpfen für U-Bootfahrer.

Musik

Vierter Apfel von dem kleinen Apfelbaum, ein paar Schritte abseits vom Hannoverschen Bahnhof. Er gibt am heutigen Tage die Erinnerung weiter an die Pfleglinge der Anstalt in Alsterdorf, an Sophie Simon und den unbekannten Häftling. Außerdem die Erkenntnis der achtjährigen Else Schmidt, dass es kein Wort gibt, um zu beschreiben, was sich mit dem Namen ‚Auschwitz' verbindet.

1945

Reichsbahnkalender 1945.
Erscheint nicht.

Im Jahr 1945 finden, vom Hannoverschen Bahnhof abgehend, zwei Deportationen statt :
Am Mittwoch, 30.1.1945 nach Theresienstadt, 19 Personen, zu Tode kommen k.A.,
am Mittwoch, 14.2.1945 nach Theresienstadt, 194 Personen, zu Tode kommen 4.

Das Lager Auschwitz wird am 27. Januar 1945 befreit.
Die Dienstanweisung für Zugführer, Bahn- und Schrankenwärter, Rangierbeamte und Beamte des Weichen- und Stellwerks-Dienstes gelten weiter.

In der Zeit vom 20. Mai 1940 bis zum 14. Februar 1945 verlassen 20 Transporte von Juden, Roma und Sinti den Hannoverschen Bahnhof.
Vom Hannoverschen Bahnhof werden in der Zeit vom 25.10.1941 bis zum 14.2.1945 deportiert nachweislich 5848 Menschen. 5296 von ihnen kommen nachweislich zu Tode.

Bahnhof. „Ich wurde geboren, ich habe gelebt und ich bin ausgewandert..."
Bahnhof. Ich wurde geboren, ich habe gelebt und ich wurde deportiert.

16. Oktober 1955.
Die Deutsche Bahn läßt das schwer beschädigte Hauptportal des
Hannoverschen Bahnhofs,
Portal der Hoffnung für die Auswandernden nach Amerika,
Portal des Todes für die Deportierten, sprengen.

Seitdem : Alte Güterfreiladegleise.
Verwitterte Rammböcke. Verrostete Weichen.

Zerfallende Lagerschuppen. Rampen mit Kantenschutz.
Kopfsteinpflaster. Schwellen, Kraut und Gras

HAMBURG HONGKEW

MR. WANG
WHO
WHAT
WHERE

IN DIESEN TAGEN

WHO   In diesen Tagen in New York. Emil Wiehl liegt im Sterben.

WHERE   Ein kleines, abgedunkeltes Zimmer. 75. Strasse.

WHAT   In jenen Tagen in Shanghai.

WHO   Für Emil Wiehl aus Hamburg und für andere bedeutete Shanghai :

WHAT   Ein Paradise und eine Chance zu überleben.

WHO   Shanghai war kein Honig, doch es war kein Holocaust und auch kein KZ.

WHERE   In diesen Tagen in Shanghai. Mr. Wang Faliang erzählt Besuchern Geschichten aus jenen Tagen.

WHO   Mr. Wang war dabei, damals. Hongkew District.

WHERE   It was the only place in the world, schrieb Emil Wiehl, without an permit or restrictions.

WHAT   Otherwise the doors in rest of the world was closed for us jewish people.

WHO   Yes, we were the lucky ones, we survived.

SHANGHAI JEWISH REFUGEES MEMORIAL

MR. WANG   Ah yes, come in, yes. Yes. I'm Wang Faliang.
You are from ? Ah, Germany. Hamburg.
You are looking for friends or family ?
You are looking for the Broadway ?
Originally, äh, the Broadway Street is, yes, East to, yes, West.
You must know the house numbers.
It´s difficult with no housenumber, it's a long street.

Oh, Broadway 1166. Okay, we look the map.
You see, a street, there are two ends, you see, beginning and
ending. So you go this way and check the housenumber.
Broadway 1166. But I'm afraid this house still exists no more,
Along here all the houses were tingtong.
Yes, you see, most of the houses were tingtong, yes.
Okay, I show you how to go.
You go this way, you turn to the right, left, turn to left,
then you turn this way, yes, this has been Broadway Road, okay.

Musik

HAMBURG. ‚KRISTALLNACHT'

WHO Theodor Gerson:

WHAT Oh, das war [1938] in der „Kristallnacht". Sind sie [bei Gebr. Hirschfeld] reingekommen und haben die Ware in den Fleet reingeschmissen.

WHO Wie mein Bruder [Robert] nach Hause gekommen ist, hat er gesagt:

WHERE „Shanghai, da braucht man nur ein Billett haben, dann kann man fahren."

WHAT Rose Raubvogel:

WHO Mein Bruder hat zum HSV gehört. Kristallnacht haben sie meinen Mann abgeholt ins Gefängnis. Er hat sich umgedreht und mir gewinkt und mir den Autoschlüssel zugeschmissen.

WHAT Rolf von Hall:

WHERE Mein Vater kam aus dem KZ. Mit der Fahrkarte konnte man damals noch aus einem KZ raus. Mutti musste ihn am Hauptbahnhof abholen.

WHAT Sein Kopf war zerschlagen und wie eine Mumie [eingewickelt]. Wie keiner mehr auf dem Bahnsteig war, kam sie auf ihn zu und fragte:

WHO Kurt, bist du das ?

WHAT Irene Bettink:

WHO Wir haben gewartet, dass es dunkel wird, so dass wir Laterne laufen gehen können. Fahren plötzlich Lastwagen vorbei mit Fackeln, ich glaub, SA-Männer, die haben gesungen:

WHAT „Wenn das Judenblut vom Messer spritzt, dann geht's noch mal so gut!"

WHERE Die Laterne war eine ganz neue Laterne. Die hab ich mitgenommen.

WHAT Loni Wilk:

WHO Da haben meine Eltern Tickets gekauft für Shanghai. Shanghai war der einzige Platz, wir brauchten kein Visum.

AUSBÜRGERN

WHERE Hamburg, 19. Dezember 38. Fragebogen.

WHAT Name des Auswanderers :

WHO Aenne-Grete Bischofswerder.

WHAT Geburtsdatum:

WHO 18. Juli 1917

WHAT Arierin ?

WHO Nichtarierin, ledig.

WHERE Wohin wollen Sie auswandern ?

WHO Shanghai (China)

WHERE Welchen Beruf haben Sie:

WHO Putzmacherin, Modistin, z.Zt. ohne Beruf.

WHERE Haben Sie Vermögen, wenn ja, welcher Art und welche Höhe ?

WHO Bankguthaben 24.000.- RM bei der Deutschen Bank in Hamburg

WHAT Liste   Abzüge/Kosten
                     Passage Hapag Reisebüro   RM   1000,-
                     Vermögensabgabe   RM   4089,45
                     Anwaltskosten   RM   500,-
                     Rfl. [Reichsflucht-]Steuer   RM   10370,-
                     Judenabgabe   RM   5107,-
                     Insgesamt   RM   20236,48

WHERE Zollfahndungsstelle Hamburg
Umzugsgut der Nichtarierin Aenne-Grete Bischofswerder,

WHAT 1 Bügeleisen, 1 Strandhose, 1 Handtasche, 5 p. Strümpfe, 1 Grammophon (Elektrola), 12 Platten, 1 p. Schuhe, 1 Kleid, 1 Pelzmantel, 1 Hutschachtel

WHO Die Beschaffung eines neuen Pelzmantels zum Preise von RM 610.- ist als nicht notwendig anzuerkennen. Ich bitte für den Pelzmantel eine besondere Abgabe in Höhe des fünffachen Wertes – RM 3050.- - zu fordern.

Musik

AUSREISEN

WHAT Mitteilung: Sehr geehrter Herr, [Ihr Schwager] Herr [Harry] Lipstadt fährt von Triest mit dem Dampfer GIULIO CESARE Cabine 46, Klasse I., Lloyd Triestino, nach Shanghai.

WHO Eines Tages rufen unsere Eltern uns ins Wohnzimmer und sagten, wir [Familie Bettink] wandern aus, wir gehen nach Shanghai. Shanghai habe ich nur in Märchenbüchern gelesen. Da waren nur Chinesen mit langen Zöpfen, so hab ich mir das vorgestellt.

WHAT Und dann nimmt man ein Schiff, und da ist eine große Mauer und die Mauer hat ein Tor und das geht rauf und dann geht das Schiff rein und dann ist man in China.

WHERE Von Neapel mit einem japanischen Schiff. Man brauchte keine Visa, gar nichts, nur ein Schiff.

WHO Wir sind zum Altonaer Bahnhof gegangen, [mein Vater Samuel Gerson, mein Bruder Robert und ich]. Hat [mein Vater] gesagt:

WHAT „Ich weiß doch gar nicht, warum ihr Jungs wegfahren wollt. Das wird doch alles vorbei sein in ein paar Monaten. Das kann doch nicht so schlimm bleiben."

WHO Den letzten Tag war ich [Ursula Gaupp] mit einer Freundin im Reichshof. Wir haben noch ein Glas Wein getrunken und ein bisschen Musik gehört.

WHERE Der Reichshof war abgeteilt, wo die Juden den letzten Tag oder die letzte Woche wohnten, wenn sie ihren Haushalt aufgegeben haben.

WHAT Das Schiff hieß CONTE VERDE.

WHERE CONTE BIANCAMANO, GIULIO CESARE, VICTORIA …

WHAT Geld konnte man nicht mitnehmen, zehn Mark pro Person.

WHO Wir haben ein Lift Van gehabt. Wäsche, Babysachen, das Kinderbett. Was man so gehabt hat, Statuen, Meißen. Auf dem Schiff haben die Juden bei jeder Mahlzeit auf der einen Seite gesessen und die Arier auf der anderen.

WHAT Von Genua nach Shanghai, erste Klasse. Das war das Ironische. Vertrieben aus Deutschland, und abends die Schuhe vor die Tür gestellt zum Putzen.

WHERE An Bord der T/S GIULIO CESARE, 4. August 39
             Zwischen Brindisi und Port Said
Liebe Grete, lieber Michael, lieber Siegfried, wie soll ich die Gefühle eines Menschen beschreiben, welcher sich noch vor einigen Tagen im Zuchthaus befand, mit der Möglichkeit KZ, und welcher plötzlich auf einem der schönsten Luxusschiffe ein Schlemmer- und Faulenzer-Leben führt ?
                        Seid alle herzlich gegrüßt
                        Harry [Lipstadt]

WHO [Mein Vater James Wolf und Onkel Donat] sind mit der SELANDIA die Elbe runter gefahren. Mutti hat sich hinterm Kleiderschrank und geweint. Wir sind [dann nachgekommen], mit der Transsibirischen Bahn durch Russland, wir mussten die Rollos runterziehen.

WHAT An Bord der GIULIO CESARE, 28. August 39.
Wir liegen auf dem Jangtsekiang vor Anker [und warten auf die Flut]. Hier auf dem Promenadendeck herrscht ein ziemliches Durcheinander. Man verspricht gegenseitig hoch und heilig, sich bestimmt in Shanghai wiederzutreffen.
                        Herzliche Grüße
                        Euer Harry [Lipstadt]

WHO Einfahrt in den Huangpu. Stille an Bord.

WHAT Weite, schlammige Ebenen, dann Dörfer, dann Berge von Schutt.

WHERE Ein Elektrizitätswerk, Öltanks, Lagerhäuser, Godowns genannt.

WHO Eine bizarre Landschaft mit zerschossenen Ruinen.

WHAT Keine Mauer, kein Tor, kein märchenhaftes China. Alle Reiseführer waren falsch.

Musik

EMIGRANTEN

WHO   Shang hai – Stadt „Über dem Meer". Stadt unter dem Himmelszeichen.

WHAT   Jedes Jahr „dafeng" - großer Wind -, jedes Jahr Überflutung. Opium. Schmuggel. Waffenhandel.

WHO   Opiumkriege des 19. Jahrhunderts. Freihandelszone für Kolonialmächte, Glücksritter, fremde Teufel,

WHERE   Exterritorial. Keine Steuern. Keine Gerichte. Ein Paradies der Privilegien und Extravaganzen ‚for the white man'.

WHAT   Zu Beginn des 20. Jahrhunderts die wildeste, kontrastreichste und kosmopolitischste Stadt der Welt, das Paris von Asien.

WHO   1917. Oktoberrevolution. Die erste Flüchtlingsflut. Weißrussen.

WHAT   1937. Ein Teil der Internationalen Niederlassung, der Stadtteil Hongkew, wird von der japanischen Armee zerstört und besetzt.

WHO   Ende 38. Etwa 1500 jüdische Emigranten haben Zuflucht gefunden. In der Stadt der märchenhaft reichen sephardischen Familien Sassoon, Kadoorie, Hayim, Abraham, Hardoon.

WHERE   1939. Die Schiffe des Lloyd Triestino, die Auswandererschiffe, gehören zum täglichen Erscheinungsbild.

WHAT   Langsam fahren die Schiffe vorbei. Vorbei am Bund, Shanghais herrlicher Hafenpromenade.

WHO   Titel: The China Press, Montag, 16. Januar 39.

WHAT   ‚Weitere Flüchtlinge aus Europa'. Die Fotos zeigen die Flüchtlinge an der Old Ningpo Werft. Alle in die Situation versetzt, ein neues Leben zu beginnen.

WHERE   Ein fürchterlicher, heißer Tag. Das erste, was ich sah, war ein großer Platz, wo lauter Männer saßen und dieses Feld als Toilette benutzten. Das zu sehen war ein Kulturschock.

WHO Elegante Herren, zögernde Damen mit Pelzmänteln und modischen Hüten. Zerlumpte Kulis helfen die Rampe zu einem stinkenden Lastwagen hinauf.

WHAT An jeder Straßenecke aggressive Bettler mit Blechbüchsen.

WHO Kreischende Kinder:

ALLE „Keine Mama, kein Papa, kein Whiskey Soda, keine Russenbraut."

WHO Vertreter der jüdischen Hilfskommitees:

WHAT Willkommen in Shanghai! Von jetzt an seid Ihr nicht mehr Deutsche, Österreicher oder Tschechen. Ihr seid nur noch Juden. Die Juden in aller Welt haben dafür gesorgt, dass Ihr hier ein Heim habt.

WHERE Hongkew, von den chinesischen Einheimischen ‚das böse Land' genannt. Ein Stadtteil, der durch die Zerstörungen des Krieges für die Hilfkommitees zur Anmietung von Wohnraum erschwinglich geworden ist.

WHAT In alten Schulen sind Heime eingerichtet worden.

WHO Eine Decke, ein Laken, ein Teller, eine Tasse und ein Blechlöffel. Eine zweistöckige Bettpritsche.

WHERE Schock. 7000 Meilen weg von der Heimat. Viele Flüchtlinge saßen wie gelähmt auf ihren Pritschen. Manche weinten, einem Nervenzusammenbruch nahe.

WHO Die erste Nacht. Mein Bruder und ich haben auf dem Boden geschlafen. Sonst, wie Bruder und Schwester, haben wir uns gestritten, und so. Aber in der Nacht haben wir uns beide umarmt und an each others shoulder geweint. Weil plötzlich like this unser Leben vollkommen verändert war.

WHAT Jewish Refugee Centre. Merkblatt: Die Leitung der verschiedenen Emigrantenheime im Stadtteil Hongkew liegt im Büro 138 Ward Road.

WHO Es empfiehlt sich, sofort nach der Ankunft als Shanghaier Adresse anzugeben: Name, P.O.B. 1131, Shanghai.

WHERE Auffälliges Benehmen auf der Strasse, lautes Sprechen, das Herumlungern in Vorhallen der Hotels und das Ansuchen um finanzielle Hilfe ist unbedingt zu unterlassen.

WHAT Jede Auskunftserteilung an fremde Personen, besonders Reporter, Gruppenbildungen zwecks Presseaufnahmen und dergl. sind streng verboten.

WHO Aus militärischen Gründen ist das Photographieren in Hongkew verboten, das Tragen von Photoapparaten in diesem Stadtteil zu unterlassen.

WHAT Vor Taschendieben wird gewarnt.

WHERE Es ist möglichst zu vermeiden, an den japanischen Posten mit brennenden Zigaretten vorüberzugehen.

WHAT Deutschland - weit weg und doch nicht so weit. Mehr als 300 Deutsche, die als Diplomaten oder Kaufleute in Shanghai leben, sind Mitglieder der Ortsgruppe Shanghai der NSDAP.

WHO Eine deutsche Kirche, ein deutscher Club, ein deutschsprachiger Radiosender. Mit klingendem Spiel zieht die Hitler-Jugend durch die Gegend, unter Hakenkreuz-Fahnen.

ADRESSBUCH. HAMBURGER NAMEN

WHERE „Emigranten Adressbuch fuer Shanghai", Ausgabe November 1939. Shanghai-Dollar 1,50, mit Branchen-Register.

WHAT 106 Namen Hamburger Emigranten.

WHO Dr. Louis Goldschmidt, Facharzt für Haut- und Harnleiden, Brahmsallee 18.

WHERE Wohnt jetzt 818 Tongshan.

WHAT Anne Grete Bischofswerder, Putzmacherin, Rehhagen 13.

WHERE Wohnt jetzt 1166 Broadway.

WHO Walther Eduard Cohen, Kfm. Angestellter, Brookthorquai.

WHERE Wohnt jetzt 325 Great Western Road.

WHO Harry Lipstadt, Lotteriekollektör, Eppendorfer Baum 11. Eine Fotografie der Eltern im Wert von 3.- RM hat er mitnehmen dürfen.

WHERE Wohnt jetzt 144 Wayside.

WHAT Emil Wiehl, Kontorist, Rendsburger Str. 14. Größe: I,68 mtr. Farbe der Augen: Blaugrau. Farbe der Haare: Rotblond.

WHERE Wohnt jetzt 343 Ward.

WHAT Karl Groddek, Schiffsingenieur. Alsenstraße 18. Stets mit Fächer in der schweren, feuchten Luft Shanghais.

WHERE Wohnt jetzt 100 Kinchow.

WHO James Wolf, Unterhaltungskünstler, Goßlerstraße 6 II.

WHERE Wohnt jetzt 685/17 Seward.

WHAT Kurt von Halle, Buchh., Schlüterweg 6, dann KZ Sachsenhausen.

WHERE Wohnt jetzt mit Ehefrau Karoline und Sohn Rolf 805 Seward.

WHO Seine Mutter in Hamburg schickt ihm eine Postkarte. Kurt von Halle, China, steht drauf. Nach neun Monaten kommt sie an.

Musik

STADTPLAN

MR. WANG Ah, it's you again.
You found Broadway Road ?
German refugees, yes. From Hamburg, ah yes.
You want to see more ? Okay.
The map, okay.
Here, Old Ningpo wharf, ship landing, you see.
South, this is south, yes, south.
Next to wharf: Broadway, you see.
You go east, Broadway East, and east, Wayside Road.
Little Vienna Café, yes, Roof Garden.
Wayside Road. Wayside Police Station. You go Wayside Road.
Municipal School, Wayside Park, Wayside Road School.
Wayside Road Heim. You go left, turn north, MacGregor Road.
Next road: Ward Road. You see.
Ward Road Hospital. Ward Road Heim.
You go left, turn west, Chusan Road.
Chusan Road, north, then east, again north.
Alcock Road. Alcock Road Heim.
Go an go, Kung Ping Road.
You go north, west, Chow Foong Road.
No, not today of course.
In that time, yes.

LEBEN IN HONGKEW

WHERE Man hat uns gebracht nach Hongkew. Das war vollkommen zerbombt, nach dem Krieg mit den Japanern.

WHAT Wir wurden in ein großes Heim gebracht. In Shanghai gab es mehrere Heime.

WHO Eine Straße hieß Ward Road, das hieß dann das Ward Road Heim.

WHERE Die Leute, die kein Geld hatten, und wir hatten kein Geld, zehn Mark jeder, wurden in diesem Heim untergebracht, da waren so 20 – 30 Leute in einem Schlafsaal. 1700 in einem Heim.

WHO Man hat Decken aufgehängt, jede Familie. Wir waren vier Personen. Eltern und wir beide Kinder, da haben wir hinter den Decken geschlafen.

WHERE Es gab eine Zeichnung mit der Unterschrift: "Ich habe geträumt, ich wäre allein".

WHAT Man hat gekocht in den Heimen. Wir standen Schlange, wenn es was zu essen gab.

WHERE Bis heute kann ich diese chinesischen Nudeln nicht sehen, die es da gab.

WHO Geld gab es nicht, niemand hat gearbeitet in der Familie.

WHERE Man hat geholfen, wo es ging. Mit zwei Freunden lieferte ich „Kartoffel Gulasch" aus, das war im Ward Road Heim gekocht und zum Chaoufong Heim gebracht. Wir zogen den Karren über die Distanz, die als „Misthaufen" bekannt war.

WHAT Faszinierende Gassen. So fremd. So voller Menschen. So anders.

WHERE Drei kupferne Kugeln vor einem Geschäft bedeutete: Pfandleihe.

WHO Sobald der Winter vorbei ist, wanderten die Wintersachen in die Pfandleihe.

WHAT Viele Flüchtlinge klammerten sich in ihrer Angst an das, was sie besaßen. Dann setzte sich in dem feucht-heißen Klima Schimmel drauf, und es wurde unbrauchbar.

WHERE Wir waren nicht im Heim, wir waren in einem kleinen Haus, da waren fünf Familien. Eine Toilette und Dusche für fünf Familien. Meine Mutter hat Typhus gekriegt, sechs Wochen, nachdem wir in Shanghai ankamen.
Und ist beinahe gestorben, weil in dem Zimmer waren so viele Wanzen.

WHO Oh, Wanzen in Shanghai. Furchtbar. Nachts geht man auf Wanzenjagd und nächsten Morgen dann zeigt man sich die Eroberungen.

WHAT Ich seh mich heute noch mit dem Kopp über die Kante von der Pritsche Ameisen zählen, mit meinen Fingern auf dem Boden Ameisen zählen. Das ist die erste Erinnerung.

WHO Nach ein paar Wochen haben wir gesagt, hier können wir nicht wohnen. Sind wir eingezogen am Broadway. Broadway war like St. Pauli hier. Eine Bar nach der anderen und lauter women of ill-repute. Ich habe versucht, ein paar Blumen, Gardinen und das.

WHAT Wir haben ein Zimmer gehabt in der Alcock Road, die Tür war aus Sperrholz, und unter der Fensterbank konnte man sehen, was draußen für Wetter war. Im Sommer war es ziemlich warm, da haben wir draußen gesessen im Hof, mit Skilokerzen unterm Stuhl, wegen der Moskitos. Vor den Fenstern, da war Muttis Nähmaschine, und mein Bett, das war eine Strohmatte.

WHERE Mit der Hilfe vom Joint – dem American Joint Distribution Committee –, 'ne warme Mahlzeit, haben wir gelebt.

WHO Man hat gelebt aus'm Koffer, wir hatten einen großen Koffer, den haben wir nie ausgepackt, wir hatten gar keinen Platz, die Sachen irgendwo hinzulegen. Das war alles feucht, hat gerochen nach ...

WHERE Wir haben angefangen, unsere Sachen zu verkaufen. Die Chinesen waren natürlich sehr wild darauf und die Japaner, die schönen Porzellansachen, die wussten doch nicht, was Meißen ist und was nicht.

WHAT Mein Montblanc-Füller, meine Kamera, der Pelzmantel meiner Mutter – von diesem Geld konnten wir drei Jahre Miete und Essen bezahlen.

WHERE Mein Bruder Robert Gerson war Bäcker. Ein Freund hat uns ein bisschen Geld gegeben, so haben wir einen Elektro-Kochofen gekauft, und da hat er dann Berliner gemacht. Die bin ich verkaufen gegangen.

WHO Ich habe Arbeit gefunden in einem Brotgeschäft, bei Frau Vogel am Broadway, ich hab verdient, so dass wir ausziehen konnten aus dem Heim. Dann haben wir ein möbliertes Zimmer genommen bei einer Emigrantenfamilie, die schon länger da war.

WHAT Rasierklingen schärfen, das konnte einen ernähren. Alle Männer brachten ihre Rasierklingen immer wieder zum Schärfen.

WHERE Den Rechtsanwälten ging es sehr schlecht. Da war ein Rechtsanwalt, sehr sehr netter Mensch, aber vollkommen unpraktisch. Seine Frau war gehbehindert, sie hatte so geschwollene Beine. Dann schickte sie ihn auf den Markt. Und die Chinesen, die haben natürlich versucht, ihn übers Ohr zu hauen. Und dann hat sie, konnten wir schon immer durchs Haus hören:

WHAT „Kurt, was hast du jetzt wieder mitgebracht!"

WHO Dann habe ich in einem Antiquitätengeschäft gearbeitet, bei einem gewissen Herrn Wachsmann, den ich dann auch geheiratet habe.

WHERE Mein Bruder hat auf dem Markt gearbeitet, Fleisch geschleppt, dann bei einem Kohlenhändler.

WHAT Vati hat Schuhe repariert. Das Lasteisen, worauf man Schuhe repariert, das hat Mutti mitgeschleppt nach China.

WHERE In der jüdischen Schule war Deutsch verboten. Weißrussen, die vor der Revolution geflohen sind, waren da. Deutsche Emigranten oder Weißrussen, das waren unsere Lehrer.

WHAT Alle unsere Nachbarn waren Chinesen. Arme Leute. Die Häuser, die haben keinen Keller gehabt, ganz primitiv. Viele hatten überhaupt keine Toiletten und Dusche und Wasseranlagen.

WHERE Im Winter hatten wir alle Frost an den Händen. Wenn wir heißes Wasser haben wollen, mussten wir kaufen. Dann sind wir gegangen mit der Thermosflasche und haben gekauft, für ein paar Pfennige, kochendes Wasser, vom Wasserchinesen.

WHO Auf dem Dach war die Toilette. Zwei Holzkübel für vierzehn Personen.

WHERE Frühmorgens kam die Frau, die die Töpfe alle abgeholt hat, mit so'm Schubkarren, hat sie die Töpfe ausgeleert, das hat gerochen, specially im Sommer, wenn es heiß war.

WHO Wir hatten Moskitos, wir hatten Ratten, Mäuse, Schnecken.

WHAT Bunte, leere Zigarettenpackungen, damit haben wir gespielt. Wir waren Kinder, wir haben gespielt.

Wir haben alle Englisch miteinander gesprochen.
Kein Mensch hat Deutsch gesprochen.
Von Deutschland wollte keiner was wissen.

WHO Man hört, was die Eltern sagen,
aber man weiß nicht, was ist ein Jungfernstieg.
Was ist ein Innen- oder Außenalster.
Was ist ein Lombardsbrücke.

WHERE Die Eltern haben Deutsch gesprochen, alle Eltern. Untereinander haben sie natürlich immer nur von Deutschland gesprochen.
Für sie war das die Heimat.

WHO Meine Mutter hatte mir deutsche Märchen aus einem Buch vorgelesen. Als ich wissen wollte, was ein Wald sei, erklärte sie, dass ich mir einen Baum und dann noch einen und immer so weiter vorstellen sollte, das wäre ein Wald.

WHAT Bonkes.

WHERE Bonkes.

WHO Bonkes. Gerüchte.

WHERE Immer wieder bonkes.

WHO Bonkes hier, bonkes da.

WHAT Wir waren alle sick. Flecktyphus. Maul- und Klauenseuche, mit hohem Fieber. Aber wir haben gelebt. Es hat uns keiner umgebracht.

WHO Ich war, glaub ich, 17 Jahre alt. Eine Tropenkrankheit. Eine japanische Nonne hat in dem Raum gesessen und die Roserie gebetet. Und alle paar Stunden hat sie mir eine Spritze in den Hals gegeben. Plötzlich kam ein Kuli, der so sauber macht dort:

WHAT Mischi, want she softy pillow ?

WHERE Young missis, möchtest du gern ein sanftes Kissen haben ?

WHO Und ich sagte ihm: Oh ja! Da sah ich, wie er zu der alten Dame [im Bett nebenan] ging, das Kissen unter ihrem Kopf zog, mir unter den Kopf gab.

WHERE Die Dame war gestorben.

WHAT Die Emigranten, die früher angekommen waren, hatten schon langsam angefangen, kleine Geschäfte aufzubauen. Da war ein Bäcker und da war einer, der Wurst machte und so.

WHO Leberwurst. Kochkäse mit Kümmel. Liptauer mit Soya.

WHAT Rollmops. Bei Pinkus in der Kumping Road.

WHERE Salami von Pikarski in der Ward Road, weil er ein scharfes Messer hatte, um ganz dünne Scheiben zu schneiden. Wie Pikarski einmal ein Viertel Pfund Orangenmarmelade abwog, unvergesslich.

WHO Schweizer Käse, aus Australien importiert, in der Originaldose, bei Hahn's Provision Store in der Dalny Road.

WHAT Frische Butter ? Eine Rarität, wie Gold. Also nahm man Parrot-Margarine.

WHO Wenn man sie sich leisten konnte.

WHERE Fettes Schweinefleisch - auf dem Chusan Road Market. Auf Brot war es beliebt für die Schulpause. Auch wenn es die orthodoxe jüdische Gemeinde nicht erlaubte.

WHO Die größte Bäckerei in Hongkew war die "European Bakery". Kaffee war knapp, Kaffeetrinker mussten den Kaffeesatz mehrmals aufbrühen.

WHAT "Die Markthalle", Chusan Road. Wer Geld hatte, kaufte dort fürs Mittagessen ein.

WHERE 23 Chusan Road
Delikat Gaststätte für Feinschmecker
Wiener Küche
Aufmerksame Bedienung

WHAT 183 Chusan Road
Käse Feinwurstwaren Lebensmittel - Bellak
In reichster Auswahl

WHO   252 Chusan Road
         Tearoom Hesky & Gerstl
         Täglich frisch : Kuchen, Wurst, Delikatessen

WHERE   865 East Seward Road
           James Wolf
           Schreibmaschinen Reparaturen

WHO   889 East Seward Rd.
         Delikatessen Wilhelm Weisz
         Täglich frische Salate sowie auch Majonaisen

WHERE   Wayside Road. Lane 483, Haus 497
           Spezialreparaturen sämtlicher Petroleumkocher u. Öfen

ALLE   Hast etwas Du zu reparieren
          Warum denn gleich den Kopf verlieren ?
          Du brauchst ja nur zum Fachmann geh'n
          Und rasch ist alles gut und schön.
          Und Geld brauchst du dazu fast keins,
          doch Achtung! Nur bei Rosen Heinz.

WHO   Wir haben uns so durchgewurschtelt.

WHAT   Bonkes.

WHERE   Bonkes.

WHO   Bonkes. Gerüchte.

WHERE   Immer wieder bonkes.

WHAT   Bonkes hier, bonkes da.

WHO   Taifune schütteten Wasserfluten über die Stadt. Gottesdienste fanden in Kinos statt. Fußball wurde gespielt, auf Post gewartet.

WHERE   Käptn Groddeck, aus Hamburg, der gar kein Käptn war, sondern Maschinenbauingenieur, und ich saßen im Dunkeln unter einem sternenübersäten Himmel. Er erzählte von seinen Reisen und schien alles zu wissen.

WHAT   Irene Bettinks Laterne ist in Shanghai, unter dem sternenübersäten Himmel. Das Schachspiel von Theodor Gerson. Aenne Bischofswerder mit ihren Platten. Gegen die Mitnahme des Elektrola Grammophons hatte der Oberfinanzpräsident keine Einwände gehabt.

WHERE   Von den Dächern der benachbarten Häuser hörte man das Klappern von Mah-Jongg-Steinen. Chinesische Fünfton-Musik.

WHO   Und immer Hunger.

Musik

KULTURELLES UND LIEBE

WHO   Das Seward Road Heim diente als Kantine für Parties, Bingo und Kaffee Klatsch.

WHAT   Im Alcock Road Heim Theatersaal und im Ward Road Heim gab es Variety Shows.

WHERE   Der Saal des ‚Eastern-Theatres', eines Kinos, fasste 900 Sitzplätze.

WHO   Eine andere Spielstätte war das Kino ‚Broadway-Theatre'.

WHAT   Ich habe die Gebrüder Wolf im Wayside Kino gesehen.

WHERE   Lessing. ‚Nathan der Weise' wurde gespielt.

WHAT   Wiener Lieder, mit für die Situation umgewandelten Texten:

ALLE   „Lippen schweigen, ‚s flüstern Geigen – in Shanghai".
„Und während wir leiden, erklingt von fern ein Lied ..."

WHO   Shanghai - heiß im Sommer, kalt im Winter.

WHERE Im Sommer Freilichtkonzerte im French Park. Orangensaft, gemütliche Stühle, große klassische Konzerte.

WHAT Im Winter Ballettaufführungen, hervorragende Russen. Die Eintrittskarte schloß ein Glas Tee mit ein. Dort verbrachten wir die Sonntagnachmittage, tanzten zur Musik einer »Big Band«.

Musik

WHO Chusan Road. Little Vienna hat man das genannt, Kleines Wien, ein Kaffeehaus neben dem anderen, und alle immer voll. Konntest Du Zeitung lesen, andere Leute treffen.

WHAT Chusan Road/Ecke Ward: Marlene Sweet Shop, die hübsche Zenta serviert Sahne-Eiskcreme in einem Hörnchen.

WHO Chusan Road/Wayside Park: Hier gibt's die Restaurants, wo man für "Knackedicke Dollars ein heimisches Gericht" bekommen kann.

WHERE Chusan Road, auf der linken Strassenseite: Sidas Restaurant. Eine enge, gebogene Treppe hoch, und dann echtes Wiener Schnitzel.

WHAT Chusan Road, andere Strassenseite, vier der beliebtesten Feinkost-Lokale: International, Café Europa, Delikat und Barcelona.

WHO Abends, für Betuchtere, Restaurants wie das »White Horse«, nach dem österreichischen »Weißen Rößl«.

WHERE Für Flüchtlinge mit schmalem Geldbeutel, und das sind die weitaus meisten, Ollendorf, Chusan Road/Ecke Ward.

WHAT Cafe Louis, Corso Garden und Roof Garden. Exzellentes Wiener Gebäck:

WHERE Sahne Baiser, Schweine Ohr, Bienen Stich, Pariser Spitz.

WHO Ich habe gearbeitet in einem Friseursalon. Ich hab auch maniküürt. Hans kam zum Haareschneiden und hat sich immer manikürren lassen. So haben wir uns kennen gelernt. Er hatte noch zwei Brüder und 'ne Schwester. Die sind umgekommen im Lager. Er hat für ein Date gefragt, dann sind wir ausgegangen. In irgendein Kaffeehaus. Kaffee trinken, Kuchen essen. Dann haben wir uns verliebt und im Frisiersalon haben wir die Hochzeit gemacht. Erst im Tempel, mit 'nem Rabbiner. Dann Kaffee und Kuchen für die Bekannten, was 'ne große Sache war in Shanghai. Dann haben sie für uns eine Dose aufgemacht mit Sardinen, da haben wir Abendbrot gegessen. Das war meine Hochzeit.

WHAT Anne Grete Bischofswerder, Ursula Gaupp, Ilse Bragenheim, aus Hamburg, auch sie heiraten in Shanghai.

WHERE Brautkleider aus Gardinenstoff, als Hochzeitsgeschenk ein heißes Bad, Tee, Kuchen und Pflaumenmus, chinesische Kinder, die die Braut umringen.

Musik

BONKES

WHERE Chusan-Road. Die Mainstreet in Hongkew. Wenn ich nicht wusste, was tun, bin ich in die Chusan-Road.

WHAT Ich kannte James Wolf vom Schreibmaschine reparieren. Ich kannte Dixi vom Sehen. Sie hat in der Chusan-Road gewohnt.

WHO Es gab mal eine Schönheitskönigin-Wahl, die ich gewonnen habe. Ich bin dann mit meinem Mann, der 20 Jahre älter war, auf der Chusan Road spazieren gegangen. Alle haben ihn gegrüßt: Der König!

WHAT Chusan Road, die Strasse der Gerüchte, der „Bonkes".

WHO "Wie die kleinen Kinder"
Geh ich durch die Chusan Road
Seh ich viele Leute.
Stehn und handeln dort herum
Suchen eine Beute.

WHERE Haben sie noch geschwinder
Und sie streiten sich herum
Wie die kleinen Kinder.

WHAT Was die Leut' erzählen sich
Heute auf der Strasse
Das ist wahrlich fürchterlich,
Stuss im höchsten Maße.

WHO Daß es Bonkes, fühlt sogar
Mit dem Stock ein Blinder.
Ja, sie phantasieren so

ALLE Wie die kleinen Kinder.

WHERE Bonkes. Gerüchte über das, was gleichzeitig in der Heimat war. Und was man erst später erfahren sollte.

WHO Adolf Lichtenhayn, Quinsangarden. Seine Ehefrau Auguste wird am 25.10.41 mit dem ersten Transport von Hamburg aus nach Lodz deportiert.

WHAT Samuel Gerson, seine Frau Johanna und seine Tochter Edith werden ebenfalls am 25.10.41 nach Lodz deportiert.

WHERE Wolf Heinz Adler, 1090 Pingliang. Seine gesamte Familie, außer der Schwester Ruth, wird am 8.11.41 nach Minsk deportiert.

WHAT Friedrich Rudolf Gochsheimer, 453 Boone. Sein älterer Bruder Hans, ebenfalls Lodz.

DIE JAHRE UND DAS GHETTO

WHO 29. November 41. Hakenkreuzfahnen wehen vom deutschen Generalkonsulat.

WHAT Erlaß der deutschen Regierung: Ein Jude, der seinen Wohnsitz außerhalb Deutschlands hat, [kann] nicht deutscher Staatsbürger sein.

Juden verlieren somit ihre deutsche Staatsbürgerschaft. Das Vermögen wird beschlagnahmt.

WHERE Meinen deutschen Pass hatte ich längst weggeworfen, wie viele Flüchtlinge.

WHO 8. Dezember 41. Der Krieg in Asien bricht aus.

WHAT Juli 42. Josef Meisinger, Leiter der Gestapo in Tokio, verantwortlich für die Ermordung Tausender Juden in Polen, fährt mit einem U-Boot nach Shanghai.

WHO Meisinger macht zwei Vorschläge: Entweder ein KZ für die Juden, und verhungern lassen, oder alle auf offenem Meer versenken.

WHERE Der japanische Vizekonsul lehnt ab. Kein politisches Interesse.

WHAT Chinesen, die etwas Deutsch lernen wollen, für den Fall, dass Deutschland den Krieg gewinnt – Chinesen in Deutsch für den deutschen Sieg unterrichten, auch ironisch.

WHO Proklamation: An alle jüdischen Männer und Frauen Shanghais
In ernstester Stunde wendet sich die JUEDISCHE GEMEINDE mit einem Notschrei an Euch. Die amerikanische Hilfe hat zur Zeit ausgesetzt.

WHERE Um SOFORTIGE Hilfe zu bringen, fordert die JUEDISCHE GEMEINDE: Jede Familie, die eine eigene Küche führt, soll täglich mindestens einen Hilfsbedürftigen mit einer Hauptmahlzeit versehen. Restaurateure, Kaffeehausbesitzer und Barbesitzer erheben von jedem Gast einen Notstandszuschlag von 10 %,

WHO 20. Mai 42. Harry Lipstadt hilft sich selbst. Er mietet einen Raum im Erdgeschoss 88 Nanking Road.

WHAT Mein Partner Harry Todtenkopf und ich eröffneten ein Restaurant und Tea Room: Harry's Snack Room. Wenn man den Bund mit dem Jungfernstieg vergleicht, dann war dieser Snack absolut im Zentrum.
Wir hatten ungefähr 40 Plätze, servierten zwischen 100 und 150 Essen.

WHERE Ende 42. Nicht die üblichen bonkes, nein, echte Gerüchte. Über Transporte deutscher Juden in den Osten, von der Niederschlagung des Aufstandes im Warschauer Ghetto durch Josef Meisinger, den „Schlächter von Warschau".

WHO   Wir waren verschreckt wie niemals zuvor. Die Selbstmordrate unter den Flüchtlingen nahm zu.

WHAT   Winter in Hongkew. Die Tage gehen dahin.

WHERE   Tagebuch Donat Wolf: Dienstag, 5.1.43
Heute morgen ist es noch kälter. In unserer Bude wird man wirklich sämtliche Sünden los. Spreche mit C. über Hautarzt Dr. Goldschmidt.

WHO   Mittwoch
Mit den Geschäften sieht es ausgesprochen beschissen aus. Habe nachmittags eine sehr erregte Auseinandersetzung mit meinem Hauswirt, während welcher wir uns gegenseitig erheblich anschreien. Er will mich aus der Wohnung haben, was ich nicht denke zu tun.

WHAT   Sonnabend
Heute sollte W. Cohen [der vom Brookthorquai] mit US S 120.- kommen. Mag nicht aus dem Bette heraus, es ist so verdammt kalt. Cohen kommt mit nur CRB S 2.400.- und weigert sich US S zu liefern, da diese verboten sind.

WHERE   Sonntag
Treffe um 4° Dixi; mit ihr im „Windsor". Beim Abschied küsse ich sie; sie ist ein nettes Mädel. Gehe noch alleine ins Kino. Am 9. hat die Nanking-Regierung USA und England den Krieg erklärt und heute spielen die Kinos keine amerikanischen und englischen Filme mehr.

WHO   Mittwoch
Das Aufstehen morgens ist eine wahre Pein; die Kälte hält an. Mrs. A. liegt mit einer Erkältung. Post aus Berlin:
Ihre Mutter (80), ihr Bruder und Frau, nach Polen.

WHERE   Sonnabend
Geschäfte sind keine; wie das weiter gehen soll, wissen die Götter. Nach dem Abendbrot zum Schach bis 11°. Noch zu S. auf zwei Vodkas.

WHAT   Sonntag
Kaltes regnerisches Wetter. Kurz nach 4° treffe ich Dixi. Es kommen Gerson und Susi, 3 Kuttners, Willy, Jospi und Rosi Kirsch, Müller, Grabowski, Frau Abraham und Terner. Edgar K. spielte Akkordeon und ich sang einige Sachen; war gut bei Stimme und gefiel sogar mir selbst.

WHERE Dienstag
Landsberger hat sich gestern das Leben genommen. Das habe ich ihm nicht gewünscht und ich werde immer dünner.

WHO Mittwoch
Bin mit E's Sachen beschäftigt und gehe um 12° zu Schlesinger zum Essen. Miserabel.- Fahre zum St. George und gehe mit Dixi ins „Federal", wo es sehr schön ist, bis auf die Nazis dort.

WHAT Donnerstag
Alle staatenlosen Emigranten müssen bis 18.5.43 aus allen Districten in ein begrenztes Gebiet ziehen und dürfen nur dort leben und arbeiten. Ghetto! Nur die vor 1937 Eingewanderten werden nicht betroffen. Muß Permit haben, um weiter zu arbeiten.

WHERE Sonnabend
Kaffee bei A.s und dann zu Bungers. Unterhalten uns und ich muß auch da erleben, dass Meinungen – Hans und Leni – aufeinander prallen. Sie will mit in die Begrenzung, möchte aber weder mit den „dreckigen" Juden zusammen sein, noch ihren Komfort missen.

WHO Montag
Auch heute herrliches, aber kaltes Wetter. Mein Sohn ist heute 4 Jahre alt. Wie und wo lebt er ? Ich zweifle sehr daran.
Zum Kaffee bei A.s. Um 5° ruft mich Dixi bei James an.

WHAT Freitag
Hitler erklärt, dass er alle Juden in Europa vernichten wird. Ich glaube weniger denn je, dass ich Olly und Dan je wiedersehen werde. Zum Abendbrot bei A.s, hinterher spielen wir einen Skat. Erst um 12° im Bett. Ich bin wirklich reichlich nervös.
WHERE 18. Februar 43. Die Menschen standen in kleinen Gruppen in Cafes oder an Straßenecken. Die Stimmung war gereizt.

WHO Ein Ghetto.

WHERE An den Checkpoints wurden Sperren errichtet und die Durchgänge von Jüdischen Mitgliedern der Bao Jia - der Hilfspolizei – bewacht. Niemand durfte das Ghetto ohne »Paß« verlassen.

WHAT Information:
Ein Sonderpass (blassblau) wird an Personen ausgegeben, die feste Anstellungen haben und außerhalb des bezeichneten Gebietes angestellt sind.

WHERE Ein provisorischer Sonderpass (rosa) mit einer Gültigkeitsdauer von einem Tage bis zu einem Monat wird an Personen ausgegeben, deren Aufenthalt in anderen Teilen der Stadt nur zeitweilig notwendig ist.

WHO Das Ghetto beherbergte achtzehntausend Flüchtlinge und weitere hunderttausend Chinesen – eine Bevölkerungsdichte doppelt so hoch wie in Manhattan!

WHERE Harry Lipstadt und sein Partner verlieren ‚Harry's Snack Room' am Bund.

WHAT Bis zu diesem Zeitpunkt hatten die Emigranten 307 Geschäfte gegründet. 68 Werkstätten, 50 Kaffeehäuser, 26 Haushaltsbedarfsläden, 24 Lebensmittelgeschäfte, 19 Schneidereien, 14 Buchläden, 12 Porzellangeschäfte, 9 Drogerien, 9 Elektroartikelläden, 8 Lederwarengeschäfte, 7 Juwelierläden und 61 Läden für Photoartikel und alles mögliche sonst.

WHO Geschäfte schließen. 811 Wohnungen und 2766 Zimmer werden geräumt. 561 Tage Ghetto stehen bevor.

WHERE So zogen wir in das „Ghetto", welches im Grunde genommen ein Lager für Zivilgefangene war, nur mit dem Unterschied, dass die Herren Japaner sich um unsere Ernährung nicht kümmerten, im Gegensatz zu den von ihnen eingesperrten Engländern, Amerikanern etc.
Bei uns kam es ja nicht darauf an, denn wir waren schutzlos.

WHO Angesichts der Wohnungsknappheit mussten wir in hoch bezahlten schrecklichen Löchern wohnen.
WHAT Es blieb uns nichts anderes übrig, als wiederum den Versuch zu machen, uns umzustellen.

WHERE Wir eröffneten ein Kohlengeschäft.

WHAT Es war zur Sommerszeit. Benzin war rationiert. Alles fuhr mit dem Fahrrad, ich auch.

WHO Die Lebensbedingungen verschlechterten sich drastisch. Betteln auf der Strasse, Arbeiten in chinesischen Mühlen, Stehlen von Lebensmitteln auf den Märkten, Prostitution, sowas kam vor.

WHAT Gegessen haben wir unter der Treppe. Die Ratten haben durch das Holz gefressen. Manchmal nachts bin ich aufgewacht ... sie sind über mich gesprungen.

WHO Bonkes.

WHERE Bonkes.

WHO Bonkes. Gerüchte.

WHERE Immer wieder bonkes.

WHO Bonkes hier, bonkes da.

WHERE Gleichzeitig in Hamburg.
Versteigerungsabrechnung über die eingelieferten Gegenstände des Egon Israel Meyer [Aufenthaltsort: Shanghai]

WHAT 6 silb. Kaffeelöffel, 1 Butter- u, Käsebesteck m. Perlmuttgriff, 2 Aufschnittplatten (1 unecht, 1 silb. Griff), 1 Zuckerzange (unecht) 19,45 RM werden auf das Postscheckkonto der Oberfinanzkasse Hamburg überwiesen.
Bobsien, Gerichtsvollzieher

WHERE Gleichzeitig in Shanghai
Anzeige: Shanghai Jewish Chronicle
Dr. Herb. Frank, Rechtsanwalt
[jetzt] 305 Kungping Road

WHO Gleichzeitig in Hamburg
Versteigerungsabrechnung über die eingelieferten Gegenstände des Herbert Israel Frank

WHAT 1 runder eich. Tisch, 1 Ledersessel, 1 Putzkommode, 1 Hocker, 5 Bilder, 1 Herrenschirm, 6 Handstöcke, 1 Partie Schuhleisten, Kleiderbügel, 1 Kasten, 2 Lampenschirme (def.)

WHERE Hiervon erhält der Oberfinanzpräsident, Hamburg, gemäß Abrechnung   163,15 RM
Bobsien, Gerichtsvollzieher

WHO Gleichzeitig in Shanghai
Anzeige: Shanghai Jewish Chronicle
James Wolf inseriert unter neuer Adresse: Alcock Road 30.

WHERE Im Eastern Kino wird der Sportfilm „Olympia", 2. Teil, „Fest der Völker", von Leni Riefenstahl, gegeben.

WHAT Anzeige:
R.G. Beweis, 403 Ward Road, bietet Ungeziefer-Vertilgung an in eigener Vergasungskammer.

WHERE Anzeige:
Poldo Modern, 346 Paoting Road, bietet zuverlässige und diskrete Entfernung von Kopfläusen an.

WHAT Anzeige:
Ward Road Garten, 8.30 Uhr abends
Die beliebten Künstler Raja Zomina und Herbert Zernik,
Am Klavier : S. Sonnenschein.

Musik

WHO 5.8.43 Shanghai Jewish Chronicle
Tatsache [ist], dass sich diejenigen Emigranten, über deren Sonderpass-Anträge ablehnend entschieden wird, vielfach beruflich und wirtschaftlich vor wesentliche Probleme gestellt sehen.

WHAT Es gebe zahlreiche Emigranten, die nicht im Angestelltenverhältnis stehen, selbständige Erzeuger, Handwerker, Kaufleute, Vertreter, die zwecks Aufrechterhaltung ihrer Betriebe genötigt sind, den Bezirk, zum Beispiel zwecks Materialbeschaffung oder Kundenbesuch, zu verlassen.

WHO Auch Emil Wiehl hat Probleme.

WHAT An das Wirtschaftsamt der Jüdischen Gemeinde
Leider ist mein Antrag auf Ausstellung eines Permit für die French [- die Französische Kolonie -] bisher ohne Antwort. Ich arbeite nunmehr seit 4 Jahren mit Eiern in der French. Mit dieser Kundschaft steht und fällt meine Existenz.
Mit vorzüglicher Hochachtung   Emil Wiehl

WHERE   Wegen der Pässe musste man zu Mr. Ghoya. Er hat sich genannt The king of the jews. So whatever you wanted, musstest Du zu dem King of the jews gehen und ihn um Erlaubnis fragen.

WHAT   Er war ein sehr kleiner Mann. Wenn ein großer Mann hereinkam, musste er niederknien. Und wenn sie ihn nicht richtig angeguckt haben, pow! hat er sie geschlagen. Wenn er schlechter Laune war, konnte er einen auf den Balkon stellen in den Regen für 12 Stunden: „Ja, du musst mal warten".

WHO   Es war eine Tortur, stundenlang oder manchmal einen ganzen Tag in der sengenden Sonne warten zu müssen, um den Antrag zu stellen.

WHAT   Er hielt sich für einen virtuosen Geiger und zwang einen bekannten Berufsmusiker, ihn am Klavier zu begleiten. Wenn der »König« einen Fehler machte, schrie er:

WHERE   »Wenn du den Takt nicht halten kannst, Professor, laß ich dich umbringen, du Drecksau.«

WHO   Mein Glück war, er hatte Kinder sehr gern gehabt, kleine Kinder. Einmal war eine Kindervorstellung in der Schule. Meine Kleine war ein Seppl mit den Lederhosen. Der Herr Ghoya war eingeladen, der saß in der ersten Reihe. Und meine Tochter hat doch immer gehört, wie wir den Mr. Ghoya verwünscht haben und wie schlecht er war und alles.
Da hat sie sich da hingestellt und hat ihm so gedroht!

WHAT   Wir haben uns so durchgewurschtelt. Man hat sich geholfen. Ich weiß nicht, wie man das zurecht gekriegt hat, aber das ist so die Menschennatur. Man versucht das Beste zu machen. Wie gesagt, nicht viel zu essen.

WHO   Ein Achtel Leberwurst, oder wenn man eine Tasse Zucker hatte, dann hat man dem anderen ne halbe abgegeben.
WHERE   Man trank mehrfach aufgebrühten Kaffee, knackte Erdnuss-Schalen und sprach über die Künstler im Artist Club.

WHO   Man war völlig vereinnahmt von den Problemen des täglichen Lebens im Ghetto.

WHAT   September 43. Italiens Kapitulation.
Die italienische Besatzung versenkt das Auswanderschiff CONTE VERDE des Lloyd Triestino im Hafen von Shanghai.

WHO September 43. Anzeige:
Theodor Gerson und Susanie Segalowicz grüßen als Verlobte.

WHERE Donat Wolf und Dixi heiraten in Shanghai.

Musik

KRIEG UND BEFREIUNG

WHO Wir hörten, wie damals Pearl Harbour attacked wurde. Aber was den Juden in Deutschland passiert ist, wussten wir nicht in Shanghai.

WHERE Dann war Verdunkelung, da sind wir im Dunkeln nach Hause gegangen. Dann war noch Fliegeralarm in der Nacht. Man wusste nie, wo die Bomben fliegen. Es gab ziemlich viele Luftangriffe.

WHAT Schwüle, schweißnasse Hitze, Moskitos. 35 Grad, 100 Prozent Luftfeuchtigkeit. Im Juli 1945 schlief man nur noch in den kühlen Morgenstunden.

WHERE Am 17. Juli, mittags, erreichten 25 Douglas Twin-26 Bomber die Stadt.

WHAT Da war ein fürchterlicher Bombenangriff. Ich bin gerannt, als wenn ein Tiger hinter mir her war. Die Japaner haben geschrieen und einer hat mir mit dem Kolben auf den Rücken geschlagen, weil ich nicht draußen sein sollte.

WHERE Wir waren alle absolut hysterisch. Wir rannten in ein Haus. Dann kam alles runter.
WHO Liebe Grete, lieber Michael, auch ich wurde ausgebombt am 17. Juli 1945. Glücklicherweise blieb ich unverletzt.
Herzliche Grüße, Euer Harry [Lipstadt]

WHERE Eines Tages ging es so durch das Ghetto:

ALLE Der Krieg ist vorbei!

WHERE Eine japanische Patrouille kam vorbei, die sind vorbei gegangen. Und plötzlich war ein Jubel, denn wir wussten, wenn die vorbei gehen, ist der Krieg vorbei.

WHO   Auf den Pass wurde in Blau draufgestempelt: Good bye Mr. Ghoya.

WHAT   Im Ghetto bin ich geblieben bis zu dem Tag, wo ich ausgewandert bin.

WHO   Die Jewish Community schickt Care Pakete an das Ghetto in Hongkew, Emil Wiehl wird Treuhänder für die Verteilung. Im April 1947 schlägt er vor, die Care Pakete künftig nach Europa zu schicken, wo die Not viel größer sei.

WHAT   Und dann sind wir nach Amerika. San Francisco.

WHERE   Finally so um sechs Uhr abends konnten wir aufs Schiff gehen und das war das Ende von Shanghai.

MEMORIAL PARK

MR. WANG   Ah, it's you again, yes.
You have found Broadway Road ?
Today no Broadway here.
Zhoushan Lu, Changyang Lu, Huoshan Lu, yes.
Ah, „Horn's Imbiss Stube",
Today it's Haimen Lu. Yes.
You can still read the name of the shop:
„Horn's Imbiss Stube", yes.
„Café Atlantic", yes.
Maybe you like to go upstairs, third floor.
We have displays, photographs,
and a little bookstore, yes.
You are from ? Hamburg, ah, yes.
Hamburg is one of the brother cities with Shanghai, he ?
Huoshan Park, yes. Huoshan Lu.
You have been there ?
There is a Monument.
If you want to go there,
you go out, turn right, turn left, yes.
Huoshan Lu. Huoshan Park, yes.
Monument for Jewish Refugees in Shanghai.

Musik

NEW YORK

WHAT   In diesen Tagen liegt Emil Wiehl im Sterben.

WHO   Emil Wiehl aus Hamburg. Shanghai bedeutete für ihn und für andere:

WHERE   Shanghai war kein Honig, doch es war kein Holocaust.

WHAT   Otherwise the doors in rest of the world was closed for us jewish people.

WHO   Yes, we were the lucky ones, we survived.

ES SOLLTE EIGENTLICH EIN MUSIK-ABEND SEIN

Musik

DREI Dr. rer. nat. Jakob Sakom, promovierter Physiker,
Verfasser mehrerer Bände von Etüden fürs Cello,
selbst gefeierter Virtuose dieses Instruments,
Mitglied des Philharmonischen Staatsorchesters Hamburg,
vom Hamburgischen Staatstheater im März 1933 entlassen und als Jude
offiziell aus der Philharmonie ausgeschlossen,
nimmt seine Enkelin Nora mit in die Oper.

EINS 1936 [hat] mein Großvater mich zum ersten Mal zur Oper geführt,
ich war elf Jahre alt. Ich nehme an, er hat das mit Absicht getan:
Es war die Zauberflöte, das Gute gegen das Schlechte.
Mein Großvater war in Hamburg in den Musikkreisen jemand,
bekannt wie ein bunter Hund, also jeder kannte ihn.
Und wie wir so in der Pause raus kamen
und so 'n bißchen rum gegangen sind,
da wollte er irgendjemanden begrüßen,
und die Leute haben sich alle umgedreht.
Sie wollten ihn nicht kennen,
sie haben nicht den Mut gesagt, ihm zu sagen,

DREI „Hallo, Herr Doktor".

ZWEI Oktober 1941.

EINS Kinder johlen, Erwachsene klatschen Beifall.

DREI Die ersten Deportationszüge, die „Judentransporte", verlassen den Hannoverschen Bahnhof.

ZWEI Nach Lodz, Minsk und Riga.

DREI Unter den Deportierten :

EINS Der Kontrabassist Siegfried Freundlich, 59 Jahre alt.

DREI Die Pianistin Senta Lissauer, 41 Jahre alt.

ZWEI Der Pianist Richard Goldschmied, 61 Jahre alt.

EINS Der Violinist und Bratschist Siegfried W. Owert, 67 Jahre alt.

DREI Camilla Fuchs, Choristin, 55 Jahre alt.
Sie wählt am Tage des ersten Transports den Freitod.

EINS Die Reklamezeichnerin Marion Baruch, 22 Jahre alt.

ZWEI Marion Baruch steht neben ihrer Anstellung im Modehaus Robinsohn am Neuen Wall in der Ausbildung zur Konzertpianistin.

EINS Sie hat bereits Dr. Sakom begleitet, die Sängerin Irene Guthmann und Sabine Kalter, Primadonna der Hamburgischen Staatsoper.

DREI Sonnabend, 6.12.1941.
Die Sängerin Ida Salomon, 63 Jahre alt, wird in das Abteil gedrängt.
Eine kalte, lange Zugfahrt nach Riga steht bevor.

EINS Sie alle kehren nicht zurück.

ZWEI In Litauen, seinem Heimatland, wird Dr. Jakob Sakom von deutschen Einsatzgruppen umgebracht.

Musik

EINS Ottilie Metzger-Lattermann. Alexander Kipnis. Richard Tauber.

ZWEI Sabine Kalter. Joseph Schmidt und andere.

DREI Gesangstars der großen Bühnen, Publikumslieblinge auch in Hamburg.

ZWEI Für sie als „Nicht-Arier" war ein schwarzer Vorhang gefallen. Ihre Kunst nehmen sie mit ins Exil.

EINS Im Deutschen Reich, das sie nicht mehr will, sind diese Künstler nur noch auf Schallplatten zu hören.

CD *Klassische Stimme*

DREI Hamburg, 12.12.34
An die Pensionskasse des Hamburger Staatstheaters / Gutachten
Herr Abraham Salnik, 40 Jahre alt, [geboren in Riga] Chorsänger, ist heute staatenlos, ist Jude.
Ist gar nicht mehr beim Theater, es ist ihm gekündigt worden.
Ist jetzt erwerbslos. Hat Pensionierung eingereicht aufgrund seines Nervenzustandes. Befund: Spricht haspelnd, viel Lidflattern.
Benimmt sich wie ein geprügelter Hund, der Angst hat vor erneuten Prügeln.
Urteil: Krankheitszeichen, die Berechtigung zur Pensionierung geben könnten, sind nicht vorhanden.
Heil Hitler!
Dr. Willy Holzmann   Nervenarzt

DREI   Nach Shanghai fliehen James und Donat Wolf, Unterhaltungsmusiker.

ZWEI   Das Deutsche Schauspielhaus hat alle jüdischen Künstler entlassen. Diesem Beispiel sind alle übrigen Hamburger Theater gefolgt.

DREI   Der Violinist und Kapellmeister Erwin Proskauer und der Chorführer Leopold Asser werden gemäß § 10 der I. Durchführungsverordnung zum Reichskulturkammergesetz v. 1.11.33 wegen ihrer

EINS   ‚Zugehörigkeit zur jüd. Rasse'

DREI   aus d.[er] Reichsmusikkammer ausgesteuert: Berufsverbot.

ZWEI   Sie müssen sich zur weiteren Ausübung ihres Berufes „auf See und Ausland" zurückziehen.

EINS   Sie spielen in den Schiffskapellen der Red Star Line des jüdischen Reeders Arnold Bernstein auf den Auswandererschiffen zwischen Antwerpen, Palästina und New York.

ZWEI   Infolge des einsetzenden Juden-Boykotts haben die Einnahmen des Regisseurs und Schauspielers Hans Curt Erich Lövinson eine rückläufige Entwicklung. Auch ihm wird der Kulturkammerausweis vorenthalten und jede künstlerische Tätigkeit untersagt. Er muß seine Wohnung aufgeben, veräußert Möbel, Bücher, Hausrat, Schmuck.

DREI   1937. Bruno Wolf, Waldhorn, 65 Jahre alt, erliegt einem Schlaganfall.

EINS 1938. Der von der Oper entlassene Theaterarzt Dr. Max Fränkel begeht Suizid.

ZWEI Regisseur Hans Lövinson, ehemaliger Direktions-Stellvertreter am Deutschen Schauspielhaus, wird ins KZ Sachsenhausen gebracht.

DREI Er wird aus dem KZ entlassen, nachdem seine Frau Käthe der Gestapo nachgewiesen hat, dass sie die notwendigen Schritte für die Auswanderung nach Shanghai, China, unternommen hat.

ZWEI 1939. Marion Baruch, noch in der Ausbildung zur Pianistin, will nach England auswandern:

EINS „Ich beabsichtige, den Beruf einer Hausangestelltin zu ergreifen."

DREI Umzugsgutverzeichnis lt. Antrag Elsa Marion Sara Baruch .

EINS
1 Wintermantel	1 Regenmantel	1 Morgenrock
1 blaues Waschkleid	1 blaues Seidenkleid	1 rotes Strickkleid
1 rotes Wollkleid	1 grünes Wollkleid	1 schwarzes Wollkleid
1 rotes Seidenkleid	1 dunkelblau-rotes Seidenkleid	
2 weisse Blusen	2 rosa Blusen	2 grüne Blusen
1 Hut	1 Mütze	6 Paar Schuhe

1 alter Reisekoffer
1 Posten gebrauchte Noten
1 Posten selbst angefertigte Modezeichnungen
diverse kleine Andenken (Postkarten, Photos etc.)

ZWEI Weder sie noch Noten noch Kleider erreichen England.

DREI Der Krieg schließt die Grenzen.

EINS Noch bleibt die Musik.

ZWEI Albumblatt:

DREI Wenn sonst nichts hilft
Um Herzen zu erfrischen
Sorgen zu lindern
Tränen zu verwischen

Dann flüchte zur Musik
Gespielt von Meisterhand
Sie bietet mehr als alle
Weisheit und Verstand

Musik

EINS Drei Wege der Selbstbehauptung.

DREI Erster Weg: Unbedingte Bewahrung und Vermittlung großer idealer Kunst.

ZWEI Diesen Weg geht, um nicht auf das „Niveau von Theater-Vereinen herabzusinken", der „Jüdische Kulturbund Hamburg".

DREI Er veranstaltet große Abende im Conventgarten, vor allem mit auswärtigen Künstlern. Der Tenor Joseph Schmidt und die Altistin Sabine Kalter, die für drei Konzerte aus dem Londoner Exil zurückkehrt, feiern noch einmal vor ihrem verlorenen Publikum Triumphe.

EINS Nicht vergessen ist der letzte Auftritt als ‚Lady Macbeth' am 5. Januar 1935.
SA-Leute in Braunhemden pöbelten und randalierten gegen die letzte im Ensemble verbliebene Jüdin.

ZWEI Das Publikum stellte sich, lautstark applaudierend, auf die Seite der bewunderten Sängerin und rettete die Vorstellung.

DREI Am Tag danach verließ Sabine Kalter Deutschland. Die Oper war ‚judenfrei'.

ZWEI Zweiter Weg: Selbsthilfe, vor allem Unterstützung brotlos gewordener, notleidender Hamburger Künstler: Fachschaften, Orchestervereinigungen, Kammerorchester.

EINS Bekanntmachung:

ZWEI „Die ‚Jüdische Künstlergruppe', eine Notgemeinschaft der in Hamburg lebenden professionellen Künstler aller Sparten, verfolgt das Ziel, durch gute

Kunst zu angemessenen Preisen dem Publikum einige Stunden der so sehr benötigten Entspannung zu bringen, vor allem aber den durch den hiesigen Kulturbund nicht beschäftigten, hier beheimateten Künstlern Betätigung in ihrem eigenen Fach zu ermöglichen."

EINS Der Kapellmeister Hermann Cerini leitet das „Jüdische Kammerorchester". Als erster Geiger tritt Manfred Noel Fürst hervor.

DREI Dritter Weg. Rückbesinnung auf jüdische Tradition und Identität: Synagogale Musik und jiddische Folklore.

EINS Diesen Weg geht die „Jüdische Gesangvereinigung Hasomir".

ZWEI Auch hier und beim Tempelchor wirkt Kapellmeister Hermann Cerini mit. Er begleitet den Chor an der Orgel zugunsten der Jüdischen Winterhilfe.

Musik

DREI Die Träger großer Namen sind fort. Nicht nur für den gefeierten Pianisten Bernhard Abramowitsch führte der Weg in die USA.

ZWEI Die Musik zieht ins kleine Ghetto. Verstreut gibt es Hausmusikabende, Bunte Abende, Kammermusikabende, Gesellschaftsabende, Unterhaltungsabende.

DREI Dr. Jakob Sakom, Hermann Cerini, die Pianistin Senta Lissauer, der Unterhaltungsmusiker Lutz Proskauer und andere geben eine Vielzahl von Konzerten.

ZWEI Das Gemeinschaftshaus des „Jüdischen Kulturbundes" in der Hartungstrasse bietet regelmäßig Programm.
Es beinhaltet Geistliche Chormusik und romantische Kammermusik, aber auch Stücke aus Opern, Operetten und Tonfilme.
EINS Gestaltung der Filmplakate: Marion Baruch.

DREI Der Tenor Paul Schwarz bestreitet auf der Bühne sowohl die Conferencen als auch Gesangsprogramme; tagsüber wird er zur Zwangsarbeit verpflichtet.

ZWEI Abraham Salnik, der Chorsänger, wandert mit seiner Familie aus, in die Geburtsstadt Riga.

EINS Der Zweite Weltkrieg beginnt.

DREI Der Buchhalter Siegfried Katz muss auf Weisung der Gestapo abliefern:

EINS 1 Rundfunk-Geraet Marke Lumophon „Kurfuerst", Type WD 365, Fabr.-Nr. 772 953.

ZWEI In dieser Zeit gibt es eine Oase: Das Haus Mittelweg 17, Ecke Johnsallee.

DREI Im Besitz der Bankiersfamilie Warburg. Sekretariat für ‚Auswanderer'-Beratung und auch im Winter wohlbeheizte Bibliothek.

ZWEI Marion Baruch hilft als Sekretärin aus.

DREI Wenn man in das Haus Mittelweg 17 kommt, wird das so empfunden, als wäre man in einer Oase.

Musik

EINS Albumblatt:

ZWEI Sie kommen zum Frühstück Zum Tee
Zum Kaffee
Sie kommen zum Lesen auch nach
Dem Souper
Das Volk strömt am Sonntag
Und hört Musizieren ...

EINS Konzerte und Vorträge finden nachmittags, meist sonntags, im Bibliotheksraum statt, weil Juden abends nach 8 Uhr nicht ausgehen dürfen.

DREI Von den Solisten sind der Pianist Richard Goldschmied und die Geigerin Bertha Dehn –

ZWEI - bis 1933 das einzige weibliche Mitglied des Hamburger Stadttheater-Orchesters -

DREI - besonders beliebt.

EINS Etwas ganz Außergewöhnliches sind die Lesungen des nicht-jüdischen Schauspielers Wolf Beneckendorff.

ZWEI Er beweist ungewöhnlichen Mut, indem er eine Art Generalprobe seiner öffentlichen Vorlesungsabende von Rilke- und Goethegedichten im Hause Mittelweg 17 abhält.

DREI Auf diese Weise gibt er den in Hamburg zurückgebliebenen Juden Gelegenheit, sich an seiner Kunst zu erfreuen.

ZWEI Juni 1941.
Das Gemeinschaftshaus und die Oase werden geschlossen.

DREI Albumblatt.

ZWEI Ein Album mit Bildern von Bewohnern und Besuchern bleibt erhalten.

EINS Die meisten der Abgebildeten werden deportiert.

Musik

EINS Der Kapellmeister Hermann Cerini, wegen „Rassenschande" zu 3 Jahren Zuchthaus verurteilt, kommt nach Hamburg-Fuhlsbüttel.

ZWEI Bertha Dehn flieht aus Deutschland.

DREI In Litauen, seinem Heimatland, wird Dr. Jakob Sakom von deutschen Einsatzgruppen umgebracht.

ZWEI Die Familie von Abraham Kurt Salnik erhält keine Nachricht mehr von ihm.
EINS 8. November 1941. Was mitnehmen in die Deportation ?
Das blaue Seidenkleid, das rote Seidenkleid, das dunkelblau-rote Seidenkleid bleiben hier. Die Noten kommen mit.

DREI Aus dem Bericht eines Mitgefangenen geht hervor, daß [Marion Baruch in Minsk] vom Lagerkommandanten eigenhändig erschossen wird, nachdem er beim Kontrollgang durch ein von ihr gemaltes Schild auf sie aufmerksam geworden ist.

Musik

ZWEI Grindelviertel: ‚Klein-Jerusalem' genannt.

DREI Hans Curt Erich Lövinson, Sternträger und Volljude, und seine Frau Käthe, nicht-jüdisch, ziehen in das Haus Bornstrasse 16., ein „Judenhaus".

ZWEI Aufenthaltsort von Ehepartnern, die aus ihren Wohnungen vertrieben oder ausgebombt sind und die in „nicht-privilegierter Mischehe" leben: jüdischer Mann, nicht-jüdische Frau.

EINS „Im März 1942 mussten mein Mann und ich in die Bornstrasse 16 einziehen, nachdem wir wegen der jüdischen Abstammung meines Mannes nur noch in jüdischen Häusern wohnen durften. Wir bekamen in der Bornstrasse 16 einen früheren Abstellraum neben der Treppe des Zimmers. An allen Wohnungstüren in diesem Hause war eine Namensliste angebracht. Hinter dem Namen der jüdischen Ehepartner war jeweils der Stern mit Tinte angebracht. Auch an unserer Kammertür hatten wir unseren Namen auf je einem Zettel angebracht und hinter dem Namen meines Mannes war der Stern angebracht. Auch das Haus selbst war mit dem Stern gekennzeichnet, an der Windfangtür."

DREI Im Haus wohnt auch der Polizeimeister i.R. Georg Saalfeld, 48 Jahre alt.

ZWEI Georg Saalfeld entstammt der Familie des Zigarrenmachers jüdischer Herkunft Eli Saalfeld -

DREI - Sekretär der Tabakarbeiter-Gewerkschaft und ehemals SPD-Abgeordneter der Hamburgischen Bürgerschaft.

EINS Die Familie hat sich vom Judentum abgekehrt. Man ist religionsfern, ‚freidenkerisch' eingestellt.

ZWEI Die Söhne Hermann, Kurt und Rudolf, SPD, werden politisch verfolgt.

DREI Ein halbes Jahr nach der Deportation seines Sohnes Gerhard tippt Georg Saalfeld im Haus mit dem Stern auf der Schreibmaschine ein Programm, das als Einladung an die

EINS Hausgemeinschaft Bornstrasse 16

DREI geht.

ZWEI Sonnabend, den 11. April 1942, 20.30 Uhr in den Räumen von Saalfeld.

DREI „Scenen aus Goethes FAUST"

EINS [Rollenverteilung :] Der Dichter:

DREI Bruno Loeser.

EINS Der Direktor:

DREI Hans Lövinson.

EINS Lustige Person:

DREI Georg Saalfeld.

EINS Am Abend, draußen wird es dunkel, spricht Bruno Loeser die ersten Worte:

ZWEI „Mein Lied ertönt der unbekannten Menge ...
Und was sich sonst an meinem Lied erfreuet,
Wenn es noch lebt, irrt in der Welt zerstreuet...."

EINS Bruno Loeser, 60 Jahre alt, freier Reklamevertreter für Theater-, Kino- und Zeitschriftenreklame, vorübergehend kaufmännischer Direktor des Altonaer Stadttheaters.
Seine Frau Luise ist keine Jüdin.

DREI Hans Lövinson, 51 Jahre alt. Seit seiner Inhaftierung in Sachsenhausen macht sich eine leichte Behinderung des linken Armes und Beines bemerkbar. Sein Gang ist allmählich schlechter geworden.
EINS Käthe Lövinson, 41 Jahre alt, seine Frau, war Elevin am Deutschen Schauspielhaus. Die Hoffnung auf das Exil Shanghai hat sich zerschlagen.

ZWEI Georg Saalfeld, der geschasste Polizist aus der Wache Bogenstrasse, verheiratet mit der Schauspielerin Caroline Saalfeld, keine Jüdin, getrennt lebend –

EINS – die Tochter Flora, 16 Jahre alt, wohnt bei ihm in der II. Etage –

ZWEI – ist nicht nur Hauswart, sondern auch Initiator der Hausabende, Gastgeber mit Ofen und Klavier, Regisseur, Sprecher, Mutmacher.

EINS Anders als seine Verwandtschaft vollzieht er den Schritt wieder hin zum Judentum.

ZWEI Als Zeichen des Widerstandes und der Solidarität hat er sich den Judenstern an die Brust geheftet.

DREI In der III. Etage leben Siegfried Katz, genannt Fritz, 41 Jahre alt, Sternträger, Buchhalter bei der Bezirksstelle Nordwestdeutschland der Reichsvereinigung der Juden in Deutschland, und Hedwig Katz, 42 Jahre alt, „arischer" Abstammung.

EINS Gegenüber, III. Etage rechts, wohnen Marcel, jüdisch, und Martha., ev.ar., Taterka.

ZWEI Ebenfalls im Haus wohnt Sallie Rosenthal. Seine Frau Friedel Rosenthal, ‚arisch', viel jünger als er, sehr hübsch, sehr blond, sehr blaue Augen, wird von der Gestapo furchtbar unter Druck gesetzt, sich scheiden zu lassen.

DREI Eine Scheidung bedeutet das Todesurteil für den jüdischen Ehepartner.

EINS Sie widersteht allen Bedrängungen.

ZWEI Sallie Rosenthal tippt auf den Stern an seiner Brust und buchstabiert das Wort ‚Jude' rückwärts:

DREI „Ewig Dauert Unser Judentum."

EINS In Versen charakterisiert Hans Lövinson die kleine Gemeinschaft:

Musik unter folgendem Text

DREI Damen und Herren, hereinspaziert!
Dass mir niemand erst Zeit verliert!
Viel Ueberlegen könnte schaden!
Hereinspaziert in unseren Laden!
Wir machen in Kunst; wir machen es bon!
Wir haben hier einen Kunst-Salon!

ZWEI Kunst-Salon Saalfeld ist bekannt
Zwischen Dammtor und Schlump im ganzen Land!
Treten Sie ein ganz ungeniert;
Unser Lager ist gross und bestens sortiert!
Kein Warenmangel trotz Knappheit und Krieg!
Wir machen in Schauspiel und Musik!
Bei uns wird niemals etwas verhunzt!

DREI Wir sind das „Warenhaus der Kunst" !
Sie haben die Wahl und doch nicht die Qual;
Wir haben ein prima Personal:
Der Chef ist ein famoser Mann, der rezitieren und heizen kann;
Beliebt und gefürchtet weit und breit !

EINS Und dann die anderen Verkäufer alle,
Durchaus versiert in jedem Falle:
Unser dramatisches Baby, die kleine Flora,
Meister-Schül'rin der Talmud Thora;
Sie bedient uns're Kundschaft frisch, fröhlich, froh;
Sie ist zwar noch jung, doch dafür „oho" !

DREI Dann der nette Herr Loeser, stets elegant,
Immer gewandt, immer charmant,
Der Schrecken aller Ehemänner!
Ein ausgezeichneter Warenkenner!

EINS Sodann das Ehepaar Lövinson,
Was soll man viel sagen, Sie kennen es schon;
Ob Ophelia, ob Gretchen, ob Faust, ob Striese, -
„Es leb' uns're Kundschaft!" ist ihre Devise.

ZWEI Und schliesslich Herr Katz. Trotz des Tages Lasten
Dreht er am Abend den Leierkasten,
(Das heisst heut abend braucht er es nicht;
Der elektrische Strom übernahm diese Pflicht).
Sie alle, sie alle sind inniglich bestrebt,
Dass unsere Kundschaft was Schönes erlebt.-
Also noch einmal: treten Sie ein!

EINS Sonnabend, den 25. April 1942, 20.30 Uhr in den Räumen von Saalfeld.
Programm:

DREI Der Blitzzug von Detlev v. Liliencron   [gesprochen von] Hans Lövinson.

ZWEI „Nun ist das Dunkel dämonisch gewachsen,
Fortfortfortfortfortfort, glühende Achsen,
Fortfortfortfortfortfort, steht an der Kurve,
Steht da der Tod mit der Bombe zum Wurfe?"

EINS Sonnabend, den 9. Mai 1942, 20 Uhr in den Räumen der Familie Saalfeld
Scenen aus SCHILLERS WERKEN.
Draußen ist es noch hell.

DREI Bruno Loeser spricht die Kapuzinerpredigt aus Wallensteins Lager.

ZWEI „Es ist eine Zeit der Tränen und Not...
Die ganze Welt ist ein Klagehaus ...
Und alle die gesegneten deutschen Länder
Sind verkehrt worden in Elender –"

EINS Sonntag, den 17. Mai 1942, 16.30 Uhr in den Räumen der Familie Saalfeld
Programm: Quartett No. 11 von Haydn.

ZWEI Violine 1:

DREI Herr Erwin Proskauer.

ZWEI Violine 2:

DREI Herr Leopold Asser.

ZWEI Viola:

DREI Herr Manfred Noel Fürst.

ZWEI Cello:

DREI Herr Willy Schottländer.

ZWEI Programm: Zwei hebräische synagogalische Gesänge.
[Und] Das Dudele, ein Jargon-Lied.

DREI Gesungen von Herrn Siegm.[und] Cahn. Am Flügel: Herr Wolfsohn.

ZWEI Erwin Proskauer, 46 Jahre alt, Violinist und Kapellmeister;
Bruder von Lutz Proskauer.

EINS Nach der Arisierung der Bernstein Linie hat er auf Mucke gespielt:
Im Alkazar, im Café Mundsburg, im Café Nägler, im Tanzpalast Hölle, in den
Eilbeker Bürgersälen.

ZWEI 1938 ist auch damit Schluß. Er wird Moorsoldat.
Die Gestapo veranlasst ihn zu schwerer körperlicher Zwangsarbeit im Drainage-
bau bei Buxtehude.

DREI Auch Leopold Asser, 38 Jahre alt, Chorführer, ist entlassen worden.
Er hat noch ein Jahr zu leben, bevor er an einem Herzleiden stirbt.

ZWEI Manfred Noel Fürst, 36 Jahre alt. Kammermusiker und Violin-Lehrer mit
Staatsexamen. Noch darf er jüdischen Kindern in der Schule Karolinenstrasse
Musikunterricht geben.

DREI Willy Schottländer, 56 Jahre alt, Handelsvertreter für pharmazeutische
und kosmetische Artikel, daneben Musiker.
Zur Zwangsarbeit verpflichtet.

ZWEI Siegmund Cahn, 66 Jahre alt.
Gelernter Bäcker. Lebensmittel-Händler für Fleisch-, Fett- und Wurstwaren,
solange er noch Lieferungen bekam.

DREI Ihnen allen ist an diesem Sonntag im Mai nur noch die Musik geblieben.

Musik

EINS [Einladung] Am Sonntag, den 31. ds. Mts. [Mai], um 17 Uhr, findet eine
Zaubervorstellung durch Herrn Fränkel in der Wohnung von Herrn Mandowsky
(III. Etg. links) statt, zu der Sie herzlichst eingeladen sind.
Es ist dieses Mal hierfür eine Kosten-Entschädigung von RM 1.50 pro Kopf
zu entrichten. Ich nehme an, dass Sie alle mit dieser netten Abwechslung ein-
verstanden sind und ich Sie daher auch rechtzeitig am Sonntag begrüssen
kann.
[Georg Saalfeld, II. Etg.]

ZWEI   Ab dieser Zaubervorstellung fehlt auf keiner der noch folgenden Einladungen der ausdrückliche Hinweis auf das pünktliche Erscheinen.

EINS   Der Gastgeber der Zauberei, Hans Mandowsky, 56 Jahre alt, stirbt am 21.11.1943 in Auschwitz.

DREI   Hausgemeinschaft Bornstrasse 16
Herrn M.[arcel] Taterka und Frau
Einladung
Am Sonnabend, den 20. ds. Mts. [Juni], findet in der Wohnung von Familie Saalfeld nachmittags 17 Uhr ein volkstümliches Konzert im Rahmen unserer Hausgemeinschaft statt. Ich bitte höflichst um Ihr pünktliches Erscheinen.
Das Programm sieht u.a. eine Mozart-Sonate und das „Adagio cantabile" vor.

EINS   Violine:

ZWEI   Leopold Asser.

EINS   Am Flügel:

DREI   Frau [Johanna] Benezra

ZWEI   - 70 Jahre alt.
[Frau von David Benezra, aus der jüdisch-portugiesischen Gemeinde.]

EINS   Dauer des Konzert-Nachmittags -

ZWEI   - ungefähr 1 1/2 Stunden.

DREI   Am gleichen Sonnabend findet abends um 20.30 Uhr wie üblich unser 14-tägig auseinanderliegender Unterhaltungsabend statt.
Auch hierzu bitte ich um recht pünktliches Erscheinen.
Es ist dieses Mal programmlich folgendes vorgesehen:

ZWEI   I. Teil   Volkstümliche Balladen
            „Des Sängers Fluch"   „Der Heideknabe" und „Die Glocke".

DREI   II. Teil   „Heiteretei"
            u.a. „Die Musik der armen Leute"

EINS Bemerken möchte ich nur noch der Ordnung halber, dass die Nachmittagsveranstaltung mit einem Unkostenbeitrag von RM. 1.- pro Kopf verbunden ist, während in der Pause der Abendveranstaltung wie bisher für einen guten Unterstützungszweck gesammelt wird.
Mit herzlichem nachbarlichen Gruss   Georg Saalfeld

ZWEI   Bruno Loeser rezitiert Ludwig Uhland: „Des Sängers Fluch":

Musik

DREI   „ ... ein stolzer König, an Land und Siegen reich,
Er saß auf seinem Throne so finster und so bleich;
Denn was er sinnt, ist Schrecken, und was er blickt, ist Wut,
Und was er spricht, ist Geißel, und was er schreibt, ist Blut."

EINS   Hans Lövinson rezitiert Schillers „Glocke".
Dann folgt das Gedicht „Die Musik der armen Leute" von Heinrich Seidel.

Musik

ZWEI   DIE MUSIK DER ARMEN LEUTE.
„Der Herr Musikprofessor spricht:
"Die Drehorgeln, die dulde man nicht!
Sie sind eine Plage und ein Skandal!"
Nun kommt ein Leiermann hervor ...
Den Schunkelwalzer spielt er auf ...
Und über die blassen, ernsten Gesichter
Fliegt es dahin wie Sonnenlichter;
Und ob auch der Herr Professor schreit –
Hier fühlt man nichts als Dankbarkeit,
Denn ein wenig Licht in's graue Heute
Bringt die Musik der armen Leute."

Musik

DREI   Seit 1935 ist Juden die öffentliche Aufführung deutscher Klassiker und Romantiker verboten. Seit 1938 dürfen weder Beethoven, Mozart oder Händel gespielt werden.

EINS   Im Wissen, was sie tut, spielt die Hausgemeinschaft deutsche Klassiker und Romantiker.

ZWEI Mittwochs tagt die Programmkommission.

DREI Am Montag nach den volkstümlichen Balladen muß Siegfried Katz bei der Gestapo-Sammelstelle abliefern:

EINS 1 Herren-Fahrrad „Wanderer"
1 Reise-Schreibmaschine „Erica"
1 Foto-Apparat Zeiss „Ikonta" 6 x 9.

DREI In der Liste nicht enthalten ist ein Schallplatten-Apparat.

ZWEI Fünf Tage danach, am 27.6.1942, werden die Eltern und die Schwester von Siegfried Katz, dem Mann am Schallplatten-Apparat, nach Theresienstadt deportiert.

DREI Bei 8 Hamburger Judentransporten muß der Violinist und Musiklehrer Manfred Noel Fürst den Betroffenen letzte Hilfestellung geben.

ZWEI Er muß einigen 100 jüdischen Schulkindern letzte Verpflegung reichen, Tausenden Menschen beim Kofferschleppen helfen, um zu erfahren, dass all das Gepäck von der Gestapo wieder abgenommen wird.

EINS Am Sonnabend, 11.7.1942 werden 300 Personen vom Hannoverschen Bahnhof aus nach Auschwitz deportiert.
Unter ihnen: Siegmund Cahn, Gesang.

Musik

CHOR *weiter unter folgenden Text*

ZWEI   An alle Damen und Herren unserer Hausgemeinschaft !
In Anbetracht gegebener Umstände muss leider unser diesmaliger Haus-Abend am Sonnabend, den 11. ds. Mts. [Juli 1942] ausfallen. Wann der nächste Haus-Abend sein wird, werde ich Ihnen noch rechtzeitig mitteilen.
gez. Georg Israel Saalfeld

EINS   Mittwoch, 15.7.1942. 926 Personen nach Theresienstadt.
Unter ihnen befinden sich Johanna Benezra, Pianistin,
sowie die bereits sehr alten Eltern von Manfred Noel Fürst.

DREI   Eine Nachtwache beginnt.
Manfred Fürst muß seinen Vater, seine Mutter und weitere Familienangehörige vor dem Abtransport „bewachen".

EINS   Da ist auch Louise Dessau, 79 Jahre alt,
Frau des Zigarrenarbeiters Sally Dessau, der einen kleinen Tabakladen in der Nähe des Hafens führte, Mutter des Komponisten Paul Dessau.

ZWEI   „Sch'ma Jisroel! Adonay Elohenu Adonay echod" :
Höre, Israel, der Ewige ist unser Gott, der Ewige ist einzig!

EINS   Im Gedenken an seine Mutter wird der Atheist und Kommunist Dessau seine „Hebräischen Psalmen" schreiben.

ZWEI   „Wie er nackt ist von seiner Mutter Leibe gekommen, so fährt er wieder hin, wie er gekommen ist."

EINS   „Die mit Tränen säen, werden mit Freuden ernten.
Sie gehen hin und weinen und tragen edlen Samen
und kommen mit Freuden und bringen ihre Garben."

DREI   Sonntag, 19.7.1942. 771 Personen vom Hannoverschen Bahnhof nach Theresienstadt, dem sogenannten „Alters-Ghetto".

ZWEI   Ottilie Metzger-Lattermann, die Grande Dame der alten Oper, wird von Belgien nach Auschwitz verschleppt und dort umgebracht.

Musik

DREI Hausgemeinschaft Bornstrasse 16
An alle Damen und Herren unserer Hausgemeinschaft !
Hinsichtlich unserer Haus-Abende haben wir nun eine längere Unterbrechung gehabt, die mit Berücksichtigung auf die Verhältnisse selbstverständlich war. Nunmehr ist der Wunsch laut geworden, dass wir wieder einmal zu einem Hausabend zusammen kommen möchten, damit wir uns einmal wieder innerlich herausreissen können aus dem Tageseinerlei dieser schweren Zeit, und das soll geschehen. Ich bin davon überzeugt, dass wir alle für einige Stunden die Schwere der Zeit vergessen werden, zumal die Wiedergabe des „Faust" [in bühnenmässiger rezitatorischer Form] uns alle in den Bann ziehen wird.
Ihr   gez. Georg Saalfeld

EINS Hausgemeinschaft Bornstrasse 16
An alle Damen und Herren unserer Hausgemeinschaft !
Am kommenden Sonnabend – also am 22. August 1942 – abends, um 20.30 Uhr, wollen wir zu unserem 10. Haus-Abend zusammenkommen. Das Programm sieht Klaviermusik vor, und zwar wird uns die Schwester von Frau Lövinson, Frl. Else Bleschke, Stücke von Schubert, Chopin und Liszt zu Gehör bringen.
In der Hoffnung, dass wir Sie alle wieder begrüßen können, und mit der Bitte, wie immer, recht pünktlich zu sein, zeichnet mit vorzüglicher Hochachtung
Georg Saalfeld

DREI Hausgemeinschaft Bornstrasse 16
An alle Damen und Herren unserer Hausgemeinschaft !
Wie bereits angekündigt, kommen wir am Sonnabend, den 19. September 1942 um 20 Uhr präc. zu einem Schallplatten-Konzert zusammen.
Es handelt sich um ein ernstes Schallplatten-Konzert, welches niemand von uns versäumen sollte. Die Techn. Leitung des Konzerts hat Herr Katz, die Ansage [in Versen] hat Herr Lövinson.

Musik unter folgendem Text

EINS Und wieder sitzt hier unsere treue Gemeinde,
vereint durch die Kunst und ihre Freunde,
um heut in Musik gesund sich zu baden,
eine Kunstgemeinschaft von Saalfeld's Gnaden.

ZWEI Lasst uns heute schlürfen Frau Musica's Trank aus;
Doch vorher sprechen wir erst unseren Dank aus
Frau und Herrn Katz, den sehr verehrten,
die uns für heut abend Obdach gewährten.
Ihr Katzenhäuschen trägt heut den Stempel
von einem geweihten Musentempel.

DREI Sie stellen für heute zwecks Nerven-Einwiegung
Uns Platten und Apparat zur Verfügung;
Trotzdem wird keineswegs – das wär auch gelacht –
Heut abend hier „Katzen-Musik" etwa gemacht;
Im Gegenteil, man gibt hier den Gästen
Nach guter Sitte das Beste vom Besten.

EINS Wir führen Sie nicht auf musikalisches Qualfeld. –
O nein! Es freuen sich Taterka und Saalfeld,
Katz, Wertheimer, Rosen[thal] und Mandowsky
über Beethoven, Schubert und Tschaikowsky!

ZWEI Ertöne Musik! Du, Alltag, entflieh'!

DREI Franz Schubert... schrieb in h-Moll die Sinfonie,
die fast bis zur Vollendung gedieh;
und die auch beendet wäre gar bald,
gebot nicht der Tod ein eisernes „Halt"!

EINS Es fliesst die Träne, doch fühlen wir auch
Über uns wehen der Tröstung Hauch,
als ob Franzel flüstere hinab zur Erden:

ZWEI „Ihr Lieben, es wird alles schon besser werden!"

DREI Hans Lövinson erleidet einen Schlaganfall.
Lähmungserscheinungen treten verstärkt auf.
Eigentlich Linkshänder, fängt er an, mit rechts zu schreiben.

EINS Bei den Taterkas fallen Licht und Türglocke aus.
Wo bleibt der Handwerker, Herr Laudi ?

DREI [Mitteilung] Hamburg, den zwanzigsten Oktober im Jahre des Heils
Neunzehnhundert-42
(Ha, ha, ha, ha, ha, ha, ha, ha, ha ——— a-a-a-a-a-ha, ha, ha)
Lieber Herr Taterka!

Sie sind wirklich ein Pechvogel! —
Immer etwas neues und nichts gutes.
Es ist zum „Verrückt-Werden", wirklich rein doll !

ZWEI Licht hat das Leben nicht mehr! Ganz gewiss nicht!!!
Ha, ha, ha, ha, ha, ha, ha, ja.
Unglaublich ist's und doch wahr !
Einmal wird doch alles wieder gut !!!! Ha, ha, ha, ha, ha, ha, ha, ha!!!!!!
Na, wollen und werden ja sehen! Mag nun kommen, was will!!!!

DREI Zur Licht-Ordnung und zur Glocken-Ordnung soll es in Ihrer Wohnung
wieder zurückkehren.
O, welche Lust, dann so wie gewohnt zu leben!!!

EINS Die Anfangsbuchstaben der Zeilen mit der Unterschrift Georg Saalfelds
ergeben den Satz:

ZWEI „Sie haben Pech, Laudi ist eingezogen."

DREI 15. HAUS - ABEND
am Sonnabend, den 7. November 1942, um 20 Uhr bei Saalfeld, II. Etg.

ZWEI Programm
HAMLET, Prinz von Dänemark
Ein Trauerspiel in 5 Aufzügen von William Shakespeare

DREI (Eine bühnenmässig-rezitatorische Aufführung)

EINS Georg Saalfeld und Bruno Loeser sprechen die Rollen der Totengräber.

ZWEI Hans Lövinson, trotz Lähmungen, spricht Hamlet.

DREI Seyn oder nicht seyn—Das ist die Frage...

ZWEI 16. HAUS – ABEND
am Sonnabend, den 14. November 1942, um 20 Uhr bei Katz.

DREI Schallplatten-Konzert „Was jeder gern hört". Man hört:

EINS „Alte Kameraden",

ZWEI „Ich schenk dir Rosen"

DREI „Wenn ich vergnügt bin, muss ich singen",

EINS „Good bye Jonny".

ZWEI „Leutnant warst du einst bei den Husaren",

DREI „Deutschmeister-Regimentsmarsch".

EINS „Radetzki-Marsch".

DREI „Kaiser-Walzer".

ZWEI „Wiener Blut".

EINS „Das ist die Liebe der Matrosen".

DREI „Das kann doch einen Seemann nicht erschüttern".

ZWEI „Chinesische Strassenserenade".

EINS „Japanischer Laternentanz".

DREI „Fridericus-Marsch".

Musik

EINS Hamburg, den 30.11.42
Rechnung
Herrn und Frau Taterka
1 Sperrholz Verdunkelung 147 : 57 mit Griffen	2.50.-
1 Sperrholz Verdunkelung 36 : 94 mit Griffen	2.20.-
1 Gardinenbrett	3.-
1 Bort 30:120	3.20.-
Verdunkelung montiert	
div. Kleinarbeiten	
2 Arbeitsstunden 2.20.-	4.40.-

[zusammen]
RM   15.60.-

DREI Betrag dankend erhalten
Tischlerei

ZWEI Hausgemeinschaft Bornstrasse 16
Herrn und Frau Taterka [III. Etage rechts]
Unser nächster Haus-Abend findet am Sonnabend, den 23. Januar 1943
bei Saalfeld um 20.30 Uhr statt. Wir hatten eine längere Pause
und es sollte eigentlich ein Musik-Abend sein.
Umständehalber aber muss der Musik-Abend noch etwas herausgeschoben
werden.

  Musik: "Les Préludes"

EINS Die Umstände betreffen die Ereignisse vor Stalingrad.

DREI Hausgemeinschaft Bornstrasse 16
Unser für den 6. ds. Mts. (kommender Sonnabend) angekündigter Hausabend
wird um eine Woche hinausgeschoben, weil bis zum 6. Februar einschl. alle
Lustbarkeiten (siehe Bekanntmachungen in den Tageszeitungen) verboten
sind.

ZWEI 19. HAUS - ABEND
am Sonnabend, den 20. Februar 1943, um 20.15 Uhr bei Katz
Schallplatten-Konzert „Was jeder gerne hört" (2. Folge).

EINS Musikalische Kostbarkeiten:

DREI Eine kleine Nachtmusik.

ZWEI Mozart .

EINS Die Moldau.

ZWEI Smetana.

DREI Les Préludes.

ZWEI Liszt.

Musik unter folgendem Text

DREI „Les Préludes", sinfonische Dichtung von Franz Liszt:
Vorspiele (Préludes) zur Melodie des Todes.

EINS Das letzte dokumentierte Stück,
das die Hausgemeinschaft Bornstrasse 16 zusammen gehört hat.

ZWEI In einer gewaltigen Steigerung mündet das ursprüngliche liebliche Thema in das erste Hauptthema als majestätische, glanzvolle Fanfare.

DREI Seit Beginn des Russland-Feldzuges verwendet das Oberkommando der Wehrmacht das Hauptthema als „Russland-Fanfare",
als Erkennungsmelodie für die Wehrmachtsnachrichten.

ZWEI Mit der pompösen Siegesfanfare der deutschen Wehrmacht
beschließt die kleine jüdische Hausgemeinschaft wenige Tage
nach der bis dahin schwersten Niederlage der Wehrmacht,
der Kapitulation der 6. Armee vor Stalingrad, ihren Abend
zum Thema „Was jeder gerne hört".

EINS Mit dem 10. Transport kommt Manfred Fürst selbst nach Theresienstadt. Im kalten Zug führt er seine Violine mit sich, um in Theresienstadt zu musizieren, was auch gelingt.

ZWEI In Theresienstadt findet er ein wandelndes Skelett: Seine alte, völlig abgemagerte, verzweifelte Mutter. Der Vater ist bereits tot.

EINS 10.6.43. Siegfried Katz hat sich in den Räumen der Bornstrasse 22, dem „Sternträger-Ghetto", zur Zwangsarbeit zur Verfügung zu halten.

DREI 23.6.43. Der Kapellmeister und Organist Hermann Cerini wird nach Theresienstadt und mit Transport E.v. 1685 nach Auschwitz überführt, von wo er nicht zurückkehrt.

EINS Bruno Loesers Ehe wird am 25. 6.1943 geschieden.

ZWEI Hans Lövinson, der Versemacher, leistet Zwangsarbeit, wie die anderen.

EINS Die Stadt erlebt den Feuersturm.

DREI Die Anspannungen werden unerträglich.

ZWEI Marcel und Martha Taterka verlassen Hamburg, ohne sich abzumelden.

DREI Willy Schottländer verliert seine Instrumente, auch das Cello.

EINS Leopold Asser stirbt im November 1943 an einem Herzleiden.

ZWEI Sallie Rosenthal, der rückwärts in die Ewigkeit Lesende, erliegt einem Herzleiden.

DREI Bruno Loeser, nunmehr geschieden, kommt nach Theresienstadt.

EINS Postkarte
Stempelaufschrift: Eigene Vorsorge Bester Unfallschutz 12.7.44
[An] Frau Cl.[ausine] Loeser

ZWEI Theresienstadt, 14.6.44
Liebes! Nur von Dr. Iflar hörte ich, der mir meine Brille und Schuhe nachsandte. Ich danke Dir herzlichst für Deine Zuschrift, über die ich sehr glücklich war. Mir geht es sonst gut, auch mein Herzleiden ist erträglich.
Bitte, lass bald wieder von Dir hören, auch hoffe ich auf des Kindes Nachricht.
Innigste Grüsse
Bruno Loeser

Musik

DREI Hamburg. Der Vorhang gibt nur einen kleinen Ausschnitt der Bühne frei, in dem ein Empiretisch, eine Öllampe tragend, und ein schlichter Stuhl stehen.

EINS Der Schauspieler Wolf Beneckendorff spricht Matthias Claudius.

ZWEI Kriegslied
Was sollt ich machen, wenn im Schlaf mit Grämen
Und blutig, bleich und blaß,
Die Geister der Erschlagnen zu mir kämen,
Und vor mir weinten, was?

DREI ´s ist Krieg! ´s ist Krieg! O Gottes Engel wehre,
Und rede du darein!
´s ist leider Krieg - und ich begehre
Nicht schuld daran zu sein!

EINS Der Kritiker des „Mittagsblattes" lobt die Sprachkultur des Vortragenden und bemängelt die nicht immer glückliche Auswahl der Texte.

ZWEI Bruno Loeser, unter Transp.Nr. VI/9-31 von Hamburg nach Theresienstadt deportiert, wird am 26.10.44, zwei Tage vor Hermann Cerini, unter Transp.Nr. Ev 1664 nach Auschwitz verschickt. Schicksal unbekannt.

EINS Im bunten Teil des Abends des 9. Mai 1942, Bornstrasse 16, draußen war es noch hell, die Verdunkelung noch nicht installiert, hatte er das „Hexenlied" von Ernst von Wildenbruch rezitiert:

DREI „Ein altes Lied Großmutter sang,
ich lernt' es ihr ab, weil so süss es klang.
Ich sang's und wusste nicht, was es bedeute,
da griffen sie mich, hartherzige Leute,
und sperrten mich in den finsteren Turm;
sie sagen, es sei der höllische Wurm,
der singe aus mir zu der Menschen Verderben.
Drum soll ich morgen im Feuer sterben."

Musik

EINS „In der Musik der Wille zum Leben" – diesen Satz hat der Komponist Viktor Ullmann in Theresienstadt geprägt.

ZWEI Er gilt auch für den Kreis der ‚Oase' und die kleine Hausgemeinschaft Bornstrasse 16.

DREI Ein Polizist, der zum Regisseur wird, ein Rezitator, eine Schülerin, eine Schauspielerin, ein Buchhalter, ein Reklame-Vertreter, ein Handelsvertreter, eine Pianistin haben über die Musik, das Theater, die Literatur ihren Weg der Selbstbehauptung, des Lebenswillens und des geistigen Widerstands gefunden.

ZWEI Schluss-Ansage Hans Lövinson:

EINS Nun heisst's von Frau Musica Abschied genommen:
Wir hoffen, es ist Ihnen gut bekommen!
Und wenn wir verlassen nun diesen Ort,
versteh'n wir im Herzen Hans Sachsen's Wort:

ZWEI „Ehrt unsere grossen Meister, dann bannt Ihr böse Geister!"

DREI Heute befindet sich die "Mathilde-Bar" in dem Haus, eine Bar für Kunst und Literatur.
Jeden Sonntag können gelesene Bücher gegen Getränke getauscht werden.

EINS In Litauen, seinem Heimatland, ist Dr. Jakob Sakom
von deutschen Einsatzgruppen umgebracht worden.

ZWEI Die Cello-Etüden von Dr. Jakob Sakom sind heute noch zu kaufen.

Musik

BITTE NICHT WECKEN

EINS
ZWEI
DREI
VIER
FÜNF
SECHS

DR. MANFRED HOROWITZ

FÜNF Am 14.11.1937 um 11,30 Uhr wurde ich auf ein telefonisches an Wache gestelltes Verlangen nach dem Loogestieg 7 ptr. b. Frau Kuhn beordert.
Dort fand ich den Rechtsanwalt Dr. Manfred Horowitz, geb. 15.1.1880 in Hamburg, tot im Bett vor.
Im Papierkorb fand ich verschiedene zerbrochene Gläser und eine Pille.
Der Distriktsarzt Dr. Moltrecht erschien um 13,05 Uhr und stellte den Tod (durch Vergiftung) fest. Er ordnete Überführung ins Hafenkrankenhaus an.
Während unserer Anwesenheit erschien der Bruder des Verstorbenen Edwin Horowitz.
[gez.] Schult
Pol.Rev.Oberw. 895

DREI Bereitschaftsdienst   Hamburg, den 14. November 1937
Die Logiswirtin Elisabeth Kuhn, wohnhaft Loogestieg Nr. 7 ptr., sagte auf Vorhalt aus:

EINS „Gestern Abend gegen 20 Uhr habe ich ihm noch Tee in sein Zimmer gebracht und erzählte er mir, dass er heute zu einer Trauung gehen wollte. Da nun Dr. Horowitz gegen 11 Uhr noch nicht auf war, klopfte ich an seiner Zimmertür, aber er meldete sich nicht."

DREI Der Bruder des Verstorbenen, Kaufmann Edwin Horowitz, geb. 6.6.1881 in Hamburg, wohnhaft Klosterallee Nr. 9 I., erklärte, dass er soeben mit der gesch. Frau seines Bruders in Berlin telephoniert habe und habe diese ihm mitgeteilt, dass [Manfred Horowitz] bis zum 18.11.37 das Reichsgebiet zu verlassen habe. Warum er ausgewiesen werde, sei ihm nicht bekannt.
Auf dem Schreibtische lagen noch ein Brief an seine gesch. Frau, sowie ein Brief an Frau Kuhn.

EINS Liebe Frau Kuhn
Ich danke Ihnen herzlich für alle Freundlichkeit und Liebenswürdigkeit.
Ich glaube, Sie können es mir nachfühlen, dass ich mich nicht von Mutti und Evi trennen kann.
Ihr Manfred Horowitz

ZWEI Liebe Mutti
Ich kann nicht ohne Dich und Evi leben.

Nun lebe wohl. Ich danke Dir herzlich dafür, dass Du mein Leben mit Schönheit angefüllt hast und dass Du mir Evi geschenkt hast, den Gipfel aller Wonne. Küsse sie von mir, wie ich Dich küsse   Dein Mani

MARTIN COBLINER

VIER   Staatliche Kriminalpolizei   Hamburg, den 10.11.1938
Auftragsgemäss sollte am heutigen Tage um 7,15 Uhr der in der Liste unter Nr. 381 aufgeführte Dr. med. Salomon Klein, geb. 3.12.98 in Chrzanow, wohnhaft Grindelallee 81 III, festgenommen werden. Bei der vorgenommenen Haussuchung wurde eine Wohnungstür verschlossen vorgefunden, bei der der Zimmerschlüssel von innen aufsteckte. Auf Befragen erklärte Frau Klein, dass dieses Zimmer an den ledigen Musiker und Juden Martin Cobliner, geb. 9.12.1892 in Posen, vermietet sei.
Von uns wurde nunmehr laut das Öffnen der Tür verlangt.
Trotz mehrmaliger Aufforderung, auch durch Frau Klein selbst, wurde jedoch nicht geöffnet, im Gegenteil, es wurde bemerkt, wie der Schlüssel von drinnen nochmals umgedreht wurde. Wir öffneten nunmehr die Tür und stellten fest, dass Cobliner bereits aus dem Fenster gesprungen war.
Durch das 25. Revier wurde sofort die Krankentransportkolonne verständigt.

FÜNF   Wie von dem Hafenkrankenhaus mitgeteilt wurde, war Cobliner bei seinem Eintreffen dort bereits verstorben.

VIER   Das Zimmer wurde verschlossen und versiegelt. Weitere Ermittlungen über den Selbstmord des C. konnten auf Grund Mangel an Zeit nicht getroffen werden.
[gez.] Heck
Kriminaloberassistent

SUSANNE MAY

FÜNF Staatliche Kriminalpolizei   - Kriminalpolizeileitstelle Hamburg -
Leichensachen!   [Susanne] May geb. Blumberg
Hamburg, den 7.5.38
Der zuständige Distriktsarzt Dr. Zipperling erklärte auf Befragen, dass als
Todesursache nur Gasvergiftung in Frage käme.
Anschließend wurde die Wohnung aufgesucht. Hier lag die Verstorbene,
nur mit einem Hemd bekleidet, im Schlafzimmer im Bett.
Es wurden 2 Zettel vorgefunden, die dem Bericht beigefügt sind.
Der Ehemann May gab auf Befragen an:

SECHS „Ich bin Jude. Meine Frau ist Halbjüdin. In letzter Zeit habe ich eine
gewisse Schwermut bei meiner Frau wahrgenommen. Grund dafür ist einesteils
die heutige Zeit. Meine Frau leidet unter den heutigen politischen Verhältnissen.
Andernteils ist ihr bekannt, dass mein Geschäft schlechter wird.
Als ich gestern abend gegen 7,00 Uhr fortging, habe ich nichts Besonderes an
ihr wahrgenommen. Mir fiel nur auf, dass sie sich Kuchen wünschte, den ich
ihr besorgte. Solche Wünsche hat sie sonst nie geäußert."

FÜNF Die Todesbescheinigung wurde dem Ehemann May behändigt und die
Leiche in der Wohnung belassen.
Voigt
Krim.O.Asst.

EINS [Zettel]
Vorsicht kein Licht
Gasgefahr

ZWEI [Zettel]
Ich liebe Dich!

MORITZ MARCUS FÜRNBERG

VIER Staatliche Kriminalpolizei   Kriminalpolizeileitstelle Hamburg
3. Kommissariat   Hamburg, den 21. Nov. 1938. So.
Von der Sengelmannstrassenbrücke ist am Dienstag, den 15. ds. Mts. der Jude
Moritz Marcus Fürnberg, geb. 20.4.79 in Schaffa Kr. Znaim, Tapezierer,
Rossberg Nr. 30 II, ins Wasser gesprungen.
Die mit ihm ins Wasser gesprungene aber gerettete Kriegerwitwe Olga Marie
Wilhelmine Albertine Bachmann geb. Rommel, geb. 10.3.83 in Hamburg,
gibt zu diesem Fall folgendes an:

EINS An Fürnberg habe sie sehr gehangen, da er ein ordentlicher und guter
Mensch gewesen sei. Wegen der in letzter Zeit akut gewordenen Judenfrage, als
sich die Dinge bezüglich der Judenfrage immer mehr zuspitzten, sodass Fürnberg befürchten musste, schliesslich ohne Arbeit und Brot dazustehen, hätten
sie beschlossen, gemeinsam aus dem Leben zu gehen.
Am Abend des 15. November seien sie zur Sengelmannstrassenbrücke gegangen
und hätten sich angefasst, um zusammen ins Wasser zu springen. Sie, Frau
Bachmann, hätte plötzlich allen Mut verloren, ihr Vorhaben auszuführen und
hätte geweint. Darauf hätte Fürnberg gemeint, dann müsse er es alleine tun und
hätte sie losgelassen und sei alleine ins Wasser gesprungen, worauf sie ihm
gefolgt sei. Sie sei garnicht mit dem Kopf unter Wasser gewesen, hätte auch
Fürnberg noch zu fassen bekommen und ihn mit der einen Hand und den
Beinen gehalten. Er hätte verschiedentlich versucht, sie von sich abzuschütteln,
um wirklich zu ertrinken. Frau Bachmann hätte mit dem anderen freien Arm
immer im Wasser gerudert und versucht, sie beide über Wasser zu halten.
Infolge des Sichwehrens des Herrn Fürnberg, der ernstlich den Tod suchte, sei
sie bald ermüdet und hätte ihn loslassen müssen. Da sie nicht den Mut gehabt
hätte, mit ihm zu sterben, habe sie um Hilfe gerufen. Sie meint, es sei ein Soldat gewesen, der ihr einen Haken zugeworfen habe.

VIER Frau Bachmann ist der festen Überzeugung, daß Fürnberg ertrunken sei,
doch konnte die Leiche noch nicht geborgen werden.
Uecker
Kriminalsekretär

DR. PHIL. ERNST WULFF

DREI 42. Polizeirevier   Hamburg, den 1. Dezember 1938
Dr. phil. Ernst Wulff, wohnh. Beim Gesundbrunnen 14 I.
Bei unserm Eintreffen in der Wohnung fanden wir den Wulff tot im Bette liegend vor. Auf dem Nachtschrank befand sich außerdem ein Abschiedsbrief, worin Dr. Wulff genau den Vorgang seines Selbstmordes schildert.
Mischke
Pol.-Hauptw. 1874

SECHS [Briefumschlag]
Inhalt: Ein eingelieferter Brief. Geschrieben von Dr. Wulff.
Vermerk: Der Brief wurde zur Lehrmittelsammlung genommen.
Thomsen
K.K.A.

OTTO HESSE

FÜNF Hamburg, den 4. Dezember 1938
[Hesse, Otto, Heinrich, geb. 12. September 1873, wohnhaft Hbg.-Lokstedt 1, Werderstr. 14]. Der Verstorbene war bei den Aktionen gegen die Juden aus Anlaß der Pariser=Mordtat festgenommen worden und in das Konzentrationslager in Sachsenhausen b./ Oranienburg geschafft worden.
Infolge seines Alters wurde er vor ca 10 Tagen dort entlassen.
Während seine Ehefrau am 3.12.38, nach 22 Uhr, zu Bett ging, blieb
der Verstorbene noch auf.
Die Ehefrau des Verstorbenen hat sich nach ihrer kurzen Ohnmacht bald erholt.

DREI Hamburg, 4.XII.38
An Polizeibehörde
An der vor dem Gasherd sitzenden Leiche ist außer den kirschroten Totenflecken nichts Wesentliches festzustellen.
Dr. Moltrecht
Distriktsarzt

JULIUS ASCH

VIER Schutzpolizei
94. Pol. Rev.   Hamburg, den 12. Jan. 1939
Am Donnerstag, den 12.1.39 wurde der Wache von dem Arbeiter Karl Wilke, hier, Am Eiland 3, fernmündlich mitgeteilt, dass am Strande, vor Strandweg 4 eine männliche Leiche eines etwa 50jährigen Mannes aufgefunden wurde.
Die Leiche lag nahe am Wasser zwischen den Eisschollen.
Höpner, Pol. Oberw. 838

SECHS 3. Kommissariat   Hamburg, den 13. Januar 1939
Heute erschien hier an der Dienststelle die Ehefrau Erna Asch, geb. Basse, geb. 1.6.1890 in Hamburg, wohnhaft Blankenese, Elbchaussee Nr. 30, und sagte sie aus:

EINS „Ich habe die Leiche im Hafenkrankenhaus als die meines Ehemannes [Kaufmann Julius Asch, geb. 30.8.75 in Rawitsch in Polen] anerkannt.
Mein Ehemann ist am 2.1.1939 um ca. 18 Uhr fortgegangen. Es ist anzunehmen, dass mein Mann eine große Flasche Nervophyll mitgenommen hat.
Es ist dieses ein Nervenberuhigungsmittel, in kleiner Dosis genommen.
Mein Mann wird eine größere Dosis mit Absicht genommen haben.
Evtl. hat er seinen Mantel auch bereits vorher ausgezogen, um in berauschtem Zustande schneller zu erfrieren."
v.g.u. Erna Asch, geb. Basse

LEO LOHDE

DREI 66. Pol. Rev.   Hamburg, den 7.4. 1939
Wurde das Rev. teleph. verständigt, dass sich Lohde, Hebbelstr. 15/II., erhängt habe. Auf dem Dienstfahrrade dort angelangt, fand ich Lohde noch hängend in der Küche vor.
Jürgens
Polizeimeister

SECHS Kriminalbereitschaftsdienst   Hamburg, den 7. April 1939
Der Verstorbene hatte einen dunklen Schlafanzug und Hausschuhe an.

Die Ehefrau des Verstorbenen, Anninetta Lohde geb. Helm, gibt folgendes zur Sache an:

ZWEI „Bis zum Juli 1938 war mein Mann Handelsvertreter bei der Firma Beyer in der Spaldingstrasse. Er hat diese Stellung aufgegeben, weil er als Volljude rechtzeitig für seine Auswanderung sorgen wollte. Es gelang meinem Manne aber nicht Beziehungen zu Amerika zu bekommen. Dann wandte er sich schriftlich nach Schanghai, hat aber noch keine Antwort erhalten.
Nach dem Mittagessen wollten wir alle, d.h. mein Mann, ich und unser 9jähriges Kind, spazieren gehen. Mein Mann sagte zu mir, dass er keine Lust habe. Ich sollte mit dem Kinde alleine ausgehen. Gegen 13,00 Uhr ging ich mit dem Mädchen aus und kehrte erst gegen 16 Uhr zurück.
Mein Kind eilte sofort in die Zimmer um ihren Vater zu suchen und fand ihn schliesslich in der Küche hängend vor. Den Grund zur Tat kann ich mir nur erklären, wenn ich annehme, dass mein Mann durch seinen Tod mir das Weiterverbleiben in Deutschland ermöglichen wollte, da ich Arierin bin."

SECHS Die zur Tat benutzten Leinenstreifen werden beigefügt.
Kelm
Kriminal-Oberassistent

EDWIN HOROWITZ

VIER Bereitschaftsdienst. Hamburg, den 14.9.1939
Am 14.9.1939, um 20,20 Uhr, wurde ich auf fernmündliches Verlangen des 24. Pol.Rev. zur Klosterallee 9 I. beordert, weil dort der Kaufmann Edwin Israel Horowitz Selbstmord durch Einnehmen von Gift verübt hatte. Die Ehefrau Betty Margarethe Maria Horowitz, geb. Schlu, machte mir folgende in meinem Dienstbuch unterschriebene Angaben:

EINS „Ich bin Arierin, mein Mann ist aber Volljude. Er hat unter der Rassengesetzgebung sehr gelitten und war seit dieser Zeit lebensmüde. Auch sein Bruder, der Dr. Horowitz, hat Selbstmord durch Einnehmen von Gift verübt. Gegen 17,45 Uhr ist mein Mann eingeschlafen."

VIER Der Abtransport der Leiche wurde vom 24. Pol.-Rev. veranlasst.
Höppner
Krim.-Oberass.

ADOLF ISRAEL

FÜNF   3.K. Ls. Israel   Adolf   Hamburg, den 27.1.41
Das 24.Pol.Rev. teilt fernmündlich mit, dass sich vor dem Hause Hamburg, Hochallee 104 der Kaufmann Adolf Otto Israel, geb. 9.9.92 in Hamburg, wohnh. Hbg., Werderstr. 49 b/Hertzel, erschossen habe.
Auftragsgemäß begab ich mich sofort zum Tatort, Hochallee 104. Israel wurde vor der Kellertür des elterlichen Hauses in sitzender Stellung vorgefunden. Im Schoße des Toten lag eine „Dreyse-Pistole. Am Kopf des Toten wurde eine Ein- und Ausschusswunde festgestellt. Neben der Leiche hatte sich eine große Blutlache gebildet. Von einer Befragung der Eltern wurde, auf Grund des erregten Zustandes derselben, Abstand genommen.
Die Schwester, Erna Israel, geb. 14.8.93 in Hamburg, befragt, erklärte:

EINS   Als ich heute das Haus verlassen wollte, bemerkte ich von der Haustürtreppe aus, eine im nebenliegenden Kellereingang sitzende Person, die mit Blut verschmutzt war. Als ich näher hinsah, mußte ich feststellen, daß es sich um meinen Bruder handelte, der sich erschossen hatte.

FÜNF   Israel war im Weltkriege Leutnant und hatte das EK I u. II. Auf Grund seiner nichtarischen Abstammung hat sich seine Frau von ihm scheiden lassen. Auf Grund seiner Abstammung war Israel lebensüberdrüssig geworden und hat sein Leben durch Erschießen beendet.
Die Leiche wurde dem Hafenkrankenhaus zugeführt.
Die Leichenempfangsbescheinigung folgt auf dem Dienstwege.
Bisping
Ap. Kr.Ass.

PAUL SALOMON UND LUCIA SALOMON GEB. KÖNIGSWERDER

DREI   [Zettel]
7 Uhr je 25 Tabletten Veronal und je 5 Diaethylbarbitur genommen.

SECHS   Hamburg, den 22.9.41
Das 24. Pol.Rev. teilte hier mit,

FÜNF dass sich in der St. Benediktstr. 29 ptr. ein jüdisches Ehepaar mittels Veronaltabletten vergiftet habe und bereits verstorben ist.

SECHS Wie festgestellt handelt es sich um die jüdischen Eheleute Paul Israel Salomon, geb. 29.6.65 zu Halle a.d. Saale, [und] Martha Lucia Sara S. geb. Königswerther, geb. 20.12.80 Leipzig, beide wohnh. Hamburg, St. Benediktstr. 29 ptr.
Die Eheleute lagen nur mit einem Nachthemd bekleidet in ihren Ehebetten. Auf dem Nachtschrank lagen 2 leere Ampullen mit der Aufschrift „Veronal". Daneben lag ein Zettel auf dem geschrieben stand „7 Uhr je 25 Tabletten Veronal und je 5 Tabletten Diäthylbarbitur genommen".

VIER Abschrift des Briefes der Eheleute Salomon an Herrn Dr. Sohege, Hamburg, Oderfelderstr. Hamburg 21/9. 41   St. Benedikt Str. 29
Sehr geehrter Herr Doktor.
Meine und meiner Frau Widerstandskraft gegen Leid und Qual, die über uns hereingebrochen sind, ist erschöpft. Wir werden heute Abend den hoffentlich gelingenden Versuch machen, unser Leben durch Veronal zu beenden. Haben Sie die Güte, den hoffentlich eingetretenen Tod festzustellen, gegebenenfalls aber um Gottes Willen keine Versuche zu machen, uns ins Leben zurückzurufen.
Mit aufrichtigem Danke
P. Salomon
Für die Richtigkeit dieser Abschrift:
Wach
Krim.-Ass.

ANNA BLUMENFELD UND OLGA KAUFMANN

DREI Bereitschaftsdienst f. unnatl. Todesfälle   Hamburg, den 24.10.41.
Heute morgen wurde von dem 15. Pol.Rev. fernmündlich mitgeteilt,

FÜNF dass in dem Isekai 15 zwei Personen in der Wohnung tot aufgefunden worden sind. Es handelt sich um zwei Jüdinnen, die in selbstmörderischer Absicht aus dem Leben geschieden sind.

DREI Anschließend begab sich der Unterzeichneter an den Leichenfundort und stellte folgendes fest:

VIER In der bezeichneten Wohnung wurde die Ehefrau, jetzige Ww. Olga Sara Kaufmann, geboren am 26.1.77 zu Berlin, in ihrer Küche liegend tot aufgefunden, während die Schwester der Kaufmann, die ledige Anna Sara Blumenfeld, geboren am 24.10.75 [Geburtstag], im Wohnzimmer infolge Verblutung tot aufgefunden wurde. In einer Stube wurde auf einem Schreib-tisch liegend der eingezogene Evakuierungsbefehl für die Blumenfeld vor-gefunden.

FÜNF Die Blumenfeld lag in einem Bett. Neben dem Bett stand ein Eimer, der fast bis zur Hälfte mit Blut gefüllt war. Im Bett hatte die Tote eine Schüssel neben sich stehen, in der auch Blut zusammengelaufen war. In die Gefäße hatte die Tote die Arme gelegt. Unmittelbar am Bett stand ein sogn. Rauchtisch, auf dem Tisch lag ein auseinander genommener Rasierapparat. Die Rasierklinge war blutbefleckt. Außerdem lag noch ein größeres Messer mit gezahnter Klinge, ebenfalls stark blutbefleckt daneben. In einer Tasse stand ein Rest mit einer Flüssigkeit, die auch von Blut durchsetzt war. Auch der Tisch war vollkommen mit Blut überlaufen.

SECHS In der Küche war vor dem Küchenherd die Wohnungsinhaberin tot umgefallen. Auch bei der Kaufmann wurden Schnittwunden an den Unterarmen festgestellt. Die Stange am Gasherd sowie die Hähne waren blutbeschmutzt, wonach zu vermuten ist, dass diese erst nach den Schnittverletzungen geöffnet wurden.

VIER Ein Evakuierungsbefehl gegen die Kaufmann wurde nicht gefunden; scheinbar hat sie die Evakuierung ihrer Schwester nicht überleben wollen und ist mit derselben aus dem Leben geschieden.

DREI Geschlossen mit dem Bemerken, dass die Leichen nach dem Hafenkrankenhaus gebracht worden sind. Der Evakuierungsbefehl sowie ein Formular über Vermögensaufstellung ist eingezogen und beigefügt, die Lebensmittel-karten sind von der Schutzpolizei sichergestellt worden.
Fromhagen
Kriminalsekretär

EINS Abschrift
Wir bitten auf dem Urnenfriedhof auf unserer Grabstätte bei unseren nächsten Angehörigen, nach erfolgter Einäscherung, beigesetzt zu werden.
gez. Olga Kaufmann

ZWEI gez. Anna Blumenfeld
Camilla Fuchs und Thekla Daltrop geb. Fuchs

SECHS 34. Polizeirevier   Hamburg, den 24. 10. 1941
Um 15,10 Uhr, erschien in der Rev. Dienststelle der Hauswart Joseph Israel
Polack, wohnh. Hamburg, Großneumarkt 56 Hs. A I, und meldete,

VIER dass sich in der II. Etage des Hauses Großneumarkt 56 Hs. A 2 Jüdinnen
mit Leuchtgas vergiftet hätten.

SECHS Bei meinem Eintreffen fand ich die Camilla Sara Fuchs [geb. 1.1.1886
in Prag, Choristin und Pensionärin der Hamburgischen Staatsoper] und ihre
Schwester Thekla Sara Daltrop, geb. Fuchs, geb. 28.5.1883 in Prag, vor. Sämtliche Öffnungen, Fensterritzen, Türritzen, Wasserhahn, Schlüssellöcher usw.
waren mit Papier und Zeug abgedichtet. Der Hausverwalter Joseph Israel Polack
machte mir auf Befragen folgende Angaben:

DREI „Die Witwe Daltrop hat am 21.10.1941 einen Auswanderungsbefehl
bekommen. Da starker Gasgeruch in der Wohnung war, habe ich den Gashaupthahn sofort geschlossen. Dann benachrichtigte ich die Pol.Wache."

SECHS Unterschrift in meinem Merkbuch.
Die Hamburger Gaswerke wurden fernmündlich verständigt.
Beckmann
Rev.Ob.d.Sch. 1561

VIER Bereitschaftsdienst für unnatürliche Todesfälle   Hamburg, den 24.10.1941
In der Küche der Wohnung saßen auf zwei Korbsesseln zwei weibliche Leichen,
bei denen bereits die Totenstarre eingetreten war. Auf dem Küchen-tisch waren
Photographien aufgestellt. Außerdem lagen dort Evakuierungs-befehle Nr. 415
und 1205. Weiter lag hier ein handbeschriebener Zettel ohne Unterschrift. Der
Zettel ist beigefügt. Es liegt hier einwandfreier Selbstmord vor. Grund dürfte
der Evakuierungsbefehl sein.
Kamps
Krim. Oberass.

ZWEI [Zettel]
Unser letzter Wunsch.
Wir bitten dass Frau Simon nicht unsere Leichen bewacht.
Dann bitte die blaue Tasche braunen Hut Herrn Harriel Elias für unsere

Schwester Pauline zu übereichen. Das Geld für Beerdigung wird nach Olsdorf überwiesen. Dann möchte ich [Thekla Daltrop] meinen Trauring anbehalten.

DREI Der Polizeipräsident
V 4 3058/41 L und 3061/41 L   Hamburg, den 29.10.41
Von den am 24.10.41 verstorbenen jüdischen Schwestern Thekla Sara Daltrop geb. Fuchs und Camilla Sara Fuchs wurden an Nachlasssachen hier eingeliefert:
1 Halskette
einige Papiere
1 Militärpaß
1 Trauring
Erhalten Finanzamt Hamburg-Dammtor
[gez.] Jordan

JULIUS SCHWABE

FÜNF Krim. Bereitschaftsdienst   Hamburg, den 28.10.41
Gegen 17,30 Uhr, teilte das 24. Pol.Revier mit,

VIER dass sich in der Hansastraße 57 auf dem Boden der Jude Julius Israel Schwabe, geb. 29.5.83 in Jever, wohnhaft Hansastraße 57 II bei Lewandowski, erhängt habe.

FÜNF Auf dem Hausboden lag auf dem Fußboden der Verstorbene. Die Leiche zeigte am Hals die gewöhnlichen Strangulationsmerkmale. Neben der Leiche lag eine große el. Lampe und offenbar hat der Tote diese zum Aufsteigen benutzt. Die Ehefrau des Verstorbenen, Henny Sara Schwabe, geb. Josephs, gab an, dass sie in ihrem Zimmer einen Zettel von ihrem Manne gefunden habe und daraufhin die Leiche oben auf dem Boden entdeckt habe. Der vorgelegte Zettel hatte folgenden Inhalt:

ZWEI „Geliebtes Mutti Herz. Ich bin oben auf dem Boden. Grüße die Kinder, Liese, Leni u. Kinder. Drehe Du den Gashahn auf, es ist kein Leben. Besser so. Ich dank Dir herzl. für alle alle Liebe. Ich küsse Dich innigst Papi."

SECHS Der Grund des Selbstmordes ist in der dem Schwabe drohenden Evakuierung zu suchen. Da der Distriktsarzt die Leiche bereits besichtigt hatte, wurde von einem Transport in das Hafenkrankenhaus Abstand genommen.
Kamps
Krim. Oberass.

PAULA GANS

VIER 24. Polizeirevier　　　　　　　　　Hamburg, den 7. November 1941
Ich begab mich sofort dorthin und fand in der Straße Eppendorferbaum Nr. 10 eine Frau im Torweg liegen. Sie gab kein Lebenszeichen mehr von sich.
Der dort anwesende Israel Richard Gans, geb. 3.3.1877 in Leitmeritz, wohnhaft Eppendorferbaum 10 III, machte mir zu dem Vorfall nachstehende Angaben:

DREI „Ich wohne seit etwa 30 Jahren mit meiner Schwester zusammen. Vor einigen Tagen bekamen wir eine Aufforderung, dass wir beide evakuiert werden sollten. Meine Schwester war seit diesem Tage sehr aufgeregt und sagte schon wiederholt:

ZWEI „Ich mache nicht mit, ich mache Schluß."

DREI Heute, gegen 10,00 Uhr saßen wir noch in der Küche zusammen beim Frühstück. Ich ging danach mit einem Bekannten in eines der hinteren Zimmer um meine Sachen zu packen. Nach einer Weile hörten wir einen dumpfen Aufschlag. Wir dachten uns jedoch nichts dabei und packten weiter. Nach ein paar Minuten klingelte eine Nachbarin bei mir und sagte mir, dass unten im Hof eine Frau liege, die soeben aus dem Fenster gesprungen sei. Als ich hinzu kam, stellte ich fest, dass es meine Schwester war."

VIER Die Kriminalpolizei Leichenstelle, Uecker, erhielt fernmündlich Kenntnis. Da die Leiche wegen der Aus- und Einfahrt der Kraftwagen im Torweg nicht liegen bleiben konnte, ordnete Uecker an, dass die Leiche abtransportiert werden solle. Leichenbegleitschein, Leichentransportschein usw. wurden dem Begleiter des Leichenwagens nachträglich übergeben.
Funck
Hauptwachtm. d.Schp.

DREI Kriminalbereitschaftsdienst   Hamburg, den 7.11.41
Bei meinem Eintreffen war die Leiche der Gans bereits fortgeschafft.
In der Wohnung Eppendorfer Baum 10 III. herrschte ein Durcheinander,
weil mehrere Juden mit ihren Sachen die Wohnung zur Evakuierung verließen.
[gez.] Rammelsberg
Krim.Sekr

DR. MED. MAX BESSER UND KÄTHE BESSER GEB. BISCHOFSWERDER

SECHS 3.K.V.   Hamburg, den 7.11.41
Das 25 Polz.Rev. teilt nach hier fnm. mit:

VIER Ehepaar Besser heute im Bett tot aufgefunden.

SECHS Bei meinem Erscheinen fand ich den Arzt Dr. med. Max Israel Besser, geb. den 28.10.77 in Lissa (Polen) und die Ehefrau Käthe Sara Besser, geb. Bischofswerder, geb. den 7.1.90 in Birnbaum, beide wohnhaft Bogenstr. 15 II., im Bett tot vor. Beide Personen waren bis auf Nachthemd entkleidet. Sie lagen engumschlungen in einem Bett. Welches Gift die Eheleute genommen haben, ließ sich nicht feststellen. Wie bei Nachbarn festgestellt wurde, sollten die Eheleute heute nach Litzmannstadt abgeschoben werden.
An Geld wurde RM 51,05 vorgefunden. Geld mit Brieftasche und Portm. folgen dem Bericht anbei. Die Wohnung wurde von Beamten des 25 Polz.Rev. versiegelt. Es handelt sich um eine Vierzimmerwohnung.
von der Fecht
Krim. Sekr.

BERNHARD HEYMANN, BERTA HEYMANN UND IDA HEYMANN

FÜNF 3.K.   Hamburg, den 8.11.41
Am 7.11.41 um 16,00 Uhr, teilte das [10.] Pol.Rev. fernm. mit, dass sich in der Haynstr. 19 V. die Geschwister Heymann, wohnh. daselbst, anscheinend mit Schlafmitteltabletten vergiftet haben.
Unterzeichneter begab sich mit dem Pol.Hauptw. Unger in die gent. Wohnung.
Es handelt sich um eine Wohnung, die von den Gesch. Heymann:

DREI 1. Bernhard Israel Heymann, geb. 10.8.78 Hamburg,
2. Berta Sara Heymann, geb. 17.8.75 Hamburg und
3. Ida Sara Heymann, geb. 2.1.77 Hamburg,

FÜNF bewohnt wurde.
In einem Zimmer der Wohnung wohnen die beiden Schwestern Berta und Ida Heymann, je in einem Bett liegend, tot aufgefunden. Beide waren mit einer Bettdecke bedeckt und mit Schlafanzügen bekleidet. Im Nebenzimmer lag der Bruder Bernhard Israel Heymann, mit Schlafanzug bekleidet und mit einer Wolldecke bedeckt, auf einem Liegesofa. Auf einem Tisch lag ein Brief-umschlag mit Aufschrift: „Für unsere Bestattung Rm 392,-"
Ferner lagen auf dem Tisch zusammengelegte Ausweispapiere und ein Evakuierungsbefehl [Nr. 250]. Die Rm 392,- folgen dem Bericht anbei. Außerdem wurden in der Wohnung mehrere leere Weinflaschen und Weingläser und eine Kaffeetasse mit weißem Pulver vorgefunden.
Ein fremdes Verschulden scheidet nach Sachlage aus.
Rechlin
Krim.-Sekr.

ANNA FÜRTH GEB. FRANK UND PAULA FRANK, GEB. MEYER

VIER Bereitschaftsdienst für unnatürliche Todesfälle
Hamburg, den 11. November 1941
Auf Grund der telephonischen Mitteilung des 24. Polizei Reviers begab ich mich an den Tatort. In der Küche, auf den auf dem Fußboden hingelegten Matratzen und mit einer Bettdecke zugedeckt, lagen nebeneinander

EINS 1.) die Witwe Paula Sara Frank, geb. Meyer, geb. 22.12.1872 in Köln a.Rh. und

ZWEI 2.) deren Tochter, geschiedene Ehefrau Anna Sara Fürth, geb. Frank, geb. 19.2.1899 in Hamburg.

VIER Soweit festgestellt werden konnte, hatte die Frank sich die Pulsadern der rechten Hand geöffnet, während die Fürth sich die Pulsadern der linken Hand geöffnet hatte. Zur Tat waren zwei Rasierklingen benutzt worden. Auf dem Küchentisch stand eine Waschschüssel, die halbvoll Blut war. Zu ersehen war, dass beide Personen auch noch Somnifin-Schlafpulver zu sich genommen hatten. Eine Packung davon stand auf dem Tisch, woselbst sich auch noch eine Kaffeetasse mit Resten befand.
Sodann haben sie die 3 Hähne des dort stehenden Gaskochers geöffnet und sich dann wahrscheinlich auf die Matratzen gelegt. Die Türritzen waren mit Papier verstopft. Der Schlüssel hat innen gesteckt.
Irgendwelche Abschiedsbriefe wurden nicht vorgefunden.
Es handelt sich um einen gut erhaltenen Hausstand und ist auch noch mehrere Wäsche vorhanden.
Der Hauswart Rudolf Drewes, geb. 15.9.1878 in Garding, wohnt St. Benedictstrasse 29, Keller, sagte aus:

FÜNF „Im September d. Js. hat hier im Hause ebenfalls ein Jude Selbstmord begangen. Die Frau Frank äußerte oftmals, wenn sie doch auch bloß solchen Mut aufbringen könne. Bekannte der Frank sollen bereits evakuiert sein."

VIER [gez.] Uecker
Kriminalsekretär

RUTH PRAUSE UND KARL SCHOBER

SECHS Kriminalbereitschaftsdienst für unnatürliche Todesfälle
Hamburg, den 19. November 1941
Das 37. Pol.Rev. teilte heute um 9,50 Uhr dem 3. K. mit, dass Passmannstr. 7
III. b. Prause ein zweifacher Selbstmord durch Gasvergiftung vorläge.
Die Wohnung war verdunkelt, die Küchentür von innen mit Papierstreifen zugeklebt gewesen. In der Küche hat das Licht einer Tischlampe gebrannt.
In der Küche befanden sich in je einem Sessel die Leichen der Jüdin Prause und des Schober. Die Leichen lagen in einer schlafenden Stellung.
Auf dem Tisch lagen diverse Papiere (Abstammungsurkunden und sonstige Schriftstücke) Abschiedsbriefe und vor dem Platz des Schober der Betrag von 10,77 RM, auf der anderen Seite des Tisches 8,50 RM.
Aus den vorgefundenen Urkunden ließ sich feststellen, dass es sich bei der Frau um die Witwe Ruth Wilhelmine Sara Prause geb. Jacobson, geb. am 13.8.98 in Hamburg, Kennkarte: J Nr. 12 101, und um deren Untermieter - nach dem vorgefundenen Meldeschein dort wohnhaften Heizer Karl Schober, geb. am 16.3.1880 in Gschwend - handelt. Es muß angenommen werden, dass Schober der Liebste der Jüdin war.
Beide haben ein Abschiedsschreiben nachstehenden Inhalts hinterlassen:

EINS „Ich scheide aus dem Leben, denn als gezeichneter Mensch kann ich nicht leben. Gott hat mich nicht gezeichnet und Menschen, denen ich nie etwas getan habe, haben kein Recht dazu.
Geld für das verbrauchte Gas für die Gaswerke; denn ich will keine Schulden hinterlassen. Ich bin noch keinem Menschen etwas schuldig geblieben.
R.[uth] Prause
Ich bitte den alten Mann mit mir zusammen beizusetzen u. zwar auf dem Grabe meines verstorbenen Mannes. Das Grab ist mein Eigentum und können die Urnen dort beigesetzt werden.
Grabbrief Nr. P.K.15/218, Kapelle 4 Ohlsdorf."

SECHS Die Abschiedsbriefe sind dem Bericht Bl. 2 beigefügt worden.
Das Geld, 10,77 und 8,50 RM gleich 19,27 RM folgen dem Bericht.
Rammelsberg
Krim.Sekr.

ALBERT HIRSCH

VIER Kriminalbereitschaftsdienst für unnatürliche Todesfälle
Hamburg, den 1.12.41
Um 17,00 Uhr teilte das 11. Pol.Rev. fernmündlich folgendes mit:

DREI „Der Kaufmann (Jude) Albert Israel Hirsch, 24.9.78 in Mogilno, wohnh. Elmshorn, Lornsenstraße 35 ist heute in der Herrentoilette des jüdischen Friedhofs an der Ihlandstraße erhängt aufgefunden worden."

VIER Ich begab mich sofort nach dem Tatort. Hier sagte der Leiter des Friedhofsbüros, Julius Meiberg, aus:

FÜNF „Hirsch kam heute hier in das Büro. Er zog sich hier den Mantel und das Jackett aus und verließ wieder das Büro. Da er nicht zurückkehrte, beauftragte ich den Friedhofswärter, Umschau nach Hirsch zu halten. Er wurde dann in der Herrentoilette im Friedhofsgelände hinter dem Büro erhängt aufgefunden."

SECHS An Ort und Stelle wurde folgendes festgestellt:
Hirsch lag in der Toilette auf dem Rücken. Der Hut hing an der Tür, Schlips und Kragen auf dem Türdrücker. Die Strangulationsfurche befand sich an der rechten Halsseite. Zwischen den Sachen wurden gefunden:

ZWEI Ein Abschiedsbrief

EINS Zwei Testamente

ZWEI 1 Portemonnaie mit RM 33,36

EINS 1 silberne Uhr mit Anhängsel und

ZWEI 1 Brieftasche mit Ausweispapieren.

SECHS Die Leiche wurde der Leichenhalle des Hafenkrankenhauses zugeführt.
Kruse
Kr.Sekretär

DREI [Abschiedsbrief]
Sobald ich aufgefunden worden bin bitte ich sofort Beneckestr. 2 anzurufen und
Herrn Dr. Simonsohn meinen Tod zu melden.
Albert Hirsch
Gebetmantel u. Kittel liegt in meiner Aktentasche

VIER [Abschiedsbrief]
Die schwarzen Strümpfe und die Aluminumflasche sind für Fräulein Paula
Israel, Rutschbahn 11 bestimmt. Frl. I.[srael] muß am 4.12. nach Polen.
Ich bitte Frl. Israel nebst Mutter von mir herzliche Grüsse zu bestellen.
Albert Hirsch

DREI [Abschiedsbrief]
Das in der Tasche befindliche Halstuch ist für Fräulein Lissauer bestimmt,
auch sie muss nach Polen. Frl. L.[issauer] danke ich herzlichst für ihre
Bemühung, die sie mit meiner Auswanderung hatte. Auch dieser Dame meine
allerbesten Grüsse.
Albert Hirsch
Die grauen Strümpfe sind für Herrn Zdiko Beneckestr. 2, der auch nach Polen
muß.

SOPHIE GOLDSTEIN

SECHS [Fernschreiben]
4. Dez. 1941, 10,45 Uhr   an alle rev   u   kr
hier als vermisst gemeldet die volljuedin sofie goldstein,
wohnh hamburg langereihe 84 hs 2 ptr
vermutlich selbstmord aus angst vor evakuierung nach polen.
nachricht nach hier
Kriminalpolizeileitstelle   Bereitschaftsdienst

FÜNF S.W.-Revier 4   Hamburg, den 4. Dezember 1941
Heute um 13.45 Uhr teilte das SW.-Revier 2 fernmündlich mit, daß dort von
K. (Vermisstenstelle) die Meldung über Bergung eines menschlichen Oberschen-
kels an der Alsterschleuse eingegangen wäre.
Die Mstr.d.Sch. Rogge und Schlicke suchten die Fundstelle ab und fanden
ganz unten im Schleusentor eingeklemmt, durch Hautfetzen und Kleidung

zusammengehalten, einen Arm, einen Oberschenkel und den Kopf einer weiblichen Person. Vermutlich ist die Leiche durch Öffnen und Schließen des Schleusentores zerquetscht und auseinandergerissen worden.
K. 3 (v.d. Fecht) erheilt fernmündlich Kenntnis, verzichtete aber auf eine Besichtigung am Fundort.
Uden
Mstr.d.Sch.

ANNA UND CLARA LEHMANN

DREI Geheime Staatspolizei   Staatspolizeileitstelle Hamburg II B 1
Hamburg 36, Stadthausbrücke 8, I. Stock Hamburg, den 4. Jan. 1942
Vorladung
Sie werden hiermit ersucht, sich am Dienstag, dem 6.1. 1942, in der Zeit zwischen 8,35 und 8,45 Uhr bei der Geheimen Staatspolizei, Staatspolizeileitstelle Hamburg, Düsternstr. 52, Stock I., Zimmer 1, unter Vorzeigung dieser Vorladung einzufinden.

Bei dringender Verhinderung wollen Sie die vorladende Dienststelle anrufen.
          Dienststelle : II B 1
          An Frau/Fräulein Anna Lehmann
          In Hamburg 20, Heilwigstr. Nr. 46
          Nagel, Sachbearbeiter

VIER Bereitschaftsdienst für unnatürliche Todesfälle Hamburg, den 6. Jan. 1942
Betr.: Leichensache Lehmann.
Bei dem Haus Heilwigstrasse 46 handelt es sich um ein jüdisches Pensionat, deren Inhaber die Verstorbenen waren.
Die Toten,

ZWEI 1. Frl. Anna Lehmann, geb. 8.9.78 zu Hannover,

EINS 2. Frl. Clara Lehmann, geb. 22.9.74 zu Hannover,

VIER   bewohnten im zweiten Stockwerk ein Zimmer, in dem zwei Betten nebeneinander standen. Die Verstorbenen lagen in ihrem Zimmer in den Betten.

Sie waren mit Nachthemden bekleidet. Auf einem Nachttisch stand eine Tasse und auf dem anderen ein Glas mit einer bräunlichen Flüssigkeit. Auf dem Nachttisch der Clara Lehmann lag ein Schreiben folgenden Inhalts:

EINS Wir bitten darum, verbrannt zu werden
gez. Cläre u. Anna Lehmann
5. Januar 1942

VIER Ferner lag auf einem Nachttisch eine Vorladung der Gestapo. Diese datierte vom 4.1.42. Die Vorladung der Gestapo wird die Abschiebung der Juden zum Gegenstande gehabt haben, so dass sie sich entschlossen, freiwillig aus dem Leben zu scheiden. Im vorliegenden Falle handelt es sich um einen einwandfreien Selbstmord der Jüdinnen, die anscheinend nicht ins Ghetto wollten.
Lühr
KOA

JACOB LEVY UND SARA LEVY GEB. FEHR

SECHS 66. Polizeirevier Hamburg, den 27. Februar 1942
Bericht (Juden)
Beim Betreten der Wohnung fanden wir im Wohnzimmer den Berufslosen Jacob Israel Levy, geb. 25.3.1867 in Hamburg, wohnhaft Leipzigerstrasse 19 ptr. auf einem Sessel sitzend bewusstlos auf. Die Ehefrau Sara Levy geb. Fehr lag bewusstlos daneben auf dem Fußboden. Auf dem Gasherd in der Küche lagen 4 leere Glashülsen mit der Aufschrift Veronaltabletten.
Das 3.K.K. erhielt Kenntnis.
Hintz
Hauptw.d.Sch. 4957

DREI 3.K.K. Kriminalbereitschaftsdienst für unnatürliche Todesfälle Hamburg, den 27.2.42
Die Ehefrau des Hauseigners, Else Schenebeck, gibt auf Befragen an:

EINS „Den Eheleuten Levy war von der Geheimen Staatspolizei aufgegeben worden, die Wohnung zum Ende dieses Monats zu räumen. Es sind dazu aber keine Anstalten von ihnen gemacht worden."

DREI Die Ehefrau des Hauswarts Martha Scharmer geb. v.Rönn, wohnhaft Leipzigerstr. 19 Keller, gab auf Befragen an:

ZWEI „Die Wohnung Levy liegt über der unseren. Gestern, Donnerstag wurde um 22 Uhr in der Wohnung Levy Klavier gespielt. So gegen 23 Uhr 30 Min. hörten wir Möbelstücke von vorn nach der hinten belegenen Küche tragen. Hier im Hause war allgemein bekannt, dass die Eheleute Levy ihre Wohnung räumen sollten. Um diesem aus dem Wege zu gehen, werden sie wohl übereingekommen sein, freiwillig aus dem Leben zu gehen."

DREI [gez.] Paulo
Kriminalsekretär

MARTHA HEYN

FÜNF Israelitisches Krankenhaus in Hamburg
Zur ärztlichen Behandlung ausschließlich von Juden berechtigt
Hamburg 13, Johnsalle 68   Hamburg, den 10.7.1942
An die Polizeibehörde Hamburg, Stadthaus
Heute wurde Frl. Martha Sara Heyn, geb. 8.3.79 in Hamburg, wohnhaft:
Frickestr. 24 Stift hier aufgenommen. Kennkarte J: B 00508, Hbg. 20.12.38
Diagnose: Schlafmittelvergiftung
Dr. Ernst Israel Wolffson
Zur ärztlichen Behandlung ausschließlich von Juden berechtigt

VIER Kriminalbereitschaftsdienst für unnatürliche Todesfälle
Hamburg, den 13. Juli 1942
Ein Wachbericht ist in dieser Sache nicht entstanden.
Die Martha Sara Heyn, geb. 8.3.1879 in Hamburg, bewohnte in der Frickestraße 24 III. (Zimmer 28), Martin-Brunn-Stift, mit den beiden Jüdinnen Henriette Sara Ploch, geb. 17.7.1864 in Hbg., und Helene Sara Ploch, geb. 22.8.1872 in Hbg., zwei Zimmer. Am Sonnabend haben sie Kenntnis erhalten, daß sie am 14.7.42 nach Theresienstadt evakuiert werden sollen. Wertsachen wurden in der Wohnung nicht vorgefunden. Die beiden Geschwister Ploch werden am 14.7.42 nach Theresienstadt evakuiert. Es handelt sich um einen einwandfreien Selbstmord durch Einnehmen von Schlaftabletten.
Motiv: Evakuierung.
Lohr, Kriminalsekretär

LIESELOTTE ISENBERG

SECHS 30. Polizei-Revier   Hamburg, den 10. Juli 1942
Bei unserem Eintreffen fanden wir die Volljüdin Lieselotte Sara Isenberg in ihrem im Keller des Hauses Esplanade 17 befindlichen Zimmer an einem Heizungsrohr mit einer Wäscheleine erhängt vor.
Das Zimmer wurde verschlossen und versiegelt. Der Schlüssel und die Leine, mit der sich die Tote erhängt hat, sind dem Bericht beigefügt.
Hartung
Hptw.d.Schp. 7019

DREI Der Polizeipräsident   Hamburg den 10.7.42
Im übrigen sollte die I. evakuiert werden und hat sich aus diesem Grunde das Leben genommen. Nach dem Gesetz unterliegt das Vermögen bzw. das Eigentum der Beschlagnahme durch das Reich.
Behrmann

VIER Hamburg, den 10.7.42
Sachenverzeichnis zur Leichenakte Isenberg Sara Lieselotte
Lfd. Nr. 1   Barmittel   23,54
Lfd. Nr. 2   Wertsachen   Briefmarken
                                    5 a 12 Pf.
                                    4 a 8 "
                                    36 a 6 "
                                    9 a 5 "
                                    9 a 4 "
                                    3 a 1 "

Lfd.Nr. 3   Sonstiges

                1 Evakuierungsbefehl
                1 Kennkarte
                1 Meldeschein
                1 Arbeitsbuch
                1 Lohnsteuerkarte
                1 Invalidenkarte
                1 Stammkarte
                1 Brotkarte A + B
                1 Seifenkarte
                1 Reichsfleischkarte
                1 Nährmittelkarte
                1 Kartoffelkarte
                1 Fettkarte
                verschiedene Kleidungsstücke, Wäschestücke sowie
                2 Plattenkoffer.
gez. Hartung

ZWEI Der Oberfinanzpräsident Hamburg   Vermögensverwertungsstelle
J 5/214
An den Herrn Polizeipräsidenten Hamburg   Hamburg, 9. Oktober 1942
Betr.: Betty Lieselotte Sara Isenberg, früher Hamburg, Esplanade 17 b/Nolda

Ich bitte, das bei der Isenberg vorgefundene Bargeld und sonstige Kleinigkeiten an die Oberfinanzkasse Hamburg, Hamburg 11, Rödingsmarkt 83, zu übersenden. Bestand an Wäsche, Kleidungsstücken usw. ist aufgenommen und wird zur Versteigerung der Gerichtsvollzieherei übergeben.
Im Auftrag
gez. Jordan
Beglaubigt
Petersen
Vertragsangestellte

EDUARD WEINBERG

DREI Geheime Staatspolizei
Tgb. Nr. II B 2

Staatspolizeileitstelle Hamburg
Hamburg, den 7. Juli 1942
Einschreiben!

Evakuierungsbefehl Nr. 3811
An Herrn Eduard Israel Weinberg,
geb. am 18.11.1876 in Altona,
in Hamburg
Schlachterstr. 46/47 Hs. 6 Wohg. 37
Ihre Evakuierung aus Groß-Hamburg wird hiermit befohlen.
Der Abtransport wird umgehend durchgeführt. Mit dem heutigen Tage unterliegen Sie und die angeführten Angehörigen für die Dauer des Transportes besonderen Ausnahmebestimmungen. Ihr und das Vermögen Ihrer oben genannten Angehörigen gilt als beschlagnahmt. Sie haben sich unter Vorlage Ihrer Kennkarte, Paß, Arbeitsbuch, Quittungskarten der Invaliden- oder Reichsversicherung und der Lebensmittelkarten am 10. Juli 1942 um 11 Uhr in dem Hause Hartungstr. 9/11 [durchgestrichen: Moorweidenstraße 36/ Logenhaus] einzufinden.
I.A.
Göttsche
Geheime Staatspolizei
Staatspolizeileitstelle Hamburg

SECHS Bereitschaftsdienst für unnatürliche Todesfälle
Hamburg, den 10.7.1942
Weiterbericht in der Leichensache Weinberg des 35. Pol. Reviers.

Auftragsgemäß begab sich Unterzeichneter in die Wohnung der Ehefrau Elise Holze geb. Kuhlemeier, wohnhaft Hamburg, Thalstrasse 27, Haus 10. Entsprechend befragt, sagte sie aus:

EINS „Eduard Israel Weinberg war von 1934 bis 1941 als Untermieter bei mir wohnhaft. Heute gegen 16 Uhr kam er zu mir in die Wohnung und wollte sich von mir verabschieden. Als er kam, sagte er zu mir, dass er grossen Durst habe; ich möchte ihm doch eine Brause holen. Bei meiner Rückkehr fand ich Weinberg mit dem Gasschlauch in den Händen auf dem Sofa in der Küche vor. Ein hinzugezogener Arzt konnte nur noch den Tod feststellen."

SECHS Weinberg lag auf einem Sofa. Auf einem Briefumschlag, in dem sicherlich der Befehl gewesen ist, hatte Weinberg folgendes geschrieben:

DREI Für mich so besser. Eduard Weinberg, geboren in Altona.

SECHS Evakuierungsbefehl und der genannte Umschlag sind dem Bericht beigefügt.
Lühr
KOA

VIER Hafenkrankenhaus   Leichensache Nr. 896/466
Ergebnis der ärztlichen Besichtigung:
Leiche eines älteren Mannes von kräftigem Knochenbau und in ausreichendem EZ. Starre vollk. Kirschrote Totenflecke an den abhängigen Partien.
Fingernägel kirschrot. Mediale Augenfalte. Judennase mit geblähten Nüstern, Haupthaar weißgrau, gr. Glatze. Gebiß sehr defekt.
Chem. Probe auf CO +. CO-Vergiftung.
Dr. Koopmann

ROBERT HIRSCH UND BASZION HIRSCH GEB. FLIESS

EINS [Abschiedsschreiben]
Hamburg d. 13.7.42
Bitte nicht wecken.

DREI 20. Pol.Rev.   Hamburg, den 14.7.1942
Am 14.742, um 8,45 Uhr wurde dem Revier mitgeteilt,

FÜNF dass sich in der Agathenstrasse Nr. 3 II, eine Judenfamilie vergiftet habe.   Rev.Oberw.d.Sch. Detgen wurde nach dort beordert.

DREI Bei meinem Eintreffen stellte ich fest, dass sich der Israel Robert Hirsch mit Ehefrau vergiftet hatte. Die Ehefrau war bereits verstorben. Israel Robert Hirsch geb. 30.8.63 in Offenbach, hatte Tabletten geschluckt.
Detgen   Rev.Oberw.d.Sch.

SECHS Kriminalbereitschaftsdienst für unnatürliche Todesfälle
                                                           Hamburg, den 14. Juli 1942
Es handelt sich bei der Wohnung um ein Zimmer in dem Hause des jüdischen Religionsverbandes. Die übrigen Räume und Zimmer sind von anderen jüdischen Personen bewohnt und zwar handelt es sich um solche, die zum heutigen Tage einen Bereitstellungsbefehl von der Geh. Staatspolizei zwecks Evakuierung erhalten haben. Der Abschiedsbrief

EINS „Bitte nicht wecken."

SECHS ist beigefügt.
Nordenbrück   Krim.Oberassistent.

VIER Hafenkrankenhaus   Leichensache Nr. 913/483 [Baszion Hirsch]
Ergebnis der ärztlichen Besichtigung
Leiche einer alten Frau von zartem Knochenbau und in ausreichendem EZ. Blassviolette Totenflecke an d. Vorderseite des Körpers und an den abhängigen Partien. Pupillen eng, Haupthaar kraus, ergraut. Judennase.
Tod durch Veronalvergiftung.
Dr. Koopmann

PAULINE WOLFF

FÜNF Staatliche Kriminalpolizei   - Kriminalpolizeileitstelle Hamburg -
Nachrichtensammelstelle für Vermisste und unbekannte Tote
Hamburg, den 16. Juli 1942
3.K.Ls. Wolff, Pauline Sara [geb. 30.1.70 in Leer/Ostfr., wohnhaft: Bogenstr. 27 I]
1.) Ein Polizeibericht ist nicht erwachsen.
2.) Motiv des Selbstmordes: Evakuierung.
3.) Karteikarte angelegt.
4.) U. dem Herrn Oberstaatsanwalt in Hamburg mit vorstehendem Arztbericht übersandt.
Im Auftrage
Klein
Elfriede David

VIER David, Elfriede Sara, geb. Perutz, geb. 25.1.84, Hamburg, wohnhaft Hamburg, Rotherbaum, Heimhuderstr. 70 II.
3.K.Ls.   Hamburg, den 17. Juli 1942
1.) Motiv des Selbstmordes: Evakuierung
2.) Karteikarte angelegt
3.) U. mit 2 verschlossenen Briefen dem Herrn Oberstaatsanwalt Hamburg übersandt.
Uecker
Kriminalsekretär

SOFIE JANSEN

SECHS 94. Polizeirevier   Hamburg, den 17. 7. 42
Name: Sofie Babel Sara Jansen, geb. Schlossmann
Alter: 26.3.1862   Geburtsort: Hamburg
Wohnung: Hamburg-Blankenese, Bl. Hauptstr. Nr. 56
Drei Gashähne wurden von mir geschlossen, die J.[ansen] lag direkt mit dem Gesicht über die Gashähne.
Ein von mir aufgefundener Abschiedsbrief ist dem Originalbericht beigefügt.
Schmaleck
Rev.Oberw.d.Sch.1944

FÜNF Kriminalbereitschaftsdienst für unnatürliche Todesfälle
Hamburg, den 18. Juli 1942
Auf fernmdl. Anfrage bei der Geh. Staatspolizei – II B 2 – teilt der Krim.Sekr.
Stephan mit, dass die Verstorbene (Jansen) sich am 18.7.42 zur Evakuierung
in der Sammelstelle, Hbg., Schanzenstraße, melden sollte.
Auf fernmündl. Anfrage bei dem 94. Pol. Revier wurde von dem Rev. Oberw.
Schmalek mitgeteilt, dass die Tochter der Verstorbenen, Frau Wulle, in den
Vormittagsstunden des 17.7.42 bereits auf dem Revier erschienen sei und sich
Auskunft über den zuständigen Arzt geholt habe, der die Transportunfähigkeit
der Verstorbenen feststellen sollte. Während die W. noch unterwegs gewesen
sei, habe sich die Verstorbene selbst das Leben genommen, indem sie die drei
Gashähne geöffnet und Gas geatmet habe.
Nordenbruch
Krim.Oberassistent.

EINS [Abschiedsbrief]
Meine geliebte Eva!
Sei nicht böse, wenn ich Dich nun doch plötzlich verlassen habe, wie ich es mir
doch schon vorgenommen habe. Ich kann aber das Hin und Herzerren
nicht mehr ertragen. Hoffentlich geben sich nun meine Verfolger zufrieden,
wenn ich nun das bescheidene Plätzchen, das ich mir noch auf dieser Welt
vorbehalten hatte, endgültig räume. Dir danke ich noch 1000mal für alle Mühe
und Sorge die Du mit mir gehabt hast. Hoffentlich kommst du nun wenn alles
geordnet ist, etwas zur Ruhe. Danke all denen, die mir Liebes erwiesen haben
herzlich, besonders meiner Irma, die mir immer wie eine Tochter war,
Margarethe und weiter will ich keine nennen, nur auch den Kindern alles Liebe
und Gute.
In Eile
Mutti

GOTTFRIED WOLFF UND LYDIA WOLFF GEB. LYSCHENHEIM

VIER Wasserschutzpolizei-Revier 3
Berichtsbuch Nr. 122/1942   Hamburg, den 18. Juli 1942
Bericht über Auffindung einer Leiche.

Name	Unbekannte männliche Wasserleiche
Alter	ca. 60 Jahre
Größe	ca 1,70 m
Haarfarbe	grau
Gesichtsform	oval
Bekleidung	grüner Mantel, blaue Hose, schwarze Schnürstiefel

Die Leiche ist aufgefunden:

Wann	18. Juli 1942, um 18,30 Uhr
Wo	Elbufer beim Altonaer Wasserwerk
Wie	im Wasser treibend
Von wem	Rev.Oberw.d.Sch. Bastian, Pol.Rev. 94

DREI Bericht über Auffindung einer Leiche.

Name	Unbekannte weibliche Wasserleiche
Alter	ca. 50 Jahre
Größe	ca 1,65 m
Haarfarbe	schwarz
Gesichtsform	oval
Bekleidung	schwarzer Sommermantel, blaue Bluse, schwarz u. weißgestreiften Rock, hellen Unterrock u. Schlüpfer, helle Strümpfe u, braune Schuhe

Die Leiche ist aufgefunden:

Wann	18. Juli 1942, um 19,30 Uhr
Wo	Elbe - Falkenstein
Wie	im Wasser treibend
Von wem	Rev.Oberw.d.Sch. Bastian, Pol.Rev. 94

SECHS 3. Kommissariat   Hamburg, den 20. Juli 1942
Das 94. Polizei Revier teilte auf Anfrage mit, dass am 14.7.42 von dem Postkraftfahrer Alfred Bastian dort Papiere, Kennkarten, Evakuierungsbefehle pp., am Revier eingeliefert worden seien, die von Bastian am Elbstrand, unterhalb des Haselberges, beim Rissener Ufer, gefunden worden seien.

Die Papiere lauteten auf Gottfried Israel Wolff, geb. 18.10 1870 in Lübtheen und seine Ehefrau, Lydia Sara Wolff, geb. Lyschenheim, geb. 5.10.1878 in Richterberg, beide wohnhaft gewesen in Hamburg, Frickestrasse Nr. 24, Martin-Brümmer-Stift.
Die Evakuierungsbefehle haben auf den 19.7.42 gelautet.
Motiv des Selbstmordes dürfte die Evakuierung sein.
Uecker
Kriminalsekretär.

VIER Bestattungswesen Heinrich Studt   Hamburg-Altona, den 21.7.42
Rechnung
An den Herrn Polizeipräsidenten in Hamburg,
Abteilung I/W, Hamburg, Steinstr. 7
Für Ihre werte Rechnung lieferte ich folgenden Leichentransport:
Unbekannte Leiche aus der Elbe querab des Alt. Wasserwerkes   Rm. 10.-
Anlage: 1 Leichentransportschein
Unbekannte Leiche aus der Elbe am Falkensteiner Ufer   Rm. 10.-
Anlage: 1 Leichentransportschein

ARNOLD ZECKENDORF

DREI Kriminalbereitschaftsdienst für unnatürliche Todesfälle
Hamburg, den 22.7.42
Betr.: Leichensache – Jude Arnold Israel Zeckendorf, geb. 5.7.93 in Altona, wohnh. gew. Hamburg, Agathenstr. 3 I.
Der Verstorbene wohnte in einem Hause, in dem nur Juden gewohnt haben. Diese waren teils verstorben, teils bereits evakuiert, so dass der Verstorbene zuletzt dort allein gewohnt hat. Die beiden anderen Zimmer der Wohnung waren bereits von der Behörde versiegelt worden, weil hier Hausrat von evakuierten Juden lagert. Im vorderen Zimmer der Wohnung lag auf einer als Bett hergerichteten Chaiselongue mit einem Federbett zugedeckt die Leiche eines Mannes. Das Gesicht und die Arme waren dunkelblau gefärbt und auf den Armen zeigten sich größere Blasen. Scheinbar hat der Tote zuletzt noch geblutet, denn am Munde war fast schwarzes Blut zu bemerken. Da auf dem Tische ein Evakuierungsbefehl der Geheimen Staatspolizei zur Evakuierung für den 18. Juli 1942 lag, liegt einwandfreier Selbstmord vor.
Kamps
Krim. Oberass.

KATHARINA EMBDEN UND GERTRUD EMBDEN

VIER Staatliche Kriminalpolizei   Kriminalpolizeileitstelle Hamburg
Nachrichtensammelstelle für Vermisste und unbekannte Tote
Hamburg, den 16. Juli 1942
3.K. Ls., Embden, Kath.[arina] Sara
Ls., Embden, Gertrud Sara
1.) Ein Polizeibericht ist nicht erwachsen.
2.) Motiv des Selbstmordes: Evakuierung.
3.) Karteikarte angelegt.
4.) U. dem Herrn Oberstaatsanwalt in Hamburg mit vorstehendem Arztbericht übersandt.
Im Auftrage
Klein

FRANZISKA HORNEMANN

SECHS SW.-Revier Alster   Hamburg, den 26. Juli 1942
Heute, um 15,30 Uhr, teilte das 24. Pol.Rev. fernmündlich mit, dass im Alsterlauf, etwas oberhalb der Streekbrücke, (Isebeckkanalseite) die Leiche einer Frau treibe.
Schlicke
Mstr.d.Sch.

FÜNF Bereitschaftsdienst für unnatürliche Todesfälle   Hamburg, den 26.7.42
Betr.: Jüdin Franziska Sara Hornemann, geb. 1.4.67 in Viersen Kr. Gladbach, wohnhaft gewesen in Hamburg, Sonninstr. 14, als Leiche in der Aussenalster angefunden.
Es handelt sich um die Leiche einer alten Frau, die mit dunklem Kleide, schwarzem Mantel, schwarzen Strümpfen und braunen Schuhen bekleidet war. Sie führte einen Koffer bei sich, auf dem in großer weißer Schrift der Name – Franziska Hornemann geschrieben stand. Nach der vorhandenen Kennkarte handelt es sich bei der Toten um die obengen. Jüdin Hornemann, die wahrscheinlich evakuiert werden sollte, da der Koffer (Ledertasche) beschriftet war. Da der Grund eines Selbstmordes in der bevorstehenden Evakuierung liegen dürfte, erübrigen sich weitere Feststellungen.
Kamps
Krim. Oberass.

MARTIN RÖHMANN

SECHS Kriminalbereitschaftsdienst   Hamburg, den 4. September 1942
Zur Leichensache Röhmann, Martin Israel, geb. 6.5.1876 in Berlin, wohnhaft gewesen Hamburg-Wellingsbüttel, Wellingsbütteler Landstraße Nr. 165 – Einzelhaus.
Dortselbst wurde die Ehefrau des Volljuden Röhmann, Frau Martha Karoline Dorothea Röhmann geb. Schulz, geb. 30.8.1896 in Hamburg, wohnhaft wie obenstehend, angetroffen. Sie erklärte auf Befragen folgendes:

ZWEI „Wir führten eine Mischehe. Mein Mann war Volljude und ich bin arisch. Durch die Gestapo erhielten wir die Aufforderung, falls die Ehe nicht geschieden würde, den Besitztum in der Wellingsbütteler Landstraße bis zum 15.9.1942 zu räumen und nach der Rutschbahn Nr. 25 ptr., zu ziehen."

SECHS In der Wohnung wurden zwei leere Röhren, die Luminaltabletten enthalten hatten, vorgefunden. Die Röhren sind dem Bericht beigefügt.
Hardt
Krim. Sekr.

DREI Hafenkrankenhaus   Leichensache Nr. 1207/777
Ergebnis der ärztlichen Besichtigung
Leiche eines alten Juden von mittelkräftigem Knochenbau und in ausreich. EZ. Hellrote u. violette Totenflecke an den abhängigen Partien. Fingernägel blauviolett. Haupthaar dunkelblond, ergraut, gelichtet. Judennase.
Kiefer zahnlos. Brustkorb fassförmig. Bauchdecken unterh. des Nabels grünl. Penis 11 cm lang, ohne Vorhaut.
Schlafmittelvergiftung
Dr. Koopmann

KÄTHE FRIEDLÄNDER

FÜNF Kriminalbereitschaftsdienst für unnatürliche Todesfälle
Hamburg den, 18. Oktober 1942
Betrifft: Selbstmord der Johanna Adelheid Käthe Sara Friedländer,
geb. 19.12.1894 in Berlin, wohnhaft gewesen in Hamburg, Erlenkamp Nr. 20,
ptr. bei Krohn.
Die Tote, Friedländer, lag in ihrem Zimmer wenig bekleidet im Bett. Vor dem Bett stand ein Nachtschrank und auf demselben eine kleine Flasche, die vermutlich Morphium enthielt, bzw. enthalten hat.
In der Wohnung war alles auf den Selbstmord, um solchen handelt es sich einwandfrei, vorbereitet worden. Gläser und Geschirr waren auf Zetteln mit Namen versehen, vermutlich von Personen, denen die Sachen zugedacht sind.
Die Logiswirtin, Ehefrau Regina Krohn, geb. Teichert, sagte aus:

EINS „Die Friedländer war als kaufm. Angestellte in der Backaroma-Fabrik von Martin Jessen, Meldorferstrasse Nr. 9 tätig. Soweit mir bekannt, war sie jüd. Mischling I. Grades. Vor einiger Zeit erhielt die Friedländer aber den Bescheid, dass sie als Jüdin gelte und den jüdischen Stern tragen müsse. Seit ca. 6 Wochen ist sie deshalb nicht mehr zur Arbeit gegangen und hat sie auch Andeutungen gemacht. Sie sagte z. B., dass sie nun ja wisse, was sie zu tun habe. Mit dem Judenstern ginge sie nicht umher."

FÜNF Es wurde angeordnet, dass das Zimmer in dem Zustande, wie es mit den namentlich versehenen Sachen vorgefunden wurde, zu belassen sei.
Uecker
Kriminalsekretär

MECHEL HESSLEIN

DREI [Abschiedsschreiben]
Ich, der Unterzeichnete, Mechel genannt Martin Hesslein
erkläre hiermit, dass ich mich entschlossen habe freiwillig
aus dem Leben zu scheiden
MEIN LETZTER WUNSCH

ist, dass meine irdischen Reste verbrannt und in einer Eichenurne (wenn möglich), an der Seite meiner Frau auf unserer Grabstätte in Ohlsdorf Lage X 7 632/633 (Grabbrief Nr. 108290) in aller Stille beigesetzt werden.
Hamburg, den 21. Juni 1943
Mechel genannt Martin Hesslein

VIER   26. Polizei-Revier   Hamburg, den 22. Juni 1943
Bei meinem Eintreffen fand ich den Juden Mechel Hesslein, geboren 2.7.1874 in Hamburg, wohnhaft Hamburg=Rotherbaum, Bornstrasse 22, I, im Bett besinnungslos vor. Wie von mir festgestellt wurde, ist der Selbstmordversuch vermutlich auf den Evakuierungsbefehl vom 21.6.43 zurückzuführen.
Das Licht in der Wohnung wurde ausgeschaltet, die Fenster und die Türen wurden verschlossen und die Türen versiegelt.
Götte
Rev.Obwm.d.Sch. -305-

SECHS [Festgestellt weiterhin sind folgende Namen:]

EINS   Marie Aronheim, Lisbeth Freund, John Kronach, Gretchen Labowsky, Jenny Landjung, Eduard Lassally, Recha Levy, Albert Levy, Anna Levy,

ZWEI   Henny Levy, Arthur Lewardt, Melvin Löw, Betty Kurzynski, Joseph Lukacs, Elsa Meyer, Vera Marcus, Erna Martinelly, Minna Meierstein, Ida Baumann,

VIER   Dr. Felix Meyer, Siegfried Meyer, Dr. Richard Mindus, Clara Nordheim, Pauline Neubauer, Wilhelm Nathanson, Therese Nathan, Paula Meyer,

FÜNF   Emil Mirabeau, Maria Muskat, Iwan von der Walde, Selma von der Zyl, Frieda Weinthal, Rosa Weiser, Noemi Sello, Ernst Victor, Egele Windmüller,

SECHS Dr. Louis Weigert, Heinrich Züllchauer, Dr. Moritz Nordheim, Agnes Overbeck, Hermann Philipp, Julius Poppert, Georg Porges, Ida Possehl,

EINS   Ernst Rappolt, Ottilie Robertson, John Rogozinski, Herta Rosenberg, Adolf Robertson, Emil Rosenberger, Anna Salomon, Carl Sander, Heinrich Schlüter,

ZWEI   Olga Vogel, Gertrud Theiner, Anna Sussmann, Natalie Simon, Friedrich Simon, Olga Selke, Henry und Johanna Seligmann, Julia Schwarzwald,

DREI Wilhelm Polack, Isaac Koppel, Rahel Koppel, Julia Koutzky, Olga Koppel, Max Fleischhauer, Felix Hess, Louise Hess, Siegfried Herzfeld, Salo Herzfeld,

VIER Ferdinand Isenberg, Evalyn Jaeger, Samuel Israel, Irma Jacquet, Meta Horwitz, Susi Höhne, Selma Heymann, Elisabeth Heymann, Sophie Heß,

FÜNF Oskar Herz, Olga Herschel, Martha Helft, Käthe Heckscher, Bertha Haurwitz, Dr. Emil Hartogh, Selma von Halle, Selma Graulo, Margot Grätz,

SECHS Isaak Gortatowski, Emanuel Gerson, Charlotte Friedmann, Alba Franzius, Martin Frankenstein, Max Fraenkel, Iwan und Laura Fontheim,

EINS Max Fischborn, Selma Klein, Bertha Katz, Fanny Kallmes, Minna Josephson, Berta Jonas, Alma Jensen, Joseph Feiner, Mathilde Elias, Maximilian Eckert,

ZWEI Selma Drews, Else Delbanco, Ernst Cramer, Wilhelm Cohn, Emma Cohn, Leopold Cassel, Ida Burg, Eugenie Brückmann, Prof. Carl Bruck,

DREI Ludwig Brinnitzer, Carl Brandt, Bruno Bonifacius, Anni Böttcher, Ludwig Boas, Hedwig Blum, Wilhelm Baron, Siegfried Berlowitz, Carl Belzinger,

VIER Hedwig Baur, Siegmund Friedmann, Flora Gaden, Hugo Friedmann, Alice Baum, Elsa Bauer, Sara Bachmann, Emilie Apinianski, Richard Abraham,

FÜNF Erna Meinhold, Dr. Edgar Burchard, Frieda Reimler, Dr. Walter Samuel, Gudrun David, Johanna Kannenberg, Bela Helms, Amanda Holzmann,

SECHS Leo Lippmann, Anna Josephine Lippmann, Frieda Müller, Helene Lieber, Antonie Riess, Selma Schümann, Friederike Lion, Jenny Löwengard.

Musik.

mit Nachtanzug bekleidet, im Bett. Die Leichenstarre war einget
Distriktsarzt Dr. Holzknecht hatte die Leiche bereits besichtigt
Todesursache: " Selbstmord durch Schlafmittel " festgestellt.

> Ich gehe freiwillig aus
> dem Leben
>
> Sophie Sara Hess.
>
> J. 20/11. 41.

DIE AKTEN ZUM SPRECHEN BRINGEN

EIN INTERVIEW MIT MICHAEL BATZ

ABENDBLATT: Ihr Stück "Bitte nicht wecken" ist der Abschluss einer Reihe, die nicht nur lang, sondern auch einmalig ist. Zehn Jahre lang haben Sie in der Hamburgischen Bürgerschaft am Holocaust-Gedenktag in szenischen Lesungen selbst erarbeitete dokumentarische Stücke aufgeführt, die verschiedene Facetten des nationalsozialistischen Terrors zeigen. Wie hat das Ganze begonnen?
MICHAEL BATZ: Es gab verschiedene Anstöße. Einer war das Jahr 1995, als ich beobachtete wie die Stadt Hamburg mit dem 50. Jahrestag des Kriegsendes umgegangen war. Es gab damals einen ganzen Strauß von Veranstaltungen, die viele verschiedene Institutionen für sich geplant hatten. Was mir aber fehlte, das war der große symbolische Vorgang, eine öffentliche Geste der Auseinandersetzung mit dem Kriegsende. Wenn man so will, das Ritual.
ABENDBLATT: Wie sind Sie dann ins Spiel gekommen?
BATZ: 1995 hatten der Künstler Gerd Stange und ich das Subbühnen-Projekt in dem Röhrenbunker in der Tarpenbekstraße gemacht. Wir öffneten diesen verschütteten Kriegsbunker, um das Erleben von damals in materieller Übersetzung spürbar zu machen. Inspiriert vom Elan dieser Aktion habe ich der Bürgerschaft zum Holocaust-Gedenktag 1998 ein neues Projekt angeboten. Ich hatte Christopher Brownings Buch "Ganz normale Männer" über das nach Polen zur Ermordung von Juden abkommandierte Hamburger Reserve-Polizeibataillon 101 gelesen und war überzeugt davon, dass Thema sei geeignet, um dem Zusammenhang von Bösem und Banalem näher zu kommen. Ich habe gesagt, ich könne mir vorstellen, diese Geschichte der Täter in der Ich-Form im Rathaus als dem zentralen politischen Ort der Stadt öffentlich zu zeigen. Ich wollte versuchen, eine andere Art von Gedenken vorzuführen. Zeigen, wie man diese Zeit sprechen lassen kann ohne bloße Vermittlung über Sekundärliteratur, sondern indem man die Quellen zum Sprechen bringt. Ich durfte es versuchen. Mit dem Erfolg, dass "Festsaal mit Blick auf Bahnhof, Wald und uns" zweimal den Festsaal füllte und so nachhaltig wirkte, dass ich einen Auftrag fürs kommende Jahr bekam - das war der Beginn der Reihe.
ABENDBLATT: Gab es ein starkes persönliches Interesse, sich mit NS-Themen zu beschäftigen?
BATZ: Ja. 1992 war meine Mutter gestorben. In ihrem Nachlass fanden sich auch zwei Abzüge des Hochzeitsbildes meiner Eltern. Kriegshochzeit auf dem Lande, alle in zivil - bis auf meinen Vater, der einfacher Soldat war, und den Onkel, bei dem die Epauletten und das Revers mit blauer Tinte übermalt waren.

Die Erklärung dafür fand sich auf dem zweiten Abzug des Fotos, bei dem nichts übermalt war und man die SS-Runen deutlich erkennen konnte. Der Onkel war bei der Polizei in Bremen gewesen. Das war für mich der Anstoß, mich mit der NS-Geschichte zu befassen. Und überhaupt in diese Vergangenheit hinab zu steigen, die bisher nicht mein Thema gewesen war.
ABENDBLATT: Sind Sie sich über familiäre Verstrickungen durch die Arbeit klarer geworden?
BATZ: Ja, auf erschreckende Weise. Denn es gibt noch einen zweiten persönlichen Anlass, von dem ich erst im April 2007 erfahren habe, und der ist ungleich härter als der erste. Eine entfernte Verwandte, die in einer Kleinstadt bei Kassel lebt und die ich nur vom Hörensagen kannte, lud mich zu sich ein. Sie hatte alte Familienalben aussortiert und glaubte, ich könnte Interesse daran haben. Beim Kaffee zeigte sie mir dann Fotos und sagte über den "Onkel Rudel", dass der ja bei der SS war. Zu Hause habe ich den Namen Rudolf Batz gegoogelt und sofort einen ganzen Wikipedia-Artikel gefunden. Der Vetter meines Vaters war Jurist, Gestapo-Chef von Hannover, SS-Standartenführer, lange Zeit in Rotterdam und Linz, hat das Getto in Riga eingerichtet, war SD-Chef von Krakau, dem Bezirk, in dem Auschwitz liegt. Nach dem Krieg hat er sich einen falschen Namen zugelegt und ist in Bielefeld untergetaucht. 1960 wurde er entdeckt und verhaftet. Im Februar 1961 hat er sich in seiner Zelle erhängt.
ABENDBLATT: Wussten Ihre Eltern davon?
BATZ: Ja. Ich habe in Feldpostbriefen meines Vaters nachgelesen. Und dann steht da ganz lapidar drin: "Der Rudel ist SS-Obersturmbannführer und Kommandeur der Sicherheitspolizei in Krakau." Also haben die vieles gewusst. Und ich habe festgestellt, wie wenig wir selbst oft von dem wissen, was uns ganz nah zu sein scheint. Im Nachhinein habe ich das Gefühl, dass ich dies geahnt habe und es der heimliche Grund dafür war, dass ich zehn Jahre lang diese Stücke gemacht habe, immer wieder in die Archive gegangen bin und sehr viel Zeit aufgewendet habe. Vorher war mir das nicht bewusst.
ABENDBLATT: Sollte Brownings Buch die Basis für Ihr Stück im Rathaus sein?
BATZ: Das Buch war ein Anstoß, das Stück sollte aber darüber hinaus gehen. Ein Dramaturg nimmt normalerweise ein Buch und vielleicht noch ein paar weitere, schreibt ein bisschen um, zitiert lang und breit und fertigt auf diese Weise ein Skript. Ich dagegen wollte in den Akten nachlesen, ob da mehr zu finden wäre als das, was bei Browning steht.
ABENDBLATT: Keine leichte Aufgabe für einen, der nicht mit dem langen Atem des Historikers ans Studium der Quellen gehen kann.
BATZ: Das stimmt. Ich hatte vergleichsweise wenig Zeit fürs Studium der Quellentexte. Zunächst habe ich in der Zentralen Stelle in Ludwigsburg gearbeitet, wo Duplikate der Akten aufbewahrt werden. Dort saß ich in einsam in einem

karg möblierten Zimmer und habe wegen der knapp bemessenen Zeit 14 Stunden täglich gelesen und mit einem Bleistift notiert, was ich brauchen konnte. Übrigens war Christopher Browning in Ludwigsburg mein Zimmernachbar. Er fand es gut, dass ich noch einmal an die Akten ranging. Und er sagte auch, dass es unfassbar für ihn sei, in welcher Öffentlichkeit die Deportationen passiert seien. Alles vor aller Augen am helllichten Tag: an der Sternschanze, auf der Moorweide . . .

ABENDBLATT: Warum haben Sie die Quellen zunächst in Ludwigsburg und nicht in Hamburg studiert?

BATZ: Es war kaum möglich, an die Originale der Akten in Hamburg heranzukommen. Sie lagerten damals noch bei der Oberstaatsanwaltschaft in der Drehbahn und waren mir trotz Unterstützung des damaligen Justizsenators Wolfgang Hoffmann-Riem nicht zugänglich. Erst durch die Initiative seiner Nachfolgerin Lore Maria Peschel-Gutzeit änderte sich das. Den Termin zur Einsicht der Akten habe ich jedoch erst drei Tage vor der Veranstaltung im Rathaus bekommen. Und ohne meine Vorarbeiten in Ludwigsburg hätte mir es mir nichts genützt, als ich mich unter Bewachung durch 14 Umzugskartons mit Material wühlen musste.

ABENDBLATT: Die Stücke im Rathaus behandeln oft unbekannte und zum Teil sehr verschiedene Folgen der NS-Gewaltherrschaft. Gibt es Zusammenhänge, die nicht auf den ersten Blick erkennbar sind? Eine Dramaturgie des Autors?

BATZ: Im Grunde hat sich aus jedem Stück eines der nächsten entwickelt. Es gibt viele Berührungspunkte, vielleicht sogar einen sechsten Sinn für verborgene Zusammenhänge. Und mit dem letzten Stück "Bitte nicht wecken" schließt sich für mich der Kreis. Die zahlreichen Suizide von Juden, die deportiert werden sollten, sind ein Thema, das noch nicht erzählt worden war. Dazu existieren noch ungefähr 200 Akten. Diese Wachberichte haben stets die gleiche Struktur. Dem Selbstmord folgt eine Anzeige, ein Polizist wird zum Tatort gerufen, und er macht einen Bericht darüber. Ich habe mich zuletzt gefragt, ob es nicht personelle Übereinstimmungen gibt zwischen diesen Polizisten und denen, die später zum Morden nach Polen abkommandiert worden sind. Ich suche noch danach und ahne, dass ich fündig werde.

ABENDBLATT: Ihre Stücke zeigen auch, dass viele Hamburger von der NS-Politik profitiert haben. Könnte das so etwas wie ein roter Faden der Reihe sein?

BATZ: Möglicherweise. Alle haben gut verdient an der Vertreibung und der Deportation von Menschen, die hier nicht mehr erwünscht waren. Angefangen beim Staat, aber es gab auch viele Profiteure in der Bevölkerung. Es ist für mich im Laufe der Arbeit sehr klar geworden, dass es ein allgemeines Wissen gab von dem, was die Nazis planten und ausführten. Keiner kann sagen, er habe nichts gewusst. Es gab im großen Maßstab direkte Vorteilsnahme für viele.

Bei Versteigerungen von jüdischem Besitz rechnet man damit, dass etwa 100 000 Hamburger Haushalte in irgendeiner Weise Gegenstände bekommen haben, aber auch Museen, die Oper, die Bücherhallen. Die Reedereien haben verdient, viele Unternehmen, Bestatter, Spediteure, quer durch die Gesellschaft gab's Vorteilsnahme. Es war schon so, dass dieses Regime das Geben und Nehmen sehr virtuos beherrscht hat. Das war nicht nur eine Wissensgemeinschaft, das war auch eine Vorteilsgemeinschaft.
ABENDBLATT: War Ihnen sofort klar, dass das dokumentarische Stück die ideale Form sei?
BATZ: Ich habe mich gefragt, wie die Dinge wieder vergegenwärtigt werden können, um sie vorstellbar zu machen. Erinnerungen kann ich mir anschauen oder anhören, aber sie bleiben die Erinnerungen eines anderen. Wenn ich aber die Brücke zu dem, was war und zu mir selber schlagen will, dann muss ich mich fragen, was mit mir geschehen ist, was mich für dieses Thema prädisponiert hat, ohne dass ich davon eine Ahnung hatte. Auch dafür musste ich eine Form von Vergegenwärtigung finden.
ABENDBLATT: Wie sehr wurden Sie als Autor oder Dramaturg von den Quellen quasi geleitet?
BATZ: Du hast das Archiv und die Bestände, bist aber noch weit entfernt von einer Art der Darstellung. Das geben die Quellen in der Regel nicht her, du musst es ihnen entlocken, deswegen kann man auch nicht delegieren. Ich hätte also nie jemanden in die Archive schicken können mit dem Auftrag, die Quellen zu lesen und das Wichtige herauszuschreiben. Das Wichtige versteckt sich häufig in den Nebensätzen. Vollkommen geleitet haben mich die Quellen im ersten und letzten Stück. Dort ist kein Wort von mir. Teilweise habe ich erst beim Lesen gespürt, dass man über simple Listen, über Aufzählungen von Kleidungsstücken, ein Bild von der Person bekommt, der diese Dinge gehört haben. Sonst hätten wir kein Bild, keine Stimme, gar nichts, nur den Namen in einer Akte. Über die Aufzählung der Dinge können wir das abstrakte Schicksal zur konkreten Vorstellung einer Person machen.
ABENDBLATT: Die Täter haben bekanntermaßen versucht, viele Spuren ihrer Verbrechen zu tilgen. Waren Sie nicht überrascht davon, wie viel sprechende Beweise sich noch in lakonischen Verwaltungsakten fanden?
BATZ: Ja. Auch über die Materialität und die Sinnlichkeit, wenn man die Akten in Händen hält. Ich habe festgestellt, dass diese scheinbar lapidaren Texte eine gewaltige Kraft haben. Sie sind gewissermaßen ein Extrakt des Ganzen. Sie wirken sehr direkt, quasi ungeschminkt. Akten haben sich ja in der Regel jeden Kommentars zu enthalten. Aber in dieser Enthaltung jeglichen Kommentars stößt man gelegentlich auf die Quintessenz dessen, was die Haltung damals war. Wie in der Anatomie des Hafenkrankenhauses, wo Polizeiärzte die Leichen

untersucht haben sich in Autopsieberichten Texte finden wie: "Älterer Mann mit Judennase". Das ist kein medizinischer Befund, steht aber in einem offiziellen Gutachten. Beredt sind auch die Listen: Dieses lapidare Zerlegen eines Menschen, die Aufteilung seiner Habseligkeiten - das was von ihm übrigbleibt und noch verwertbar ist. Und es gibt grauenhafte Momente, wenn sich beispielsweise in einer Akte die Spitze der Spritze findet, mit der sich eine Jüdin selbst getötet hat.
ABENDBLATT: Wie ist die Wirkung dieser bürokratischen Sprache aufs Publikum?
BATZ: Diese Quellen sprechen überdeutlich. Ich habe in zehn Jahren erfahren, dass diese Kommunikation die Leute unmittelbar erreicht. Das ist eben nicht der Akt der Erinnerung, bei dem ich mich zurücklehne und mir Erinnerungen mehr oder weniger rational imaginiere, sondern ich vergegenwärtige mir ein Geschehen und mache es zu meiner eigenen Erfahrung. Mir wurde gesagt, dass die Stücke oft von antiker Wucht gewesen seien. Die Wirkung kommt wahrscheinlich daher, dass es in der lapidaren Direktheit des Aktenjargons keine moralische Achse, gibt, um die sich alles dreht. Es wird nicht versucht, etwas zu beschönigen, zu verharmlosen, etwas von einer bestimmten Seite her zu interpretieren oder zu kommentieren, es soll auch kein Mitleid oder Verständnis postuliert werden, und es gibt auch keinen didaktisch-aufklärerischen Ton oder den Gestus des Gutmenschen. Stattdessen öffnet sich ein Freiraum für eigene Vorstellungen. Und dazu muss sich jeder für sich selbst verhalten.
ABENDBLATT: Es war vermutlich eine besondere Herausforderung für die Schauspieler, für diese spröden Texte den richtigen Ton zu finden?
BATZ: Die Schauspieler standen teilweise vor einem Rätsel. Sie fragten: Wie soll ich eine Liste lesen? Den passenden Ton zu finden, war schwierig. Es durfte nicht pathetisch oder betroffen, nicht wie ein Nachrichtensprecher klingen. Stattdessen musste es eine Mischung aus Lesestunde im Deutschunterricht und dem Sichselbervorlesen einer Aussage, die man zu Protokoll gegeben hat, sein. Ich weiß noch, dass der eine oder andere Kollege bei den Proben schon mal in Tränen ausbrach und sagte, ich kann es nicht machen. Erst beim Sprechen erschloss sich, was in diesen Texten für eine Energie steckte. Es ist eine Verknappung des Fast-Nicht-Mehr-Sagbaren.
ABENDBLATT: Wäre nicht das Hörspiel die angemessene Form für die zehn Stücke?
BATZ: Ja.
ABENDBLATT: Ist das Wort stärker als das Bild?
BATZ: Absolut.
ABENDBLATT: Warum?
BATZ: Man wird damit allein gelassen. Und es öffnet sich ein imaginärer Raum,

der viel mehr beinhaltet als nur das, was einmal fotografisch dokumentiert worden ist. Man kann erahnen oder empfinden, dass hinter diesem Bild viele Geschichten verborgen sind. Mir geht es jedenfalls so. Man könnte eine Wohnung mit einem toten Körper darin fotografieren und in der Bildzeile erklären, dass hier ein Mensch Selbstmord begangen hat. Wenn man aber in der Aussage eines Polizisten liest: "Habe die Wohnung betreten, neben der Leiche lag ein umgekippter Hocker, und ein Strick hing von der Türangel" und dazu noch die Worte einer Nachbarin, dass gegen Abend laute Klaviermusik zu hören war und es nach 22 Uhr still war, dann wirkt das auf mich fürchterlicher als das Foto mit dem leblosen Körper.

ABENDBLATT: Ist das zehnte Stück für Sie ein definitiver Abschluss?

BATZ: Ich bin häufig gefragt worden, was mich eigentlich antreibt, mich zehn Jahre lang immer wieder mit so schrecklichen Geschichten zu beschäftigen. Ich hatte das Gefühl, mich in einem Wald verirrt zu haben, aus dem man nur herauszufinden hoffen konnte, indem man immer weiterging. Und erst jetzt, nach dem zehnten Stück, habe ich das Gefühl, nicht mehr weitergehen zu müssen, weil ich auf einer Art Lichtung angekommen bin. Weil ich etwas für mich geklärt habe im Laufe der Jahre. Die Reihe der Stücke auszuführen war wie ein Amt, das ich jetzt zurückgebe.

Interview: LUTZ WENDLER
Redakteur Kultur und Medien, Hamburger Abendblatt

Jürgen Sielemann

AN DEN QUELLEN DER VERGANGENHEIT

Jahr für Jahr schlägt Michael Batz in den Dokumentarstücken zum 27. Januar ein hamburgisches Kapitel aus der Zeit des Nationalsozialismus auf. Er konfrontiert uns mit dem mörderischen Rassenwahn des unmenschlichen Terrorregimes und den abscheulichen Taten seiner Vollstrecker, er benennt Nutznießer und offenbart den Schuldanteil der Mitläufer. Was in unserer Stadt angerichtet und zugelassen wurde, beschreibt der Autor nicht in blutleerer akademischer Abstraktion, sondern am konkreten Beispiel realer Personen, Taten und Ereignisse. Michael Batz führt uns das Geschehen mit unentrinnbarer Klarheit vor Augen. Wer die von ihm verfassten Dokumentarstücke gesehen hat, mochte sich manches Mal gewünscht haben, eine Fiktion zu erleben. Doch genau das sind sie nicht, denn Michael Batz lässt historische Quellen zu uns sprechen, Dokumente von erbarmungsloser Beweiskraft.

Während meiner im Herbst 2007 zu Ende gegangenen Zeit als Archivar des Staatsarchivs Hamburg konnte ich ihn verschiedentlich darin unterstützen, einschlägiges Quellenmaterial zu ermitteln. Gern erfülle ich seinen Wunsch, einen Beitrag für dieses Buch zu verfassen und nutze die Gelegenheit, meine Gedanken zur Rolle der Archive in der Auseinandersetzung mit der nationalsozialistischen Vergangenheit mitzuteilen. Dieser Komplex hat mich fast vier Jahrzehnte lang beschäftigt, eine Zeit, in der ich im Hamburger Staatsarchiv neben anderen Aufgaben für die Archivbestände der Hamburger Jüdischen Gemeinden zuständig war. Oft empfing ich Besucher, denen der Gang in eine deutsche Behörde sehr schwer fiel: Überlebende der nationalsozialistischen Judenverfolgung, Familienangehörige von Mordopfern und einstige Bürgerinnen und Bürger unserer Stadt, die dem Holocaust durch ihre Flucht in das Ausland entronnen waren. Sie alle suchten im Hamburger Staatsarchiv nach Spuren ihrer Familien. Was sich an Dokumenten finden ließ, waren nicht selten die einzigen in Hamburg vorhandenen Nachweise über Menschen, an die nach dem Willen der Nationalsozialisten nichts in der Nachwelt erinnern sollte. Die Absicht der Machthaber erfüllte sich nicht. Aktenvernichtungsbefehle kamen zu spät oder wurden unterlaufen, auch das Archivgut der jüdischen Gemeinden blieb in großem Umfang erhalten. Die Registraturen der Gestapo verbrannten zwar restlos, doch hinterließen die Schergen zahlreiche Spuren ihrer Taten in erhalten gebliebenen Akten hamburgischer Behörden. Sehr viel wurde vernichtet, vieles erfreulicherweise nicht. Auf dieser Grundlage konnte ich in meiner langjährigen Dienstzeit ungezählte Nachforschungen zu rechtlichen, wissenschaftlichen und privaten Zwecken anstellen, Gutachten fertigen und das 1995 veröffentlichte Gedenkbuch „Hamburger Jüdische Opfer des Nationalsozialismus" erarbeiten. Im Rückblick auf diese Jahrzehnte ist festzustellen, dass sich die Auseinandersetzung mit der nationalsozialistischen Vergangenheit Hamburgs in Staat und Gesellschaft stark gewandelt hat.

Als ich vor über 40 Jahren in den Dienst des Staatsarchivs trat, schien die zwölfjährige Herrschaft der Nationalsozialisten bedeutend länger zurückzuliegen als heute. Damals wurde „Das Dritte Reich" weithin als abgeschlossenes Kapitel betrachtet und nur selten erörtert. Wenn doch einmal davon gesprochen wurde, so beschränkte man sich zumeist auf die Kriegsjahre. Damals sei ein grausames Fatum über das deutsche Volk hereingebrochen, eine schicksalsschwere Zeit, über die nur urteilen könne und dürfe, wer sie selbst miterlebt habe. So lautete das Standardargument einer Generation, die dem Nationalsozialismus unlängst noch in großer Mehrheit sehr ergeben gewesen war und den Sieg des Regimes inständig erhofft hatte. Scham und Reue wurden höchst selten bekundet, die Massenmorde des Hitler-Regimes mit dem Hinweis auf die vielen deutschen Opfer der Bombenangriffe relativiert. Einstige Funktionsträger der NS-Herrschaft besetzten nach dem Abschluss der weitgehend gescheiterten „Entnazifizierung" reihenweise Positionen in Ämtern, Gerichten und Verbänden. Hatten Finanzbeamte noch vor wenigen Jahren den staatlichen Raub des Eigentums der geflüchteten und deportierten Juden durchgeführt, so befassten sie sich nun mit Rückerstattungs- und Entschädigungsansprüchen. Mörderische NS-Juristen kehrten auf Richterstühle zurück, Beamte mit tiefbrauner Vergangenheit bekleideten erneut öffentliche Ämter. Ralph Giordanos Worte vom „großen Frieden mit den Tätern" trifft ohne Einschränkung auch auf die Verhältnisse in Hamburg zu. Ist es ein Wunder, dass man in diesem Klima der Verdrängung, der Verharmlosung und des Totschweigens nur ungern an die NS-Vergangenheit erinnert werden wollte? Auch in den Schulen wurde das Thema nicht oder nur marginal behandelt. Und dennoch wollten es manche der damals „jungen Leute" genauer wissen. Dazu gehörte auch ich, und meine Tätigkeit im Staatsarchiv und das Studium der damals allerdings noch dünn gesäten Literatur verhalfen mir sehr schnell zur Erkenntnis der entsetzlichen Wahrheit. Zunehmend gewann ich eine Vorstellung davon, was die 400jährige Geschichte der Hamburger Juden für unsere Stadt bedeutet hat und welchen himmelschreienden Zivilisationsbruch der Nationalsozialismus herbeiführte. Ich begriff außerdem, dass niemand, der bei der Durchdringung des Dickichts der Archivbestände zur Vergangenheit der Juden in Hamburg auf Hilfe angewiesen war, allein gelassen werden dürfte. Diese Hilfestellung ist unerlässlich, wenn Verfolgte oder deren Nachkommen erscheinen, um Fakten in Erfahrung zu bringen. Wir können und dürfen nicht erwarten, dass sie tagelang die Strukturen der Archivbestände und die Methoden des Recherchierens zu ergründen versuchen. Ebenso wenig dürfen wir wissenschaftliche Forscherinnen und Forscher im Stich lassen, wenn sie mit den hamburgischen Archivverhältnissen noch nicht vertraut sind und unseren Rat suchen. Aus meiner langjährigen Erfahrung ist mir allzu gut bekannt, dass manche Sachverhalte nur auf verschlungenen Pfaden zu ermitteln sind. Um Hilfe leisten zu können, bedarf es einer spezialisierten Archivkraft. Die „Verschlankung" des Archivpersonals und der daraus folgende Zwang zur Rationalisierung dürfen nicht zu Lasten einer Aufgabe gehen, die weiterhin zu erfüllen ist, denn ein Schlussstrich kann niemals gezogen werden. Als „Gedächtnis der Stadt" steht das Staatsarchiv in der Verantwortung, die Erinnerungsarbeit mit Rat und Tat zu fördern.

Michael Batz' Dokumentarstücke zählen für mich zu den eindrucksvollsten und würdigsten Leistungen zum Gedenken an die Opfer und zur Erinnerung an die Verbrechen der NS-Zeit. Im Interesse aller, die vor der nationalsozialistischen Vergangenheit Hamburgs nicht die Augen und Ohren verschließen wollen, wünsche ich der Arbeit von Michael Batz weiterhin großen Erfolg.

Jürgen Sielemann, Jahrgang 1944, Archivar, bis zum Eintritt in den Ruhestand (2007) langjähriger Referent des Staatsarchivs Hamburg u.a. für die Geschichte und Archivbestände der Jüdischen Gemeinden Hamburgs. Veröffentlichungen vor allem zur jüdischen Familienforschung und der Auswanderung über den Hamburger Hafen vor dem Ersten Weltkrieg. Bearbeiter des 1996 vom Staatsarchiv Hamburg veröffentlichten Gedenkbuchs für die Hamburger jüdischen Opfer des Nationalsozialismus, Gründer der Hamburger Gesellschaft für jüdische Genealogie e.V. (1996), 2004 Verleihung des "German Jewish History Award".

Detlef Garbe, KZ-Gedenkstätte Neuengamme

DIE HAMBURGER RATHAUSAUSSTELLUNGEN ZUR ERINNERUNG AN DIE OPFER DES NATIONALSOZIALISMUS

In ähnlicher Weise wie die Inszenierungen von Michael Batz gehören seit 2001 Ausstellungsprojekte der KZ-Gedenkstätte Neuengamme zum regelmäßigen Programm der Hamburgischen Bürgerschaft zum Gedenktag für die Opfer des Nationalsozialismus. In zeitlicher Nähe zum 27. Januar, dem Jahrestag der Befreiung des Konzentrations- und Vernichtungslagers Auschwitz, bietet die Hamburger Rathausdiele jeweils für drei bis vier Wochen ein umfangreiches Informationsangebot zu Aspekten der Verfolgungsgeschichte im nationalsozialistischen Hamburg. Der lokale Bezug ist dabei zentral. Er verdeutlicht, dass sich die Verbrechen des NS-Regimes nicht nur fernab in entlegenen Regionen zutrugen, sondern inmitten der eigenen Stadt beziehungsweise ihrer unmittelbaren Umgebung. So thematisierten die bislang präsentierten sieben Ausstellungen KZ-Haftstätten in den Hamburger Stadtteilen Eidelstedt, Fuhlsbüttel, Langenhorn, Neuengamme, Neugraben, Rothenburgsort, Sasel, Tiefstack, Wandsbek und im Hafengebiet. Die 2005 gezeigte Ausstellung zur „Zwangsarbeit in Hamburg 1940 – 1945" veranschaulichte darüber hinaus, dass sich in den Kriegsjahren die Topographie der Lagerstandorte mit über 1200 Zwangsarbeiterlagern wie ein enges Netz über die gesamte Stadt legte.

Außer der Zwangsarbeit für die Hamburger Kriegswirtschaft wurden in den bisherigen Ausstellungen das KZ und die Haftstätten in Fuhlsbüttel, das Ende des KZ Neuengamme, die Situation weiblicher KZ-Häftlinge in den Außenlagern, der Mord an jüdischen Kindern, die Hilfe für Gefangene, Kunst als Form der Selbstbehauptung und der Widerstand thematisiert.

Nicht zuletzt der exponierte Ort der Hamburger Rathausdiele verschaffte den Ausstellungen eine große öffentliche Aufmerksamkeit, von der das große Medieninteresse und die hohen Besucherzahlen zeugen. Auch wenn bei großen Teilen des Publikums das (touristische) Interesse am Gebäude im Vordergrund gestanden haben dürfte und sie eher en passant auf die Ausstellungen aufmerksam wurden, erlaubt die durchgängige personelle Begleitung während der Ausstellungsdauer eine Schätzung der Besucherzahl, die sich für alle sieben Ausstellungen insgesamt auf 32 700 summiert. Nur Dank des ehrenamtlichen Engagements der Mitglieder des Freundeskreises KZ-Gedenkstätte Neuengamme und der Mitwirkung von Mitarbeiterinnen und Mitarbeitern von „Arbeit und Lernen Hamburg" war die Besetzung eines inmitten der Ausstellungen in der Rathausdiele platzierten Büchertisches möglich, an die sich Besucherinnen und Besucher bei Nachfragen und auf der Suche nach weiter gehenden Informationen wenden konnten.

Die Ausstellungen wurden von der KZ-Gedenkstätte Neuengamme in der Regel in Kooperation mit dem Freundeskreis realisiert; bei der Ausstellung zur Zwangsarbeit beteiligte sich ebenfalls das Museum der Arbeit. Die Kosten teilten sich Bürgerschaft und Gedenkstätte, der Freundeskreis gewährte darüber hinaus Zuwendungen aus Spendenmitteln. Die Leitung für die sieben Ausstellungsprojekte übernahmen Mitarbeiterinnen und Mitarbeiter der KZ-Gedenkstätte Neuengamme (Herbert Diercks, Dr. Detlef Garbe, Karin Heddinga, Ulrike Jensen, Dr. Reimer Möller, Karin Schawe), des Freundeskreises (Katharina Hertz-Eichenrode), des Museums der Arbeit (Dr. Jürgen Bönig) und bei der Werkausstellung der Häftlingszeichnungen aus dem KZ Neuengamme die Kunsthistorikerin Dr. Maike Bruhns. Die Verantwortung für die Gestaltung lag vor allem in den Händen von Wolfgang Wiedey (Atelier hand-werk); die Ausstellung „Ein KZ wird geräumt" gestalteten die grafischen werkstätten feldstraße (Ika Gerrard, Nina Holsten und Michael Teßmer) und die Ausstellung „Die Zeichnung überlebt" Anat Frumkin.

Aufgrund der für Ausstellungszwecke eingeschränkten räumlichen Bedingungen in der Rathausdiele, die im Wesentlichen nur eine Wandabwicklung um sechs der großen Zentralsäulen erlaubt, lag allen Ausstellungen das gleiche Grundmuster – die Gliederung in sechs Themenbereiche mit jeweils acht Ausstellungstafeln – zugrunde. Die Festlegung auf diese Grundausstattung von 48 gleich großen (120 x 100 cm) Tafeln, die jeweils um weitere Elemente, Computer- oder Videostationen sowie in das Oktogon des Ausstellungsträgersystems integrierte Lesepulte und Vitrinen ergänzt wurden, erwies sich allerdings in anderer Hinsicht als großer Vorteil: Sie erleichterte die Konzeption als Wanderausstellungen. Denn für die sich an die Erstpräsentationen im Hamburger Rathaus anschließenden weiteren Stationen konnte jeweils auf das gleiche mobile Trägersystem zurückgegriffen werden, das für diesen Zweck von der KZ-Gedenkstätte Neuengamme – wiederum mit Unterstützung ihres Freundeskreises – angeschafft wurde. So konnten die Ausstellungen über die drei- bis vierwöchige Ausstellungsdauer im Rathaus hinaus noch an zahlreichen weiteren Orten gezeigt werden, vor allem in Hamburger Schulen und Bürgerhäusern, aber auch in anderen Städten von Papenburg im Emsland bis Bützow in Mecklenburg.

Gleich mehrere Ausstellungen wurden von der Stiftung Nordfriesland ausgeliehen und in Husum der Öffentlichkeit präsentiert. Die zweisprachig produzierte Ausstellung zu den von der norwegischen Seemannsmission und der Hamburgerin Hiltgunt Zassenhaus für norwegische Gestapo-Gefangene organisierten Hilfsmaßnahmen befindet sich derzeit in Norwegen auf Wanderschaft und wurde dort mit Unterstützung der deutschen Botschaft unter anderem in Bergen und Trondheim gezeigt.

Als Präsidentin beziehungsweise Präsident der Hamburgischen Bürgerschaft eröffneten Dr. Dorothee Stapelfeldt (bis 2004) und Berndt Röder die Ausstellungen im Rahmen sehr gut besuchter Eröffnungsveranstaltungen, an denen als Rednerinnen und Redner in der Regel auch Überlebende der nationalsozialistischen Verfolgung mitwirkten, so Prof. Dr. Dagmar Lieblová aus Prag, Ágnes Lukács aus Budapest, Anna Aleksandrowna Naliwajko-Guk aus der Ukraine und Bjørn Simmonæs aus Oslo.

Neben dem Angebot offener Führungen konnten Schulklassen und andere Gruppen nach Voranmeldung beim Museumsdienst Hamburg eine pädagogische Begleitung buchen. Ferner bot die KZ-Gedenkstätte Neuengamme zu den Ausstellungen jeweils ein Begleitprogramm von fünf bis zehn Veranstaltungen an, die im Rathaus oder zumeist in der benachbarten Rathauspassage stattfanden. Im Mittelpunkt standen Zeitzeugengespräche, Vorträge, Filmveranstaltungen, aber auch Lesungen und Konzerte.

Hier können nur einige besondere Veranstaltungen hervorgehoben werden. Dazu zählt das vom Konservatorium Schwerin arrangierte Gespräch und Konzert mit dem Überlebenden des Ghettos Theresienstadt und Violinvirtuosen Prof. Paul Kling aus Ottawa zum Thema „Musik aus Theresienstadt" oder der Vortrag der Überlebenden des Frauenaußenlagers Dessauer Ufer und Eidelstedt Hédi Fried aus Stockholm über die Arbeit des „Café 84" für Holocaust-Überlebende. Zeitgeschichtlich bedeutsam war der eindrucksvolle Bericht von Aleksandr Iwanowitsch Choroschun aus Tscherkasskaja (Ukraine), der wie durch ein Wunder die Tuberkulose-Versuche des SS-Arztes Kurt Heißmeyer im Krankenrevier IV des KZ Neuengamme überlebt hat. Im Rahmen des Begleitprogramms zur Ausstellung über den „Kindermord am Bullenhuser Damm" (die Kinder waren ebenfalls Versuchsopfer von Heißmeyer) kam er 2001 erstmals wieder zurück nach Deutschland.

Die erste Ausstellung, die im Programm der Hamburgischen Bürgerschaft zum Gedenktag für die Opfer des Nationalsozialismus vom 11. bis 28. Januar 2001 gezeigt wurde, trug den Titel „Die Kinder vom Bullenhuser Damm". Die Ausstellung thematisierte eines der fürchterlichsten Verbrechen, das sich in Hamburg in der NS-Zeit zutrug: Zur Verwischung der Spuren erhängte im Zuge der Lagerräumung am 20. April 1945 ein SS-Kommando in der ehemaligen Schule Bullenhuser Damm in Hamburg-Rothenburgsort zwanzig jüdische Kinder, zehn Jungen und zehn Mädchen im Alter von 5 bis 12 Jahren, an denen zuvor im KZ Neuengamme medizinische Versuche vorgenommen worden waren. Mit den Kindern wurden vier Häftlingsärzte und -pfleger und 24 sowjetische Kriegsgefangene ermordet. Nach dem Krieg wurden in der Schule bis zu ihrer Schließung 1985 wieder Kinder unterrichtet. Doch erst mit der Gründung der „Vereinigung Kinder vom Bullenhuser Damm" 1979 begann eine öffentliche Auseinandersetzung mit dem Kindermord. 20 Jahre später, 1999, wurde die kleine, seit 1980 von der Vereinigung betriebene Gedenkstätte in die städtische Trägerschaft übernommen und erweitert. Die Präsentation dieses zuvor fast ausschließlich aus privater Initiative aufgearbeiteten Themas im Hamburger Rathaus dokumentierte den Wandel im Umgang mit der belasteten Vergangenheit und bekundete den in Europa, den USA und Israel lebenden Angehörigen der Kinder Mitgefühl und den ihnen lange Zeit verweigerten Respekt.

Die im Folgejahr 2002 vom 17. Januar bis zum 12. Februar präsentierte Rathausausstellung *„Ein KZ wird geräumt. Häftlinge zwischen Vernichtung und Befreiung"* ordnete das Geschehen des Kindermordes vom 20. April 1945 in seinen historischen Kontext ein. Die Geschichte des Konzentrationslagers Neuengamme, das als einziges der großen KZ-Hauptlager vollständig geräumt wurde, endete in einem Inferno: Todesmärsche, Massensterben in den Auffanglagern (Bergen-Belsen, Sandbostel und Wöbbelin), Massaker durch SS und Wehrmacht in den letzten Kriegstagen sowie die Verbringung der letzten 10 000 Häftlinge auf die „Cap Arcona" und weitere KZ-Schiffe. Deren irrtümliche Versenkung durch britische Jagdbomber am 3. Mai 1945 gilt als eine der größten Schiffskatastrophen aller Zeiten. Über diese Ereignisse sowie die Rettung tausender dänischer und norwegischer Häftlinge durch das Schwedische Rote Kreuz informierte diese Tafelausstellung, die auf einer umfassenderen, unter der gemeinsamen Schirmherrschaft der Parlamentspräsidenten der norddeutschen Bundesländer mit Unterstützung der ZEIT-Stiftung realisierten und in den zurückliegenden Jahren vielerorts gezeigten Dokumentation des Freundeskreises KZ-Gedenkstätte Neuengamme beruht.

Unter dem Titel *„KolaFu – ein Ort der Willkür und Gewalt"* informierte vom 24. Januar bis 14. Februar 2003 die dritte Rathausausstellung über die Geschichte des Konzentrationslagers und der Strafanstalten Fuhlsbüttel 1933-1945. Das zunächst der Landesjustizverwaltung unterstehende Konzentrationslager Fuhlsbüttel – das „Kola-Fu" – gehörte 1933 neben Dachau, Esterwegen und Oranienburg zu den ersten und den berüchtigtsten KZs in Deutschland. Tausende von Hamburgern wurden im Zuge der Verbote und politischen Gleichschaltung inhaftiert, darunter in besonders großer Zahl Angehörige der Gewerkschaften, der SPD und der KPD. Später kamen weitere Haftgruppen hinzu: Juden, Homosexuelle, Zeugen Jehovas und mit Beginn des Zweiten Weltkrieges viele ausländische Widerstandskämpfer und Zwangsarbeiter. Die Ausstellung, in deren Mittelpunkt Gruppen- und Einzelbiografien stehen, verdeutlichte, dass nicht nur das von der

SS übernommene und 1936 in „Polizeigefängnis" umbenannte „Kola-Fu" ein Ort des Terrors war, sondern dass zahlreiche Regimegegner auch in den Strafanstalten Fuhlsbüttel, die weiterhin der Justiz unterstanden, inhaftiert waren. Jüdische Strafgefangene wurden von hier aus in das Vernichtungslager Auschwitz deportiert. 1944 wurde zudem ein Außenlager des KZ Neuengamme in Gebäuden der Strafanstalten eingerichtet. Insgesamt kamen im Kola-Fu und den Strafanstalten Fuhlsbüttel bis 1945 über 450 Menschen ums Leben.

Einem stark biografischen Ansatz folgte auch die nächste Ausstellung „*... dass wir es verstanden haben, in dem fürchterlichen Kampf Frauen zu bleiben*", in deren Zentrum die Geschichte der acht Hamburger Frauenaußenlager des KZ Neuengamme steht. In diesen erst im letzten Kriegsjahr eingerichteten Lagern mussten Tausende Frauen für die Hamburger Kriegswirtschaft arbeiten, in der Trümmerbeseitigung, beim Behelfsheimbau (vor allem in Eidelstedt, Neugraben und Poppenbüttel) und in der Rüstungsproduktion (Munition bei den Hanseatischen Kettenwerken in Langenhorn und Gasmasken bei Dräger in Wandsbek). Viele der Häftlinge waren ungarische, tschechische und polnische Jüdinnen, die aus dem KZ Auschwitz nach Hamburg kamen. Die vom 23. Januar bis zum 13. Februar 2004 im Hamburger Rathaus gezeigte Ausstellung stellte die Wege der Frauen in die Außenlager, die Arbeit und den Lageralltag dar, wobei sie besonderes Gewicht auf die geschlechtsspezifische Situation und die Überlebensstrategien in den Frauenaußenlagern legte. Aber auch die Geschichte der Täter und Täterinnen ist Gegenstand der Ausstellung.

60 Jahre nach Kriegsende dokumentierte vom 21. Januar bis zum 11. Februar 2005 die Ausstellung „*In Hamburg ist meine Jugend geblieben*" erstmals einen Überblick über das die gesamte Stadt in den Kriegsjahren überziehende Netz von Zwangsarbeiterlagern. Insgesamt handelte es sich um weit über 1000 Lager, in denen die ausländischen Arbeiterinnen und Arbeiter unter zum Teil menschenunwürdigen Bedingungen leben mussten. In allen Zweigen der Wirtschaft waren Zwangsarbeiter eingesetzt: in der Metallindustrie, bei der Waffenproduktion, in der Fischkonserven- und Gummiindustrie, bei Verkehrsbetrieben, in der Landwirtschaft, im Baugewerbe und bei der Trümmer- und Bomben-Räumung. Eine auf den Forschungen der Hamburger Historikerin Dr. Friederike Littmann basierende und im Rahmen dieser Ausstellung erstmals öffentlich präsentierte Datenbank verzeichnete alle Lagerstandorte, deren Lokalisierung mit Unterstützung des Landesbetriebs Geoinformation und Vermessung auf Kartenbasis und per Computer möglich war (2007 auch als CD bei der Landeszentrale für politische Bildung erschienen und im Internet unter http://www.zwangsarbeit-in-hamburg.de/ abrufbar).

Eher einen Einzelaspekt, jedoch einen höchst bedeutungsvollen, hatte die vom 25.Januar bis zum 16. Februar 2006 präsentierte Rathausausstellung *„Die unsichtbaren Helfer"* im Blick. Ihr Untertitel lautete: *„Die Hamburgerin Hiltgunt Zassenhaus und die Norwegische Seemannsmission im Einsatz für die in Fuhlsbüttel 1940 – 1945 inhaftierten Norweger".* Mit großer Entschlossenheit, unter ständiger Gefahr und letztlich auch mit Erfolg organisierten die Pastoren der Norwegischen Seemannsmission Conrad Vogt-Svendsen und Arne Berge Hilfe für mehrere Hundert vor allem in Fuhlsbüttel inhaftierten Landsleute. Sie wurden dabei von der Hamburger Medizinstudentin Hiltgunt Zassenhaus unterstützt, die ihre Beauftragung als Dolmetscherin und Zensorin in Justizdiensten dazu nutzte, Medikamente zur Versorgung kranker Häftlinge, Briefe und Lebensmittel in das Zuchthaus hinein und Nachrichten an Angehörige hinauszuschmuggeln. Die skandinavischen Häftlinge, von denen viele ihr Überleben diesen Hilfen verdankten, gaben ihr den Namen „Engel der Gefangenen". Die Ausstellung vermittelt, in welch hohem Maße die 2004 in den USA verstorbene Hiltgunt Zassenhaus nach dem Krieg und bis heute in den skandinavischen Ländern Anerkennung genießt. Ihr Beispiel eines „anderen Deutschlands" konnte durch diese Ausstellung auch in ihrer Heimatstadt, deren Universität ihr 1990 die Würde einer Ehrensenatorin verlieh, wieder stärker ins Bewusstsein gerufen werden

Ebenfalls einen anderen Ansatz verfolgte die siebte Rathausausstellung *„Die Zeichnung überlebt ...",* die vom 11. Januar bis zum 11. Februar 2007 im Rathaus fast 200 Bildzeugnisse von Häftlingen des KZ Neuengamme der Öffentlichkeit zugänglich machte. Für die Häftlinge war es von zentraler Bedeutung, ihren Überlebenswillen zu bewahren, sich nicht aufzugeben. Unter schwierigsten Bedingungen und großen Gefahren entstanden in den Lagern immer wieder Zeichnungen. Kunst wurde hier zum Zeugnis und zur Anklage. Sie wurde ein Spiegel dessen, was Menschen erleiden mussten, aber auch ein Zeugnis der Selbstbehauptung. Die im KZ Neuengamme oder seinen Außenlagern entstandenen, zum Teil auch kurz nach dem Krieg aus der unmittelbaren Erinnerung angefertigten Zeichnungen sind in der Ausstellung mit Informationen zur Biografie, insbesondere zum Verfolgungsweg des jeweiligen Zeichners, und zur Überlieferungsgeschichte versehen. Wiederum ergänzte ein für die Ausstellung produzierter Film von Dr. Jürgen Kinter die Präsentation. Bei der Eröffnung der Ausstellung am 11. Januar 2007 waren die drei letzten noch lebenden und als Zeichner bekannten ehemaligen Häftlinge des KZ Neuengamme anwesend, Ágnes Lukács aus Budapest sowie Carl Adolf Sørensen aus Hoejbjerg (bei Århus) und Eric Preben Tanne aus Farum (bei Kopenhagen).
Ein Vermächtnis des Hamburger Malers und Kunsterziehers Theo Wilhelm

ermöglichte es, dass zu dieser Ausstellung ebenfalls ein umfangreicher, von Dr. Maike Bruhns zusammengestellter Katalog erscheinen konnte.

„Der Hamburger Hafen im Nationalsozialismus. Wirtschaft, Zwangsarbeit und Widerstand" lautet der Titel der vom 25. Januar bis 17. Februar 2008 präsentierten Ausstellung. Sie thematisiert die sogleich mit dem Machtantritt der Nationalsozialisten 1933 begonnene Ausrichtung der Hafenwirtschaft auf einen zukünftigen Krieg – getarnt mit Propaganda wie Versprechungen von guten Einkommen, Urlaubsreisen, Autos oder Eigenheimen und verbunden mit einem Abbau der Arbeitslosigkeit. 1939 drängten Ereignisse wie die glanzvolle „Hanse-Tagung" zum 750. Hafengeburtstag den Gedanken an den drohenden Krieg noch in den Hintergrund. Vertreter zahlreicher Häfen der Welt waren in Hamburg zu Gast. Unmittelbar darauf folgte jedoch eine unverhüllte Demonstration militärischer Macht: die mit einer Parade verbundene offizielle Begrüßung der aus Spanien zurückkehrenden deutschen Soldaten Ende Mai 1939. Während des Zweiten Weltkrieges konnte die Produktion nur noch durch den Masseneinsatz von Kriegsgefangenen und ausländischen Zivilarbeiterinnen und Zivilarbeitern aufrechterhalten werden. Zu Tausenden wurden junge Menschen, vor allem aus Polen, Russland und der Ukraine, nach Hamburg verschleppt und zur Arbeit gezwungen. Auf den Werften und in den Hafenbetrieben wurden außerdem mehrere Tausend KZ-Häftlinge zur Zwangsarbeit eingesetzt. Die Ausstellung, die auch den Widerstand umfassend dokumentiert, ist wiederum mit einem Begleitprogramm von Vorträgen und Filmvorführungen, aber auch Barkassenrundfahrten zu historischen Stätten im Hamburger Hafen versehen.

Für die nächsten Jahre sind bislang Ausstellungen zu Resistenz und Widerstand in den Kriegsjahren, zum Einsatz von KZ-Häftlingen nach den Luftangriffen und zur Fotogeschichte des KZ Neuengamme angedacht.

Dank der jährlichen Ausstellungspräsentationen im Programm der Hamburgischen Bürgerschaft zum Gedenktag für die Opfer des Nationalsozialismus können die Informationsangebote und Forschungsergebnisse der KZ-Gedenkstätte Neuengamme auch inmitten der Stadt die Öffentlichkeit erreichen. Dies ist zugleich von symbolischer Bedeutung: Mit der regelmäßigen Präsenz von Themen aus der nationalsozialistischen Vergangenheit Hamburgs an zentraler Stelle im Rathaus bekennt sich die Stadt einmal mehr zu ihrer historischen Verantwortung.

Detlef Garbe, Dr. phil., Jg. 1956, Direktor der KZ-Gedenkstätte Neuengamme. Zahlreiche Veröffentlichungen zur Geschichte der Konzentrationslager, zu marginalisierten Opfergruppen, zur Wehrmachtjustiz und zur Vergangenheitsbewältigung.

NACHWEISANGABEN ZU DEN STÜCKEN

FESTSAAL MIT BLICK AUF BAHNHOF, WALD UND UNS (1998)
Das Hamburger Polizei-Bataillon 101 in Polen 1942–1944

Aus den Ermittlungen und dem Prozeß gegen Wolfgang Hoffmann, Julius Wohlauf u.a. in den Jahren 1962 bis 1968.
Das einzige unmittelbare Fenster auf die innere Befindlichkeit vieler damals Beteiligter stellt der bei Erschießungen verwendete Polydor-Schlager „Wovon kann der Landser denn schon träumen?" von 1942 dar. Interpret: Willy Schneider

Originalauszüge.

Quellen :	Vernehmungsprotokolle zum Prozeß gegen ehemalige Angehörige des Polizei-Bataillon 101 Anklageschrift und Urteilsbegründung. Protokollbände zum Verfahren, Hamburger Presse der Jahre 1940 und 1968
Archiv :	Justizbehörde Hamburg, Landespolizeischule Hamburg Zentrale Stelle der Landesjustizverwaltungen, Ludwigsburg
Erstaufführungen :	6. und 7. Februar 1998, Großer Festsaal des Hamburger Rathauses
Sprecher :	Isabella Vértes-Schütter, Christoph Bantzer, Rolf Becker, Edgar Bessen, Hans Jörg Frey, Wolfgang Hartmann, Siegfried Kellermann, Joachim Kuntzsch, Holger Mahlich, Manfred Reddemann
Musik :	Stefan Romeyan und OT AZOY

BETR. : EHEM. JÜD. EIGENTUM (2000)
Die Versteigerungen beweglicher jüdischer Habe in Hamburg

Besitz emigrierter Juden und Hinterlassenschaften deportierter Hamburger wurden vor allem in den Jahren 1941 und 1942 öffentlich und nahezu wöchentlich zu Schleuderpreisen 'unter die Leute gebracht'.
Nach dem gegenwärtigen Stand der Forschung ist davon auszugehen, daß ca. 100000 Hamburger Haushalte Gegenstände aus Versteigerungen erworben haben.

Originalauszüge.

Quellen :	Akten der Gerichtsvollzieherei Hamburg
	Handakte der Oberfinanzdirektion
	Presseartikel 1941-1944
	Frank Bajohr, Gertrud Seydelmann
Archiv :	Staatsarchiv Hamburg
	Forschungsstelle für Zeitgeschichte Hamburg
Erstaufführungen :	Ernst Deutsch Theater, 23. Januar 2000
	Großer Festsaal des Hamburger Rathauses, 25. Januar 2000
Sprecher :	Mignon Remé, Isabella Vértes-Schütter, Rolf Becker, Erik Schäffler
Musik :	Stefan Romeyan und Ensemble

PEMPE, ALBINE UND DAS EWIGE LEBEN DER ROMA UND SINTI (2001)
Oratorium zum Holocaust am fahrenden Volk

Der erste Transport von Hamburger Roma und Sinti erfolgte am 16. Mai 1940. Rund tausend Personen aus Hamburg und Umgebung wurden deportiert. Im Fruchtschuppen im Freihafen wurden sie zusammengepfercht und nach Polen geschickt, ins Lager Belzec. Die zweite Deportation 1943 führte direkt nach Auschwitz. 1944 wurden die letzten 26 Personen, die noch hier in Hamburg lebten, ebenfalls nach Auschwitz geschickt.
Zwei der vielen Opfer sind Albine Weiss und ‚der Zigeuner Pempe' aus der Niemannstraße in Harburg. Im Auftrag des Oberfinanzpräsidenten wurden ihre letzten Habseligkeiten öffentlich versteigert.

Originalauszüge und eigene Textfassung.

Quellen :	Akten Oberfinanzpräsident und Gerichtsvollzieherei Hamburg
Archiv :	Staatsarchiv Hamburg
Erstaufführungen :	Landesvertretung Hamburg beim Bund, Berlin, 23.1.2001 Großer Festsaal des Hamburger Rathauses, 25. Januar 2001
Sprecher :	Sarah Glowacka, Marko Knudsen, Michael Bideller
Musik:	Stefan Romeyan mit Ensemble und Chor

SPIEGELGRUND UND DER WEG DORTHIN (2002)
Zur Geschichte der Alsterdorfer Anstalten 1933-1945

Zu den Opfern nationalsozialistischer Verfolgung gehörten Menschen mit Behinderung, die als „Ballastexistenzen" keinen Platz mehr in der Ideologie des Regimes hatten.
Mit dem letzten Transport am 16. August 1943 wurden 228 behinderte Frauen und Mädchen aus den Alsterdorfer Anstalten in die Anstalt „Am Steinhof" in Wien deportiert. 14 Mädchen kamen nach quälenden pseudowissenschaftlichen Untersuchungen in der „Kinderfachabteilung - Am Spiegelgrund" um.

Originalauszüge und eigene Textfassung.

Quellen :	Sonderakten verlegter Bewohner 1943-1944
	Albert Huth, Wilhelm Roggenthin, Antje Kosemund
Archiv :	Evangelische Stiftung Alsterdorf
Erstaufführungen :	Landesvertretung Hamburg beim Bund, Berlin, 23.1.2001
	Großer Festsaal des Hamburger Rathauses, 25. Januar 2001
Sprecher :	Jasmin Buterfas, Karin Winkler, Michael Bideller, Kurt Glockzin
Musik :	Stefan Romeyan und Ensemble

HAFENRUNDFAHRT ZUR ERINNERUNG (2003)
Der Hamburger Hafen 1933-1945

Im Bereich des Hafens führten die ‚Arisierungen' jüdischer Schiffahrtsbetriebe zu Enteignungen und Vertreibungen.
Zeitgleich mit den Propagandaerfolgen der KdF-Fernreisen – dem ersten begeistert aufgenommenen Massentourismus – vollzog sich die Emigration deutscher Juden über den Hamburger Hafen. In sogenannten ‚Judenkisten' wurde ihre Habe verschifft.
Mit dem 2. Weltkrieg endeten die nationalsozialistischen Großmachtphantasien. Der Hamburger Hafen war nur noch ein Trümmerfeld.

Originalauszüge und eigene Textfassung.

Quellen :	Handakten Rudolf Blohm, 1944
	Entnazifizierungsakten Walter und Rudolf Blohm
	Prozessakten Arnold C. Bernstein
	Jubiläumsbroschüre der Fairplay Schlepp-dampfschiffs-Reederei
	‚Der Deutsche Seemann', Schiffahrtszeitschrift der DAF
	Der Sandthor-Quai, Hrsg. Deutscher Kaffeeverband, Hamburg o.J.
	Arnold Kludas, Uwe Storjohann
	Miron Dawydowitsch Tschernoglasow, Laszlo Kohn, Károly Baranyai, Pawel Pawlenko, Tadeusz Zaganiacz, Klimentij Iwanowitsch Bajdak
Archiv :	Forschungsstelle für Zeitgeschichte
	Staatsarchiv Hamburg
	Speicherstadtmuseum Hamburg
	Gedenkstätte Neuengamme
	Deutsches Schifffahrtsmuseum, Bremerhaven
Erstaufführungen :	Großer Festsaal des Hamburger Rathauses, 27. Januar 2003
	Landesvertretung Hamburg beim Bund, Berlin, 5. Februar 2003
Sprecher :	Angelika Thomas, Michael Bideller, Edgar Bessen
Musik :	Stefan Romeyan und Ensemble

MORGEN UND ABEND DER CHINESEN (2004)
Das Schicksal der chinesischen Kolonie in Hamburg 1933-1944

Eine Razzia der Hamburger Geheimen Staatspolizei, der Kriminal- und Ordnungspolizei am 13. Mai 1944 in den Straßen St. Paulis stellte das Ende der kleinen Hamburger ‚Chinatown' in der Schmuckstrasse dar. Unter dem Namen „Chinesenaktion" kennzeichnet diese kollektive Verhaftung die nationalsozialistische „Rassenpolitik" in den letzten Kriegsjahren.
Nach der Verhaftung wurden die Chinesen in das Konzentrationslager „Langer Morgen" in Hamburg Wilhelmsburg deportiert, wo viele von ihnen starben.

Originalauszüge und eigene Textfassung.

Quellen :	Ermittlungsakten in Sa. Hanisch
	Staatsarchiv Hamburg, 351-14 Arbeits- und Sozialfürsorgesonderakten, Abl. 1999/02 „Chinesen"
	Protokolle der Geschäftsstelle für Wiedergutmachung, 1949
	Helmut Ebeling, Ein Koffer unter der Kellertreppe, Hamburg 1980
	A. Zech, Begegnung auf der Landstrasse, Hamburg 1936
	Gerd Beschütz, Helmuth Schnell, Hermann Bärthel, Familie Fok, Margot Heuselein, Frau Weyde, Lieselotte Strehlow, Martin Chen, Michael Chen, Harald von der Osten, Lars Amenda
Archiv :	Staatsarchiv Hamburg
	Deutsches Schifffahrtsmuseum, Bremerhaven
Erstaufführungen :	Großer Festsaal des Hamburger Rathauses, 27. Januar 2004
	Landesvertretung Hamburg beim Bund, Berlin, 29. Januar 2004
Sprecher :	Uwe Friedrichsen, Xiu-Yong Lin
Musik :	Mona Li, Igor Zeller

DER HANNOVERSCHE BAHNHOF (2005)
Zur Geschichte des Hamburger Deportationsbahnhofes am Lohseplatz

Bis 1906/07 diente der älteste Hamburger Bahnhof auch als Auswandererbahnhof für zehntausende russische und polnische Juden auf dem Weg nach Amerika. Zwischen 1940 und 1945 wurden vom Hannoverschen Bahnhof in 20 nachgewiesenen Eisenbahntransporten mindestens 7.112 Personen in verschiedene Ghettos, Konzentrations- und Vernichtungslager in Ost- und Mitteleuropa deportiert.

Originalauszüge und eigene Textfassung.

Quellen :	Sammlung von Eisenbahnvorschriften und Dienstanweisungen
	Reichsbahnkalender 1941–1944
	Gedenkbuch: Hamburger jüdische Opfer des Nationalsozialismus, Hamburg 1995
	Linde Apel, Frank Bajohr, Die Deportation von Juden sowie Sinti und Roma vom Hannoverschen Bahnhof in Hamburg 1940 – 1945
Archiv :	Staatsarchiv Hamburg
Erstaufführungen :	Großer Festsaal des Hamburger Rathauses, 27. Januar 2005
	Landesvertretung Hamburg beim Bund, Berlin, 29. Januar 2005
Darsteller :	Robin Brosch, Isabella Vértes-Schütter
Musik :	Igor Zeller und Ensemble (Geraldine Follert, Karsten Glinski, Jutta Hoppe)

HAMBURG HONGKEW (2006)
Die Emigration Hamburger Juden nach Shanghai

Bis 1941 fliehen rund 18.000 Juden aus Mitteleuropa vor dem Terror der Nationalsozialisten nach Shanghai, darunter auch etwa 200 Personen aus Hamburg. Einer von ihnen ist James Wolf, Mitglied der bekannten Hamburger Komödianten „Gebrüder Wolf".

Originalauszüge.

Quellen :	Loni Wilk, Gary Kürschner, Sonja Mühlberger, Marion Hess, Harry Lipstadt, Theodor Gerson, Emil Wiehl, Ruth Shany, Rose Girone, Anne Kriwer, Rolf von Hall, Donat Wolf, Irene Biro, Ursula Gaupp, Mr. Wang Shanghai Jewish Cronicle
Archiv :	Staatsarchiv Hamburg Ohel Moishe Gedenkstätte, Shanghai
Recherchen:	DokuSearch Thorn & Baumbach
Erstaufführungen :	Großer Festsaal des Hamburger Rathauses, 26. Januar 2006 Landesvertretung Hamburg beim Bund, Berlin, 1. Februar 2006
Sprecher :	Lutz Herkenrath, Li Kou-Vesper, Marion Martienzen
Musik :	Igor Zeller, Geraldine Follert

ES SOLLTE EIGENTLICH EIN MUSIK-ABEND SEIN (2007)
Die Kulturabende der jüdischen Hausgemeinschaft Bornstrasse 16

Nach dem Novemberpogrom 1938 war für Juden der Besuch öffentlicher Theater, Kinos, Konzerte und Kabaretts verboten. Radios wurden beschlagnahmt. Für viele Kulturschaffende blieb nur die Flucht ins Exil. Andere wurden deportiert und ermordet. Kulturelles Leben fand zuletzt lediglich noch in Form von ‚Hauskonzerten' statt, etwa im sogenannten ‚Judenhaus' in der Bornstrasse 16.

Originalauszüge.

Quellen :	Dr. Ursula Randt Akten AfW : Hans Löwinson, Siegmund Cahn, Manfred Fürst, Senta Lissauer, Erwin Proskauer, Hermann Cerini, Siegfried Katz, Marion Baruch, Hans Löwinson, Leopold Asser u.a.
Archiv :	Staatsarchiv Hamburg
Recherchen:	DokuSearch Thorn & Baumbach
Erstaufführungen :	Großer Festsaal des Hamburger Rathauses, 24. Januar 2007 Landesvertretung Hamburg beim Bund, Berlin, 7. Februar 2007
Sprecher :	Patricia Beck, Michael Bideller, Oliver Hermann
Musik :	Igor Zeller und Ensemble (Geraldine Zeller, Erika von Sehlbach, Altonaer Singakademie und Mottenchor der Christianskirche Altona)

BITTE NICHT WECKEN (2008)
Suizide Hamburger Juden am Vorabend der Deportationen

Zahlreiche jüdische Bürger und Bürgerinnen haben in den Jahren der nationalsozialistischen Gewaltherrschaft ihrem Leben selbst ein Ende gemacht. Anlässe waren u.a. ständige Demütigungen und Schikanen, Drohungen und Einschüchterungen, Aberkennung bürgerlicher Rechte, Abgabe von Vermögenswerten, Berufsverbote, Rassegesetze, Kennzeichnung mit Judenstern, Aufforderung zur Scheidung vom Ehepartner und Räumung der eigenen Wohnung.
Vor allem an den Vorabenden der Deportationen in die Gettos von Lodz, Minsk, Riga, Theresienstadt oder ins Vernichtungslager Auschwitz nahmen Verzweiflung und Hoffnungslosigkeit in einem Maße zu, daß viele Menschen nur noch im Freitod einen Ausweg sahen.

Originalauszüge.

Quellen :	200 Akten der Hamburger Gestapo
Archiv :	Staatsarchiv Hamburg
Recherchen:	DokuSearch Thorn & Baumbach
Erstaufführungen :	Großer Festsaal des Hamburger Rathauses, 28. und 29. Januar 2008 Landesvertretung Hamburg beim Bund, Berlin, 20. Februar 2008
Sprecher :	Carin Abicht, Isabella Vértes-Schütter, Edgar Bessen, Michael Bideller, Holger Mahlich, Erik Schäffler
Musik :	Igor Zeller

HINWEIS
Alle protokollierten Zeugenaussagen, Verhörprotokolle, Auszüge aus Krankenakten u.ä. werden in der Originalschreibweise wiedergegeben. Für die Texte der Hamburgischen Bürgerschaft, die Begleittexte und für „Hafenrundfahrt zur Erinnerung" gilt die neue deutsche Rechtschreibung.

Bibliografische Information Der Deutschen Bibliothek: Die Deutsche Bibliothek verzeichnet diese Publikation in der Deutschen Nationalbibliografie; detaillierte bibliografische Daten sind im Internet über http://dnb.ddb.de abrufbar.

IMPRESSUM

Batz, Michael:
„Bitte nicht wecken!"
Holocaust in Hamburg. Zehn szenische Lesungen
Herausgegeben von der Hamburgischen Bürgerschaft
Vorwort von Ralph Giordano

Gestaltung und Produktion: Buchhaus Robert Gigler GmbH
Satz der überarbeiteten Neuauflage: Robert M. Braun
Druck: digitalakrobaten.de / Majuskel Medienproduktion GmbH
Abbildungsnachweis: Alle Abbildungen © Michael Batz mit Ausnahme
S. 57: Anonymus, S. 103/104: Gustav Werbeck.
Umschlagabbildung vorne oben: „Judenkiste" im Hamburger Hafen, © Gustav Werbeck
Umschlagabbildung vorne/hinten: Aufführung von „Festsaal mit Blick auf Bahnhof, Wald und uns" in Bonn, © M. Batz
© 2008 Dölling und Galitz Verlag GmbH München Hamburg
Schwanthalerstraße 79 RG, 80336 München
Große Bergstraße 253, 22767 Hamburg
www.dugverlag.de
Erweiterte Neuauflage 2008
ISBN 978-3-937904-66-5

CD TRACKS

TRACK 1-4
Festsaal mit Blick auf Bahnhof, Wald und uns (1998)
Texte eines Erinnerungsverfahrens

Es lesen: Isabella Vértes-Schütter, Rolf Becker, Kurt Glockzin, Wolfgang Hartmann, Siegfried Kellermann, Joachim Kuntzsch, Harald Maack, Holger Mahlich, Manfred Reddemann, Michael Weber

Musik: Stefan Romeyan und Ensemble
Titel: „Sag nit keinmol" (Jüdisches Widerstandslied)   4.06 min

TRACK 5-6
Pempe, Albine und das ewige Leben der Roma und Sinti (2001)
Oratorium auf den Holocaust am fahrenden Volk

Musik: Stefan Romeyan und Ensemble
Titel 01: „Khetene" (Stefan Romeyan)   6.23 min
Titel 02: „Moje lazy" (Polnisches Volkslied)   1.37 min

TRACK 7-9
Spiegelgrund und der Weg dorthin (2002)
Alsterdorf und die Euthanasie

Es lesen: Michael Bideller, Jasmin Buterfas, Kurt Glockzin, Karin Winkler

Musik: Stefan Romeyan und Ensemble
Titel : „Walzer" (Stefan Romeyan)   1.03 min

TRACK 10-11
Hafenrundfahrt zur Erinnerung (2003)
Der Hamburger Hafen im Dritten Reich

Es lesen: Edgar Bessen, Michael Bideller, Angelika Thomas

Musik: Stefan Romeyan und Ensemble
Titel : „Elbe" (Stefan Romeyan)   2.41 min

TRACK 12-13
Morgen und Abend der Chinesen (2004)
Die Schmuckstrasse in St. Pauli 1933 – 1944

Es lesen: Uwe Friedrichsen, Xiu-Yong Lin

Musik: Moni Li, Igor Zeller
Titel 01 : Ohne Titel (Mona Li)   1.58 min
Titel 02 : Ohne Titel (Igor Zeller)   0.52 min
Titel 03 : Ohne Titel (Igor Zeller)   1.30 min

TRACK 14-15
Der Hannoversche Bahnhof (2005)
Die Geschichte des Hamburger Deportationsbahnhofes

Es lesen: Robin Brosch, Isabella Vértes-Schütter

Musik: Igor Zeller und Ensemble
Titel : „Wenn der Rebbe lacht" (Jiddisches Volkslied)   1.07 min

TRACK 16-18
Hamburg Hongkew (2006)
Die Geschichte des Hamburger Deportationsbahnhofes

Es lesen: Lutz Herkenrath, Marion Martienzen, Guido Zimmermann

Musik: Igor Zeller, Geraldine Follert
Titel 01 : Ohne Titel (Igor Zeller)   1.15 min
Titel 02 : "Irgendwo auf der Welt gibt´s ein kleines bißchen Glück"
(Melodie - & Text: W. R. Heymann, R. Gilbert, 1932)   0.32 min

TRACK 19-21
Es sollte eigentlich ein Musik-Abend sein   (2007)
Die Kulturabende im ‚Judenhaus' Bornstrasse 16

Es lesen: Patricia Beck, Michael Bideller, Oliver Hermann

Musik: Igor Zeller und Ensemble
Titel 01 : Etüde (Jakob Sakom)   1.14 min
Titel 02 : Igor Zeller (Mendelssohn-Bartholdy)   0.35 min